毛陽光　主編

洛陽流散唐代墓誌彙編續集

上

國家圖書館出版社

圖書在版編目 (CIP) 數據

洛陽流散唐代墓誌彙編續集：全三册 / 毛陽光主編 .—北京：國家圖書館出版社，2018.10（2020.3 重印）

ISBN 978-7-5013-6507-4

Ⅰ. ①洛… Ⅱ. ①毛… Ⅲ. ①墓誌—彙編—中國—唐代 Ⅳ. ① K877.45

中國版本圖書館 CIP 數據核字 (2018) 第 223838 號

書　　名　洛陽流散唐代墓誌彙編續集（全三册）
著　　者　毛陽光　主編
責任編輯　景　晶　黄　鑫
責任校對　喬　爽
裝幀設計　愛圖工作室

出版發行　國家圖書館出版社（北京市西城區文津街 7 號　100034）
（原書目文獻出版社　北京圖書館出版社）
010-66114536　63802249　nlcpress@nlc.cn（郵購）
網　　址　http://www.nlcpress.com
排　　版　凡華（北京）文化傳播有限公司
印　　裝　河北三河弘翰印務有限公司
版次印次　2018 年 10 月第 1 版　2020 年 3 月第 2 次印刷

開　　本　787×1092 毫米　1/8
印　　張　115.5
字　　數　1200 千字
書　　號　ISBN 978-7-5013-6507-4
定　　價　1800.00 圓

編輯委員會

本書爲國家社科基金項目成果（10BZS016）
本書得到洛陽師範學院河洛文化國際研究中心專項經費資助

前言

近代以來，地下文字材料的出土猶如打開了新史料庫的大門，前所未聞的資料令人目不暇接。學者們紛紛發現新資料，解决新問題，在學術上「預流」。開闢了學術研究新的門徑，産生了一批新成果。而地下出土墓誌的收集整理與研究，就是中古史研究開拓史料範圍的重要方向，成爲史學研究新的潮流。饒宗頤先生更是將碑誌與商代甲骨、漢晋簡牘、敦煌文書、大庫檔案并稱爲新出史料之淵藪，「碑誌之文，多與史傳相表裏，闡幽表微，補闕正誤，前賢論之詳矣」〔一〕。

洛陽作爲中國中古時期重要的都城，對這一時期的政治、經濟、文化産生了深遠的影響。而二十世紀以來洛陽出土的大量墓誌資料無疑又極大地推進了中古歷史研究的諸多方面。這其中的唐代墓誌由於數量大、時間跨度長、内容豐富、藝術價值與史料價值高而受到學術界的廣泛關注。二十世紀前半葉動蕩年代出土的唐代墓誌，雖然命運多舛，但在衆多有識之士的努力下，絕大多數經過輾轉遞藏，最終都進入了國内各大博物館。中華人民共和國成立後，洛陽周邊散落的唐代墓誌又多被洛陽博物館、洛陽市文物工作隊（現洛陽市文物考古研究院）等機構徵集。而大量考古發掘的唐代墓誌也被相繼整理發表。目前，諸多學者進行了大量的整理與研究，出版了大量的圖録和相關研究文章，取得了不少的成果〔二〕。

正當學者們認爲大量唐墓誌的出土已然成爲歷史的時候〔三〕，二十世紀八九十年代以來，隨着城市化進程的加快、城市框架的急速擴大，再加上非法盗掘的猖獗，大量唐墓誌在陝西、河南、河北、山西等地出土，數量已然超過了之前出土的總和。而洛陽地區出土的唐墓誌以其數量大、級别高、内容豐富再次引起了學術界的廣泛關注。

與二十世紀上半葉以邙山爲主的盗掘出土不同，這一時期的洛陽除了邙山仍有相當數量唐墓誌出土之外，城南的龍門山、萬安山以及洛陽東郊、南郊平原，偃師、宜陽、伊川等地也出土了數量衆多的唐墓誌。這一方面是由於地方經濟發展帶動大量的基礎設施建設，使得洛陽周邊許多唐代墓葬被考古發掘。如中國社會科學院考古研究所河南第二工作隊一九八三年以來在偃師市西二點五公里處的杏園村唐代墓地進行了系統的發掘，共發掘了六九座唐墓，出土唐代墓誌四六方，相關資料均已發表〔四〕，目前這些墓誌收藏在中國社科院考古研究所洛陽工作站文物庫房及偃師商城博物館。再如洛陽文物考古研究院在洛陽北郊紅山鄉發掘的賈敦賾等唐墓〔五〕。零星唐墓的發掘也比較多，如王雄誕妻魏氏、斛骨誠節、盧照己、相王唐氏孺人、武攸宜夫人李氏、張承嗣、達奚珣、薛丹、蕭言歲、崔元略等墓誌。而民間燒磚取土等活動也致使一些極爲重要的墓誌得到發掘，如偃師市出土的《郭

〔一〕饒宗頤《唐宋墓誌：遠東學院藏拓片圖録·引言》，香港中文大學出版社一九八一年，第三頁。

〔二〕可參考任昉《二十世紀墓誌整理與研究的成績與問題》，張忠培、許倬雲《中國考古學跨世紀的回顧與前瞻——一九九九年西陵國際學術研討會文集》，科學出版社二〇〇〇年；趙振華《洛陽地下墓誌的發現流徙與收藏著録研究》，楊作龍、趙水森等主編《洛陽新出土墓誌釋録》，北京圖書館出版社二〇〇四年，第三至六三頁。

〔三〕［日］氣賀澤保規《新編唐代墓誌所在総合目録》前言，日本汲古書院二〇一七年。

〔四〕中國社會科學院考古研究所《偃師杏園唐墓》，科學出版社二〇〇一年。

〔五〕洛陽市文物考古研究院《洛陽紅山唐墓》，中州古籍出版社二〇一四年。

虛己墓誌》[一]。這些資料也都得到了一定的整理，發表在各類文物考古專業期刊上。

另一方面，盜墓的猖獗也使得大量唐代墓誌被盜掘出土。對於這些盜掘出土而流散民間的唐墓誌，洛陽各地方文博單位及高校做了大量的徵集工作。其中千唐誌齋新徵集的洛陽唐墓誌數量最大。相關資料見《全唐文補遺・千唐誌齋新藏專輯》《新中國出土墓誌・河南叁・千唐誌齋壹》二書[二]。據筆者的調查，近年千唐誌齋新收的唐墓誌共五二七方，最新入藏的就有引起學者們關注的《殷亮墓誌》。加上原有唐代墓誌的收藏一二〇九方，數量達到一七三六方。因此，千唐誌齋目前是國内收藏唐代墓誌數量最多的機構。

洛陽市第二文物工作隊（現洛陽市文物考古研究院）也對民間出土墓誌進行了大量的徵集工作。如一九九九年從伊川縣吕店鄉萬安山南麓徵集到《張説墓誌》[三]。這一階段該機構新的徵集品都收入《全唐文補遺》（第八輯）、《洛陽新獲墓誌續編》。經統計，新徵集唐墓誌共一九二方[四]。此外，該單位還有相當數量經過科学考古發掘的出土品，具體數字不詳。據悉，該院正在對這批尚未刊布的唐墓誌資料進行系統整理，期待其成果早日付梓。

洛陽師範學院河洛古代石刻藝術館從二〇〇二年開始徵集洛陽新出土歷代墓誌，其中洛陽唐墓誌共二〇七方，西安唐墓誌两方，山西唐墓誌二八方。重要的有《高真行墓誌》《桓臣範墓誌》《徐嶠墓誌》《陳希望墓誌》《楊元卿墓誌》《薛兼訓墓誌》《苑咸墓誌》《陸亘墓誌》《陳君賞墓誌》《趙宗儒墓誌》《史孝章墓誌》等。洛陽師範學院收藏的全部墓誌圖版和録文目前已經整理完畢，該書稿已經納入王素先生二〇一二年申報的國家社科基金重大項目《新中國出土墓誌整理與研究》的子課題，編校工作目前已經完成，預計在二〇一八年年底由文物出版社出版。

偃師商城博物館近年來在原有館藏的基礎上，也努力徵集洛陽偃師周边地區出土的唐代墓誌，加上中國社科院考古研究所發掘的杏園唐墓部分唐誌的入藏，目前館藏洛陽唐墓誌共八〇方，其中重要者如《郭虛己墓誌》《嚴仁墓誌》《薛丹墓誌》《盧元福墓誌》《杜并墓誌》等。

洛陽理工學院圖書館徵集的唐墓誌數量有二四方，其中洛陽唐墓誌二二方。重要的有《支謨墓誌》《姚愛同墓誌》《李釋子墓誌》以及陝西西安出土的《祢寔進墓誌》，其墓誌拓本多數散見於各種墓誌圖録中。

隨着國内民間文物收藏熱的興起，唐代墓誌由於其高超的書法藝術、精湛的刻工技法，數量相對較多，逐漸受到各類藏家的追捧，成爲收藏界的新寵。一些著名文人、書法家撰文、書丹的墓誌更是炙手可熱，這導致相當數量具有很高的史料價值和藝術價值的洛陽唐墓誌流散民間。洛陽地方一些有識之士也進行了大量徵集，并通過建立民營博物館的形式加以展示。其中比較著名的有洛陽龍門博物館、洛陽九朝刻石文字博物館、洛陽金石文字博物館、洛陽華夏金石文化博物館等。

位於龍門石窟外的龍門博物館，二〇一三年對外開放，藏品主要爲龍門石窟藝術及周邊自北魏至唐的重要佛教文化遺存。近年來，該館在館長王迪、王凌紅夫婦的主持下，致力於洛陽古代石刻碑誌的收藏，尤其關注東漢黄腸石以及與洛陽古代絲綢之路内容相關墓誌的徵集與收藏。目前館藏墓誌二一一方，其中洛陽唐墓誌六〇餘方，有《王仲玄墓誌》《張具瞻墓誌》《郭湛（虔瓘）墓誌》《劉悟墓誌》《崔礎墓誌》《花獻妻安氏墓誌》《阿史那明義之墓誌》《康瓘墓誌》《米欽道墓誌》等。這裏還展示原洛

〔一〕樊有生、鮑虎欣《偃師出土顔真卿撰并書郭虛己墓誌》，《文物》二〇〇〇年一〇期。
〔二〕吴鋼《全唐文補遺・千唐誌齋新藏專輯》，三秦出版社二〇〇六年；中國文物研究所、千唐誌齋博物館《新中國出土墓誌・河南叁・千唐誌齋壹》，文物出版社二〇〇七年。
〔三〕李獻奇《唐張説墓誌考釋》，《文物》二〇〇〇年一〇期。
〔四〕喬棟、李獻奇、史家珍《洛陽新獲墓誌續編》，科學出版社二〇〇八年。其中《楊元卿墓誌》爲翻刻品，未計入。

陽碑誌拓片博物館寄存的三九二方墓誌，《劉憲墓誌》《劉憲妻盧氏墓誌》《花獻墓誌》《李恬墓誌》《李濬墓誌》《盧士玫墓誌》等均在其中。

位於洛陽中國國花園内的洛陽金石文字博物館，成立於二〇一二年，博物館從事文字類文物的收藏、保護、研究、展示和交流。展品中也包含相當數量的墓誌，其中洛陽唐誌有三〇餘方。比較重要的如席豫撰《張敬興墓誌》，房休撰文、劉秦書丹《嚴希莊墓誌》，唐後期天德軍防禦使《李逵墓誌》，李邕撰《裴冬日墓誌》，馮圖撰《王宰墓誌》等。

洛陽九朝刻石文字博物館，位於洛陽市東北的馬坡古玩城，成立於二〇一六年。該館以展示古代石刻與拓片爲主，收藏墓誌數量較大，有北朝、隋、唐、宋時期墓誌一〇〇餘方。洛陽唐代墓誌爲其大宗藏品，約四〇多方，其中精品有《嚴復墓誌》《杜榮觀墓誌》《司馬邵墓誌》等。

洛陽華夏金石文化博物館成立於二〇一七年，主要藏品爲青銅器與石刻文物。其中洛陽唐墓誌四〇餘方，重要的如韓休撰文、許景休書丹《許杲（景先）墓誌》，李紓撰《崔渙墓誌》（大曆五年二月），穆員撰《崔渙墓誌》（貞元七年九月）以及《裴春卿墓誌》等。

偃師張海書法藝術館，以展示張海先生書法成就爲主。近年來也從洛陽私人收藏家手中徵集了一些唐墓誌，數量約三〇方[一]。其中也有來自河北及陝西的唐墓誌。洛陽出土唐墓誌，重要者如《蕭元祚墓誌》等。

無籬園石雕藝術博物館藏洛陽唐墓誌四方，分别是《張象墓誌》《游玄墓誌》《長孫侹墓誌》《郭穎秀墓誌》。洛陽石文化博物館、河洛藝術博物館亦有少量的洛陽唐墓誌收藏。

相對於公立博物館、民營博物館的收藏品而言，還有相當數量的唐墓誌沉瀣在民間。從民國以來，洛陽就形成了收藏、賞玩古代墓誌的風氣。除了從事拓本經營的古玩商之外，還有具有雄厚經濟實力的企業家、具有一定鑒賞能力和經濟實力的地方文人與學者，如趙君平先生就收藏有徐浩撰《徐浚墓誌》以及元稹撰《段夫人墓誌》，畫家劉燦輝先生亦藏有《李偘妻楊夫人墓誌》等數方唐誌。甚至還有愛好古代碑刻拓本的普通市民，都成爲洛陽地方墓誌的購藏者。因此，洛陽唐墓誌的收藏及購買群體非常大。其中，相當一部分收藏家并不張揚，收藏的墓誌也很少製作拓本。其中最爲典型的如孟津翟泉鎮的宋鴻道先生，其人是洛陽知名企業家，具有一定的經濟實力，收藏有三〇〇方左右的墓誌，都是前些年以較低價格收購的，可謂洛陽私人收藏墓誌中的翹楚。但這些墓誌都是其個人收藏，不做對外展示，拓本外界也難得一見。筆者曾專程上門進行調研，其墓誌大多數都堆放在其家的倉庫中，無法確知洛陽唐代墓誌具體數量和内容。有一個略小的屋子展示了幾件精品，其中有劉憲撰《符鳳子墓誌》，蕭誠書丹《耿仁忠墓誌》，李守禮撰《屈突奴兒墓誌》，楊於陵撰《李衆墓誌》、謝叔弼撰《鮑思温墓誌》、胡霈然撰書《楊慈力墓誌》，其他還有《袁仁敬墓誌》《郭大恩墓誌》《柳識言墓誌》等等。從所見部分拓本來看，其收藏墓誌以二十世紀九十年代洛陽周邊出土唐代墓誌爲大宗。再如程氏立雪堂收藏洛陽唐墓誌數十種，具體情況不詳，僅知道其中精品有許景先撰、郭謙光書《崔日用墓誌》，蘇頲撰《何彦先墓誌》，湛然書《宋昌墓誌》，張庭珪撰《何彦則墓誌》等。此外，還有許多收藏家都擁有一定數量的洛陽唐誌。

張志亮尊漢堂藏洛陽唐誌三二方，重要者如《薛重明墓誌》，還有以陀羅尼經文入墓誌的《徐景威墓誌》。張存纔唐誌精品館，收藏洛陽唐墓誌二九方，重要者如《寇知古墓誌》《李序墓誌》《薛鄭賓墓誌》《李燁墓誌》等。李氏錦石苑藏洛陽唐誌一〇餘方，重要者如《崔鄲墓誌》《張履冰墓誌》《孟蒲墓誌》《李渾金墓誌》《盧大琰墓誌》《劉顥墓誌》等。孟氏魏風軒藏洛陽唐墓誌四〇餘方，重要者有《裴敬道墓誌》《裴友直妻封氏墓誌》《袁异度墓誌》《嗣郢王李佑墓誌》等。莫氏祥瑞閣藏唐墓誌二〇餘方，其中有《支謨妻朱氏墓誌》《支謨墓誌蓋》《蕭德珪墓誌》《李環墓誌》《裴令臣墓誌》《李道亮墓誌》等。王氏亂墨齋藏唐墓誌一〇四方，其中洛陽唐誌五三方，重要者有《沈全交墓誌》《馮中庸墓誌》《陳去惑墓誌》等。

擁有數方或數十方唐墓誌的收藏者更多。筆者曾經上門拜訪一位從事建築工程的企業家，其家位於高層建築中，家中幾個房間均放置有墓誌，約有七八方。據稱是數

（一）張永强《鐫石傳芳　千齡有述——張海書法藝術館藏墓誌述略》，《中國書法》二〇一六年四期。

年前在洛陽新區建設中挖土方時出土的，一直沒有出售，亦未製作拓本，就放置在家中。另李氏藏石樓藏《羅餘慶墓誌》《王璿墓誌》《許傳擊墓誌》《雍環墓誌》等洛陽唐誌六方。齊氏尚德堂藏《尹元綽墓誌》《齊抗夫人蕭氏墓誌》等洛陽唐誌七方。郭氏國寶齋藏《李寶會墓誌》《王伷墓誌》等數十方。周氏漢唐齋藏墓誌五方。胡氏藏《崔岳墓誌》《崔玄泰墓誌》《崔綜墓誌》等洛陽唐墓誌數十方。邱氏藏《馮審墓誌》《柳從俗墓誌》等洛陽唐墓誌十餘方。郭氏藏《鄭烈（惟忠）墓誌》《裴向墓誌》《李朝弼墓誌》等洛陽墓誌五方。宗氏藏《孫守謙墓誌》《豆盧欽肅墓誌》《尼志弘墓誌》《朱令節墓誌》《馬崇墓誌》《呼延宗墓誌》《呼延宗妻王氏墓誌》等數方。丹氏藏《崔賁墓誌》《辛廣墓誌》《周君先太夫人墓誌》等數方。朱氏藏《盧無盡燈墓誌》《侯知什墓誌》等洛陽唐墓誌二十多方。吕氏藏《房光庭墓誌》等數方，左氏藏唐墓誌一〇餘方，謝氏藏唐墓誌二〇方，李氏藏唐墓誌四五方。

當然，以上對洛陽流散唐墓誌的收藏情況敘述得還不全面，可以説僅僅是冰山之一角。目前，洛陽民間流散的唐代墓誌呈現出數量多、收藏極爲分散的態勢。在調查過程中，許多人對此諱莫如深，因此相關調查極難深入開展。必須承認：購藏唐墓誌客觀上避免了洛陽唐墓誌的外流，使得地方珍貴文物得以保存及傳承。但其中許多人也將墓誌作爲保值、升值的投資手段，并非出於保存文化的初心，而是暫時擁有，待價而沽。一旦有更高的價位，可能就將其出售。而且，此種交易均是私下進行，導致許多墓誌下落不明，加劇了洛陽唐墓誌的流散。如韋述撰、徐浩書丹《張埱墓誌》，據稱被賣到河北某收藏家手中。再如顔真卿書丹《王琳墓誌》，出土後被翻刻多方，而真品至今下落不明。如德宗時期的宰臣齊抗墓誌已在洛陽出土，但下落不明。反映唐代東亞關係的墓誌近來亦有一方出土，即日本入唐使臣撰寫的，開元十五年（七二七）葬於北邙的《唐故鴻臚寺丞李訓墓誌》，目前仍在私人手中，未見拓本面世。

近年來，一定數量的洛陽唐墓誌被輾轉售賣到外地，部分被私人收藏家購買。如鞏義馬氏一葦草堂藏唐誌二〇多方，精品有《王魯復自撰墓誌》《崔嘉墓誌》以及《李慈同墓誌》《李虞仲妻郭氏墓誌》《盧士舉夫人李氏墓誌》等。鞏義袁氏羽林山房藏唐墓誌多方，其中就有李訓爲其母撰文《裴清墓誌》。鄭州李姓收藏家收藏洛陽唐墓誌四〇餘方。黄姓收藏家藏有《韋師墓誌》，其墓誌蓋紋飾極其精美。商丘聽雨軒收藏有《裴會真墓誌》。北京劉氏北庵堂藏洛陽唐墓誌一三方，本書收入的《袁建康墓誌》《封璠墓誌》均是其藏品。

還有部分則被各地公立博物館、民營博物館徵集收藏。如河南博物院近年來徵集了《郭提墓誌》《仇夫人墓誌》《裴府君皇甫氏墓誌》《屈突季札墓誌》《盧正容墓誌》《張休光墓誌》《郭珽之墓誌》《戴師倩夫人顔氏墓誌》《李震墓誌》《李震夫人王氏墓誌》《柳存夫人祝氏墓誌》《郭栒墓誌》《温邈墓誌》《盧厚德墓誌》《張庭珪墓誌》共一五方[一]。陝西歷史博物館近年也徵集了三方洛陽唐墓誌，分別是：《郭機暨妻胡氏墓誌》《張闡墓誌》《鄭造墓誌》[二]。鄭州大象陶瓷博物館也有一定數量的唐墓誌收藏，數量約爲六〇餘方。已經刊布的洛陽唐誌有《秦晙墓誌》。由於該館收藏的墓誌未做公開展示，具體情況不詳[三]。

而陝西省西安市大唐西市博物館是目前河南省外收藏洛陽唐墓誌最多的機構，這是由於該館曾經於二〇〇九至二〇一〇年間到洛陽大規模徵集唐代墓誌，使得相當數量流散

〔一〕譚淑琴《琬琰流芳——河南博物院藏碑誌集粹》，中州古籍出版社二〇一五年。這裏統計的是一九九〇年之後入藏該館的洛陽唐墓誌，故館藏洛陽早期出土的唐墓誌如《泉男生墓誌》《扶餘隆墓誌》《崔暟墓誌》《王媛墓誌》《崔祐甫墓誌》未計入。此外，該書收入的《張壽墓誌》，雖注明「河南省洛陽市孟津縣出土」，但據墓誌文其葬於釋林村北一里舊塋，「西枕太行之足，南邇淇川之心」，恐非洛陽出土唐代墓誌。

〔二〕陝西歷史博物館《風引薤歌——陝西歷史博物館藏墓誌萃編》，陝西師範大學出版總社二〇一七年。其中《劉苕墓誌》爲翻刻品，未計入。

〔三〕根據筆者的實地調查，《秦晙墓誌》已經刊布，參何一昊、原瑕、何飛《秦瓊嫡孫秦晙墓誌與唐代高僧湛然》，《中原文物》二〇一五年六期。

洛陽民間的唐墓誌被徵集到該館。根據《大唐西市博物館藏墓誌》所刊布墓誌内容的統計，該書收入洛陽唐墓誌共一五八方。由於書中刊布的衹是該館藏誌的一部分，實際收藏數量應該還要多些〔一〕。寧夏回族自治區固原博物館也收藏有兩方出土於洛陽龍門地區的唐墓誌，分别是《孟戡墓誌》《薛祭酒夫人趙潔墓誌》。這批墓誌原來由河南一位書法家收藏，之後贈送給已故的唐研究基金會會長羅傑偉先生。羅傑偉去世後，唐研究基金會將其捐贈給固原博物館〔二〕。中國農業博物館近年來也徵集到一些唐代墓誌，其中就有洛陽出土的《康子相墓誌》〔三〕。山東省濟寧市任城石刻藝術館則藏有《宋和仲墓誌》〔四〕。最近仇鹿鳴先生在文章中亦提及北京市通州區博物館藏有洛陽流散的《王仙女王氏墓誌》〔五〕。此外，洛陽近年出土的唐誌亦有流入東北、江浙以及西南地區者，長春中古墓誌博物館就收藏了洛陽近年出土的兩方唐代刻工墓誌：《孫繼和墓誌》《周胡兒墓誌》。

近年洛陽唐代墓誌亦有流散海外者。其中知名者如香港中文大學所藏《王洛客墓誌》〔六〕。臺灣大學葉國良教授在一九九二年臺北市寒舍古玩店所見《杜嗣先墓誌》及其妻《鄭氏墓誌》，衹是二者目前下落不明〔七〕。日本久保惣記念美術館則藏有遂安王李安妃《丘媛墓誌》。美國大都會博物館也收藏一方洛陽唐誌，爲《徐德閏墓誌》，該墓誌據稱爲某基金會一九九三年捐贈。唐高宗時期徐德閏爲舒州同安縣令，永昌元年（六八九）十月葬於洛陽北部鄉〔八〕。

總而言之，二十世紀九十年代以來洛陽出土唐墓誌數量巨大，目前已經超過三千方。而且，尚有許多墓誌散落在民間，不爲人知。因此，對洛陽流散唐代墓誌的尋訪、搜集與整理仍是一項長期工作，也是洛陽地方史學工作者義不容辭的責任。

二

本書是筆者從事洛陽流散唐代墓誌整理的第二部文獻資料集，亦是二〇一三年出版的《洛陽流散唐代墓誌彙編》的續集〔九〕。本書所刊布的大多是筆者二〇一三年以來

〔一〕胡戟、榮新江《大唐西市博物館藏墓誌》，北京大學出版社二〇一二年。

〔二〕史睿《羅傑偉舊藏唐代墓誌考釋》，榮新江主編《唐研究》二十卷《羅傑偉先生紀念專號》，北京大學出版社二〇一五年。

〔三〕曹建强、馬旭銘《唐康子相墓出土的陶俑與墓誌》，《中原文物》二〇一〇年六期。

〔四〕濟寧市任城石刻藝術館《漢魏唐刻石精粹》上《墓誌》，第三六至三七頁。

〔五〕仇鹿鳴《十餘年來中古墓誌整理與刊布情況述評》，包偉民、劉後濱編《唐宋歷史評論》（第四輯），社會科學文獻出版社二〇一八年。

〔六〕李志剛《中國古代碑帖拓本》，北京大學圖書館、香港中文大學文物館二〇〇一年，第一〇五頁。黃清發《〈王洛客墓誌〉考》，《紀念西安碑林九百二十周年華誕國際學術研討會論文集》，文物出版社二〇〇八年。

〔七〕葉國良《唐代墓誌考釋八則》，《臺大中文學報》一九九五年四月第七期。

〔八〕唐紅炬《美國大都會博物館藏唐徐府君墓誌》，《文物》二〇一二年九期。

〔九〕毛陽光、余扶危《洛陽流散唐代墓誌彙編》，國家圖書館出版社二〇一三年。以下簡稱《彙編》，不再注明。

新搜集整理的洛陽流散唐代墓誌拓本，其中相當部分是首次刊布。

就整體而言，洛陽出土唐墓誌不僅數量多，内容也非常豐富。唐代洛陽的地位雖然不能與長安相比，但從高宗顯慶年間開始，洛陽成爲唐朝的東都。武周時期，這裏是神都。天寶之前，玄宗也曾五次巡幸這裏。且此時的洛陽經濟非常發達，人文薈萃，交通便利，有大量王子皇孫、官僚貴族、文人學士在此居住。即便安史之亂後，洛陽受到戰爭的破壞，但仍聚集了大批的退隱官員、世家大族，仍具有較高的政治地位。加之洛陽歷史積澱形成的濃厚的喪葬文化，對當時的士庶各階層具有相當大的吸引力。而新出土的唐墓誌也是這一時期洛陽城市地位與文化的真實反映。

長期以來，名人墓誌以及名家撰文書丹墓誌一直是學術界關注的對象。畢竟這些人物都是中古社會的精英階層，其經歷豐富，涉及當時政治、經濟、軍事、文化的諸多方面，即便主體内容與傳統正史記載差别不大，但畢竟由於書寫角度和側重點的不同，仍舊具有較高的文獻價值。此類墓誌在洛陽流散墓誌中占據相當數量，許多誌主都在兩《唐書》中有傳。

本書就收入了近年新發現的玄宗時期名將《郭湛（虔瓘）墓誌》（一〇一號）[一]，墓誌長七三厘米，寬七二點五厘米，正書。墓誌由玄宗時期知名文士蘇晋撰文，諸葛嗣宗書丹。該墓誌原本被胡姓收藏家收藏，當時衹有誌石，未見誌蓋。二〇一七年龍門博物館將其徵集後，發現館藏中有一方無主誌蓋，蓋文正書「左衛大將軍御史大夫潞國公郭府君銘」，恰好是郭虔瓘墓誌的誌蓋，遂成完璧，真是冥冥之中有定數。郭虔瓘其人兩《唐書》均有傳記，但都較爲簡略。《舊唐書》主要記載其開元初年擔任北庭都護，斬殺突厥默啜可汗同俄特勤的事迹。《新唐書》則詳細些，增加了在西域軍政事務上郭虔瓘與阿史那獻的矛盾[二]。但其他内容則甚少涉及，尤其是郭虔瓘前半生的情況。而新發現的墓誌極爲詳細地記載了其生平情況，很好地糾正和補充了傳統文獻。我們知道郭虔瓘本名郭湛，字虔瓘。可見郭虔瓘和同時期許多名人一樣，都是以字行。而且郭虔瓘出身官宦世家，其祖郭晟曾任太常卿，其父郭慶則任右監門衛將軍，封義章縣開國子。因此，郭虔瓘是以門蔭入仕，在麟德二年（六六五）高宗往泰山封禪時，郭虔瓘在左親府充任輦脚。墓誌中對郭虔瓘的功勛記載也更爲詳盡，「破阿波啜二萬帳，剋拔汗那十六城。斬同俄特勤，梟吐蕃贊普」。關於郭虔瓘的去世，《舊唐書》記載：「尋遷右威衛大將軍，以疾卒。」《新唐書》載：「久之，卒軍中。」而墓誌記載，他以年老爲由，上表請退，得到玄宗恩准，「禄俸等并令全給」。此後，他回到長安，開元十四年九月二日卒於長安大寧里第，享年八十三歲。從郭虔瓘墓誌的官稱來看，他還曾任「同紫微黄門平章兵馬事」，這點也是史書失載的。從郭虔瓘的生平宦迹來看，其事迹主要在西域，回到長安已年届八旬，因此這應該是玄宗爲表優寵之意給予的榮譽職務。

而曾在睿宗朝短暫出任宰相，以權謀機變助力玄宗討平韋后及太平公主的崔日用的墓誌（九五號）也在洛陽發現，墓誌長七六厘米、寬七五厘米，未見誌蓋。著名文人許景先撰文，書法家郭謙光隸書書丹。《崔日用列傳》見《舊唐書》卷九九、《新唐書》卷一二一。與兩《唐書》比較來看，墓誌主要記載了其善於審時度勢、隨機應變的特徵。彈劾鄭普思，反對韋后亂政，最終投靠玄宗，取得功名的權謀之術，「深則洞徹，隱括同乎體道；明必先識，玄鑒合乎知機」。而對於崔日用奉承宗楚客，中宗時期結交安樂公主、武三思等人的行徑則莫諱如深。墓誌還濃墨重彩地刻畫了崔日用與玄宗君臣的互動，「公之在冢宰也，嘗奏《封禪書》，陳以盛德之事。後之從朝覲也，嘗賦《五君詠》，叙以君臣之際。明詔優答，錫以繒綵。皆體兹至公，茂昭前訓」。墓誌還記載「有文集十六卷」，體現出這位以權謀著稱的高官的文學纔能。崔日用開元十年任并州大都督府長史，之後他到東都覲見玄宗。得病後希望去職，在玄宗的勉勵下又回到太原，不久去世。開元十一年二月十三日歸葬邙山舊塋，這裏也是崔日用的家族墓地。根據墓誌記載，崔日用的神道碑由張説撰寫：

（一）墓誌後括注編號即該拓本在本書中之次序，以下不再注明。

（二）劉昫《舊唐書》卷一〇三，中華書局一九七五年；歐陽修、宋祁《新唐書》卷一三三，中華書局一九七五年。

「忠公政事，世德叙官。已載於豐碑，或陳於詔策。誌茲神道，故不備存。」因此墓誌中對於其家世和仕宦情況記載不多。可惜，神道碑未見文獻著録，早已無存。

新近發現的武周時期宦官《符鳳子墓誌》（五五號）也具有極高的文獻價值。墓誌煌煌巨制，長八七厘米、寬八六點五厘米。誌蓋篆書「大周故符君墓誌之銘」，四殺裝飾着繁複的花紋。墓誌由中書舍人劉憲撰文。墓誌詳細刻畫了一位貞觀末年入宫，經歷高宗、武后時期政治風雲的宦官人生。墓誌記載，他「篆隸包程子之工，紙墨盡蔡侯之妙」，因此他是以書法技藝在貞觀年間進入内侍省。在高宗時期，他主要是以有品直官的身份在内侍省侍奉。其散官也由從九品上的陪戎校尉一直到從六品上的奉議郎，但一直沒有職事官。弘道元年（六八三）十二月，高宗死後，由於符鳳子在廢黜中宗的過程中起到了重要作用，「先懷立順之圖，首參建桓之策」，文明元年（六八四），他升遷爲朝散大夫、行内謁者監。開始進入職事官系統。此後他青雲直上，一直受到武則天寵信，「上秩承寵，中涓罕群」。到神功元年（六九七），位至銀青光禄大夫、行内給事、上柱國、天水縣開國伯，食邑五百户。這在武周時期，應該是極爲罕見的。再結合這一時期出土的其他宦官墓誌，可以反映出宦官在武周建立中的獨特作用。符鳳子久視元年（七〇〇）十一月卅日卒於洛陽觀德里第，春秋七十有二。大足元年（七〇一）正月廿八日葬於龍門東山。著名文士劉憲爲其墓誌撰文，也顯示其身份的不凡。《符鳳子墓誌》是唐前期較爲少見的高品宦官墓誌，也是目前所知唐前期宦官墓誌中體量最大的一方。

而文人墓誌中值得關注的則有《何彦先墓誌》（六四號）。何彦先在《舊唐書》中僅僅略有提及，衹知道是齊州人，與當時文士員半千以著名學者王義方爲師，「及義方卒，半千與彦先皆制服，喪畢而去」[一]。除了上述内容外，《新唐書》卷一二〇《王義方傳》後有：「彦先，齊州全節人。武后時，位天官侍郎。」[二]《册府元龜》卷五五六《國史部·采撰門》有：「何彦先，爲地官侍郎，撰《三國戰策》十二卷，行於代。」《金石録》則著録了其撰文的《襄州静真觀碑》《瑞氣觀天尊像碑》。而新發現的《何彦先墓誌》長八七點五厘米，寬八六厘米。著名文士蘇頲撰文。墓誌詳細記載了這位文士家世儒業，由廬江遷居山東的經過。何彦先十七歲師事王義方，「覃思百家，研精一紀。藏山壞壁，蠹簡漆書。陳農之所求，倚相之所讀。靡不發揮幽賾，刊正柢梧」。上元二年（六七五），應制舉「藻思清華，詞殫文律」中第。之後，先後任監察御史、侍御史、天官員外郎、鳳閣舍人、洛州司馬、太州刺史、天官侍郎、地官侍郎。墓誌詳細記載了其在武周時期，執法平允，舉薦人纔，兢兢業業的宦迹。何彦先長安三年（七〇三）九月二十五日卒於長安宣陽里，景龍三年（七〇九）與妻裴氏合葬於偃師石橋東首陽原。墓誌還記載了何彦先的文學成就：「所著《帝圖秘録》十卷、《三國戰策》十二卷、《政論》兩卷、《文集》廿卷。」

曾與著名史學家劉知幾議論「史學三長」的禮部尚書鄭惟忠的墓誌近年來也在洛陽龍門地區出土。鄭惟忠在《舊唐書》卷一〇〇、《新唐書》一二八有傳。墓誌長寬均七三厘米，篆書「唐贈少保鄭府君誌銘」，由其婿崔汪撰文。墓誌記載鄭惟忠本名烈，字惟忠，可見其也是以字行。墓誌稱其爲滎陽開封人，與兩《唐書》「宋州宋城人」不同，墓誌所載當爲郡望。此外，墓誌記載鄭惟忠「起家孝廉擢第，拜陵州井陘縣尉」。而《舊唐書·鄭惟忠傳》載：「儀鳳中，進士舉，授井陘尉，轉湯陰尉。」則鄭惟忠并非進士及第。比較而言，墓誌與兩《唐書》本傳記載各有側重，但基本史實無誤。兩《唐書·鄭惟忠傳》重在通過典型事迹刻畫鄭惟忠的忠義與寬厚仁愛，墓誌則詳細記載了鄭惟忠的家世及生平仕宦情況，多爲兩《唐書》所失載。而其穩健的仕途，七十七歲的享齡恰好與唐代筆記中對其生平「金章紫綬，命禄無涯。既入三品，亦升八座。官無貶黜，壽復遐長」的評價相印證[三]。

[一] 劉昫《舊唐書》卷一九〇中《員半千傳》，第五〇一四頁。
[二] 歐陽修、宋祁《新唐書》卷一二〇，第四一六一頁。
[三] 李昉等《太平廣記》卷二二一《魏元忠》，中華書局一九六一年，第一七〇一頁。

本書還收入近年洛陽出土的宣武節度使李萬榮墓誌和昭義節度使劉悟墓誌。其中《李万榮墓誌》（二四七號）長七四厘米，寬七三點五厘米，正書，寇奭撰。李萬榮由於任宣武節度使僅一年就因病去世，因此兩《唐書》的記載頗爲簡略[一]。而墓誌對於李萬榮的生平以及貞元十一年（七九五）至十二年五月的汴州軍亂都有較爲詳細的記載。墓誌稱其爲隴西人，漢將李廣利之後，世代爲將，之後來到滑州匡城。從其祖父李珪没有仕宦、父李貞因子而得到太子洗馬的封贈來看，隴西人之説顯係僞托。此後，李萬榮作爲軍將先後跟隨令狐彰、李勉，任濮州刺史。之後又跟隨劉玄佐參與了討伐李希烈的戰事，封灃陽郡王。而李萬榮於貞元十年五月取得宣武節鉞，在貞元十二年五月一日夜得病，「上嗟嘆久之。遂降方士就醫，手詔存問。中貴織路，天書盈篋」。而《舊唐書·李萬榮傳》載是在十一年八月。墓誌記載其少子李迺乘機奪權。事敗之後，德宗罪祇及李迺，并加李萬榮太子少保，且讓其到東都療疾。李萬榮最終於貞元十二年七月六日纔去世，去世時年七十，去世前還向德宗上奏遺表。這與《資治通鑑》載七月丙申（七日）去世的記載基本一致[二]。貞元十二年十一月二十日由其子李向安葬於偃師西原。

《劉悟墓誌》（三〇六號）二〇〇六年五月出土於孟津十里鋪，一直由洛陽張姓收藏家珍藏，二〇一六年入藏洛陽龍門博物館。墓誌形制巨大，長、寬均一點三五米，二一〇〇餘字。墓誌行書，未見誌蓋。韋處厚奉敕撰，曹郢奉敕書。在目前已經知道的唐代墓誌中，該墓誌是除却《何弘敬墓誌》《王元逵墓誌》《王士真墓誌》《劉濟墓誌》《劉濟妻張夫人墓誌》之外最大者，亦是河南地區已知最大的唐墓誌。但畢竟前面幾方都是河北藩鎮，而劉悟生前是受唐政權節制的昭義軍節度使，却有如此高規格的墓誌，從中可見劉悟去世受唐朝中央政府的禮遇。可惜的是，該墓誌除下半部八行外，其餘文字悉被一字一字鑿毀，明顯出於人爲。衆所周知，會昌三年（八四三），劉悟子昭義節度使劉從諫去世。其侄劉稹企圖承襲節鉞，不聽朝命。武宗在李德裕的支持下派軍平定澤潞。從墓誌被鑿毀的情況來看，唐中央政府還在東都進行了搗毀劉悟家族墓葬的行動。值得慶幸的是，墓誌大部分被鑿毀的内容可按照字形并結合傳世文獻進行釋讀。劉悟其人《舊唐書》卷一六一、《新唐書》卷二一四有傳。墓誌主要對劉悟的家族世系、劉悟在平定淄青李師道過程中起到的重要作用、劉悟去世時唐朝給予的優禮與恩榮、劉從諫起復接掌昭義的情況等進行了全面而細緻的記載。從墓誌記載來看，雖然是翰林學士韋處厚奉敕撰文，但其所依據的行狀則是昭義行軍司馬賈直言所撰，賈在當時有忠義的時譽，所述具有一定的真實性。當然，事實上劉從諫接掌澤潞并非如墓誌所記載的那樣冠冕堂皇。結合兩《唐書》《資治通鑑》的相關記載，我們知道唐中央政府内部是存在較大分歧的，實際上正是劉從諫賄賂王守澄、李逢吉纔最終得償所願。這亦不難看出特定情況下墓誌文字的虚美。

晚唐時期，由於政局動蕩，戰亂頻仍，導致史書撰修荒廢，大量文獻未能傳世。因此兩《唐書》的相關記載於此相當疏略，而晚唐墓誌由於文風的變化，高級官僚的墓誌記載則極爲詳盡，能够很好地彌補傳世文獻的不足。晚唐時期的宰相孫偓及其妻鄭氏墓誌，二〇一三年出土於洛陽邙山。孫偓其人，以科第狀元而聞名，《新唐書》卷一八三有傳。但記載極爲簡略，尤其是其後半生，僅記其被貶黔州司馬，此後并無記載。而墓誌洋洋灑灑近兩千字，極爲詳細地記載了孫偓的生平仕宦、文學、交游等情況。墓誌還着重强調其忠於唐朝、不仕宦後梁的忠臣節操，「天祐之後，大臣全名節壽終者，一人而已」。該墓誌對於晚唐史的研究具有極爲重要的意義。

中古時期的洛陽和長安一樣，都是世家大族匯聚的重要城市，他們在兩京仕宦，體現出此時大族中央化的傾向。而隴西李氏、姑臧李氏、范陽盧氏、博陵崔氏、滎陽鄭氏所謂「五姓七望」之家族墓地都在洛陽周邊的邙山、萬安山和偃師首陽山。這些家族成員的墓誌近年來大量出土，對於中古家族史的研究具有重要的意義。

〔一〕劉昫《舊唐書》卷一四五《劉玄佐傳附李萬榮傳》，第三九三三至三九三四頁；歐陽修、宋祁《新唐書》卷二一四《劉玄佐傳》，第六〇〇一至六〇〇二頁。

〔二〕司馬光《資治通鑑》卷二三五，中華書局一九五六年，第七五七三頁；《新唐書·德宗紀》記載其六月己丑去世。

新近在洛陽發現的徐彦伯撰文的《盧瓚誌石文》(五四號)，長寬均八九厘米，誌主是武周時期知名文學家、書法家盧藏用之父。近年來，盧藏用家族的墓誌在洛陽多有出土，如《盧赤松墓誌》《盧承禮墓誌》以及盧藏用妻《鄭冲墓誌》。盧瓚其人，《舊唐書·盧藏用傳》僅記載：「父瓚，有名於時，官至魏州司馬。」《新唐書·盧藏用傳》亦稱其「號纔吏」。而《盧瓚誌石文》詳細記載了這位能吏的宦迹。尤其是其彌留之際，「有遺命曰：元精幽化，得之自久。若死而有知，猶吾心也。勿爲無益，以黷吾神。氣絶之後，速即歸葬，殮以時服，棺周於身，銅鐵繒彩，塗車芻靈，盡無所設。唯寫《孝經》一卷，示不忘吾本也」。生動展示了其豁達的人生態度以及山東士族的門風。墓誌還記載盧瓚還撰有《潤州記》及《書儀》，「稽鷟遺誥，甄綜士則，成一家之言」。《盧瓚誌石文》填補了盧藏用家族世系的缺環，對於這個知名文學家族的研究，具有重要的意義。

二〇〇九年，洛陽偃師出土了中唐著名詩人李益及妻盧氏的墓誌，引起了古代文學研究者的關注。二〇一三年，李益次子李當及妻盧氏等人墓誌均在洛陽偃師出土，《李當墓誌》二五〇〇餘字，極大地豐富晚唐政治史的資料，也進一步深入對李益家族的瞭解。《秦晉豫新出墓誌蒐佚續編》已經收録[一]。本書不僅收入《李當妻盧鉥墓誌》(三九一號)《李當墓誌》(三九五號)，還收入了新發現的李益之父李存的玄堂誌。《李存玄堂誌》(二五〇號)爲李益撰文，其弟李節書丹。玄堂誌記載：李存「開元末，未弱冠，明經高第」。天寶初年(七四二)，李存授滎陽郡原武縣尉。之後歷仕左威衛胄曹參軍事、大理評事、淮陽王府從事、滎陽令、大理司直。墓誌較爲詳細地記述了李存爲政的忠以及爲人子、爲人兄的孝悌之道。同時也記載了李氏家族與盧氏、崔氏家族的聯姻情況，爲這個知名的文學家族的深入研究提供了新的史料。

「甘露之變」的策劃者李訓(仲言)撰文的其母裴清墓誌(三一七號)近年在偃師首陽山出土，墓誌現藏鞏義袁氏羽林山房。墓誌是在大和六年(八三二)五月其母去世後，在洛陽居喪期間，應其兄姊的要求撰寫的，其兄李仲京書丹。從墓誌記載來看，李訓出身姑臧李氏。其祖、父名諱墓誌雖然没有明言，但其祖曾在建州任職，其父曾在貞元年間出任泉州刺史，并於貞元十九年卒於泉州。查《唐刺史考全編》卷一五三《江南東道·泉州》，貞元中有刺史李震[二]。李震其人在《新唐書·宰相世系表》隴西李氏姑臧房也有記載，并任泉州刺史。兩李震應該是同一人。其父李皆，曾任司封員外郎[三]。而檢《唐刺史考全編》，李皆在大曆年間確曾出任建州刺史[四]。李皆祇有一子李震。因此，墓誌中的建州府君就是李皆，泉州府君則是李震。李皆與肅宗宰相李揆爲兄弟，李揆居長，李皆行五，其父是秘書監李成裕。李震正是李揆的親侄，與憲宗朝宰相李逢吉是從兄弟。這一點與兩《唐書·李訓傳》所記李訓是李揆族孫、李逢吉從子吻合。而從血緣關係上而言，李訓與李揆關係更近，而李逢吉確切講應該是李震的四從兄弟，可見兩《唐書》中李訓家族背景的記載基本上是準確的[五]。李訓的確出自姑臧李氏，而且與前面提到的李當是從兄弟的關係。該墓誌彌補了《新唐書·宰相世系表》中由於李訓被殺導致的家族世系史料的缺失。而李訓兄弟除了文獻記載其兄仲京、弟仲褒外，還有兄嬰甫，异母兄仲文、仲宣。墓誌記載，李訓、李仲京弟兄二人俱中進士。從墓誌記載李訓父李震及諸兄弟姊妹的婚姻狀況看，皆爲河東裴氏、太原王氏、范陽盧氏、博陵崔氏等高門大族。從中可以一窺世家大族的婚姻與家風。而墓誌的記載也説

(一) 趙文成、趙君平《秦晉豫新出墓誌蒐佚續編》(九四〇、九四六號)，國家圖書館出版社二〇一五年，第一三〇三、一三一二頁；胡可先《新出土唐代文學家李當墓誌考索》，《陝西師範大學學報》二〇一八年一期。

(二) 郁賢皓《唐刺史考全編》，安徽大學出版社二〇〇〇年，第二一九二頁。

(三) 歐陽修、宋祁《新唐書》卷七二《宰相世系表二上》，第二四五三頁。

(四) 郁賢皓《唐刺史考全編》卷一五二《江南東道·建州》，第二一七七頁。

(五) 劉昫《舊唐書》卷一六九，第四三九五頁；歐陽修、宋祁《新唐書》卷一七九，第五三一〇頁。

明了文獻中對於李訓的家族門第記載是準確的。墓誌還反映出「甘露之變」前李訓的家庭變故以及當時的心態，對於「甘露之變」以及李訓研究具有極高的史料價值。

位於萬安山南麓許營村的姚崇家族墓地近年來由於瘋狂盜掘導致大量墓誌流散。除姚崇妻劉氏墓誌、父姚懿墓誌分別在洛陽市文物考古研究院及千唐誌齋之外，其餘姚崇繼室鄭嬿，姚崇弟姚景之，姚崇二子姚彝、姚异及姚彝妻李媛，孫姚闓、姚閎、姚闢，曾孫姚伾、姚侑、姚棲雲，四世孫姚勖，五世孫姚縉等人的墓誌均流散民間。新近發現的《姚閎墓誌》爲徐浩撰文、書丹，原石收藏在鄭州大象陶瓷博物館。本書則收録有《姚崇妻鄭嬿墓誌》（八〇號）、《姚景之墓誌》（七四號）、《姚偁及妻王淑玄堂記》（三〇四號）。其中姚偁是姚闢之子、姚勖之父。根據此前出土的《姚闢墓誌》，姚闢在安史之亂中曾在僞燕擔任殿中侍御史，「危不忘本」，最後「惟身與家，并陷於法」，四十四歲被燕政權殺害。被牽連致死的還有其從侄姚伾，但姚闢遇害的緣由語焉不詳[一]。墓誌記載：「太常（姚闢）當逆燕僭盜，抱正勁立。妖光積熾，遂殲忠烈。」說明姚闢是忠於唐朝而遇禍的，故而死後被追贈太常卿。

中古時期，洛陽也是絲綢之路上的重鎮，有較多的外來移民進行着外來宗教的傳播。二十世紀以來，洛陽出土了大量中古時期來自中亞粟特地區粟特移民後裔的墓誌，對於我們瞭解中古時期絲綢之路與洛陽的關係及洛陽的粟特移民，具有重要的意義。《米欽道墓誌》（一三三號）是二〇一七年筆者新查訪到的一方唐代粟特人墓誌，目前已由龍門博物館收藏。米欽道祖籍燉煌，其先祖在隋朝進入漢地，父祖在唐朝均擔任武官。米欽道纔得以四品官員孫門蔭入仕，擔任翊衛。經過多年的努力，他最終升遷至正議大夫、嶲州別駕、昆明軍副使。在任期間他較好地處理了嶲州因長官張審素與朝廷委派的監察御史楊汪之間的紛争引起的内亂，安定了邊陲。《米欽道墓誌》是繼民國出土的《安孝臣母米氏墓誌》之後洛陽出土的第二方米姓墓誌。《曹乾琳墓誌》（二三九號）、《曹乾琳妻劉那羅延墓誌》（二七二號）二〇一五年二月出土於洛陽龍門張溝附近，誌主不僅具有粟特何氏、曹氏聯姻的背景，且是盛唐時期供奉宫廷，「萬乘親教殊絶之藝」，受玄宗親自指點的梨園弟子。安史之亂中，曹乾琳離開宫廷，先在淮西節度使李忠臣幕府，之後又居住在洛陽陶化里，死後葬於洛陽龍門天竺寺。是目前唯一一方粟特人梨園弟子的墓誌，對於研究這一時期的唐朝與西域的文化交流具有重要的意義。而《石公夫人康媛墓誌》（二二〇號）是二〇一六年五月發現的洛陽粟特人墓誌，墓誌明確記載康媛「本族西國，後因輸質，枝葉相傳，飄寄年多，今爲洛陽人也」。墓誌還記載了安史之亂時期，洛陽「萬姓波逃，士庶失業」的景象。本書收入的粟特人墓誌還有《安義墓誌》（二八六號）、《康緒墓誌》（三二〇號）、《康璀墓誌》（三四一號），他們都是唐中後期的洛陽居民，對於我們瞭解安史之亂後粟特人的動向，洛陽粟特人的宗教信仰、婚姻和喪葬都有一定的意義。

除了粟特人之外，唐代的洛陽還有大量其他族系移民的居住。本書收入的突厥人墓誌有《史思光墓誌》（一二九號）、《阿史那明義之墓誌》（二〇二號）。其中《史思光墓誌》已經由臺灣中正大學歷史系朱振宏教授進行了相關的研究，以《唐突厥族史思光墓誌研究》爲題，發表在《國學論叢》（第一輯）上[二]。而阿史那明義之「曾祖纈緊施，任本藩可汗。祖惠真，本藩特懃」。其父阿史那承休「司徒、同中書門下平章事、雲中郡王」。從墓誌記載來看，該家族在唐朝强盛時歸附唐朝，「遠慕漢宣之化，遂逐呼韓之朝」。之後爲唐朝守衛幽燕之地。由於戰功卓著，阿史那明義之先授右領軍衛左郎將，又轉左司御率府率，又轉左驍衛將軍，又轉左威衛大將軍。安史之亂中，阿史那承休投靠安禄山，因而被委以要職。阿史那明義之亦擔任僞燕的司膳卿。聖武二年（七五七）八月卒於洛陽尊賢里，之後葬洛陽城南。這支家族的情況史書未見記載。以往我們知道安史叛軍中的突厥將領祇有阿史那承慶，那麽他與墓誌中的阿史那承休是什麽關係？阿史那明義之家族屬於突厥哪一系？還有待深入的研究。另一方突厥後裔

〔一〕趙振華《唐代姚闓及子姚伾、姚侑墓誌的學術價值》，《碑林集刊》（十六輯），三秦出版社二〇一〇年。

〔二〕董恩林《國學論叢》（第一輯），湖北人民出版社二〇一六年。

墓誌則揭示了這些游牧民族的結局，《劇誨如夫人史氏墓誌》（三七三號）載「其先陰山達官，在高宗朝内附，鬱爲中華之豪族」。説明史氏祖上是高宗時期内附的突厥貴族。但到了其父史昭，家道中落，衹是代州水運押衙。史氏也衹能嫁給曾任邠州録事參軍的劇誨做妾，史氏「事長上以敬立，撫幼弱以慈聞。舉案而豈止齊眉，進賢而無非後己。中表宗族，曾無間言」。已經是典型的漢族婦女形象了。

新見洛陽墓誌涵蓋了社會各個階層，除却貴族官僚、文人墨客之外，僧道、商人、外域移民，乃至樂人、乳娘、奴婢，許多都有墓誌。可以説全方位、多層次地展現了唐代社會，也具有很高的史料和藝術價值。本書收入的《李叔良墓誌》（二七七號）則是新發現的洛陽商賈墓誌，墓誌記載他「有仁信之行，無險詖之誠。守道自安，濟弱扶傾」。儼然是一位義商。《董氏墓誌》（三七二號）則刻畫了一位勤勤懇懇，「内外長幼，至於輩流，無不敬伏」的乳母形象。

本書此次收入的洛陽流散唐墓誌中許多墓誌撰文者都出自唐代著名官員及文人，其中就有劉憲、崔融、石抱忠、蘇瓌、蘇頲、席豫、蘇晋、許景先、徐彦伯、成敬荷、賀知章、裴耀卿、吕向、崔尚、馬吉甫、韋述、李邕、盧若虚、蕭穎士、李君房、蕭昕、穆員、姚闢、姚勖、衡守直、尹樞、李序、韋處厚、鄭餘慶、盧簡辭、李君何、李訓、李益、王魯復、李當、苗恪、崔安潛、温庭皓、孫偓等。這些墓誌文章以前都未見傳世。如盛唐時期知名文人與書法家李邕，以善寫碑誌文字著稱。《舊唐書·李邕傳》記載：「早擅纔名，尤長碑頌。雖貶職在外，中朝衣冠及天下寺觀，多齎持金帛，往求其文。前後所製，凡數百首，受納饋遺，亦至鉅萬。」據載李邕前後撰碑八百首。故杜甫有詩云：「干謁滿其門，碑版照四裔。豐屋珊瑚鉤，麒麟織成罽。紫騮隨劍幾，義取無虚歲。」二十世紀以來，洛陽出土唐代墓誌近六千方，但李邕撰寫的僅見三方。其一爲《張之輔墓誌》，現藏洛陽私人手中；另外兩方爲尹元綽、裴冬日夫婦墓誌，兩方墓誌均爲開元十八年十一月其子子羽、子産將夫妻二人安葬邙山時請李邕撰寫。

本書收入的流散墓誌中，著名書家書丹墓誌亦有不少。如前面提到的《盧璥誌石文》雖然未署書丹者，但將墓誌隸書風格與現存河南滎陽紀信廟的盧藏用撰、書《紀信碑》的書風相比較，該墓誌應爲新見盧藏用的隸書作品。《崔日用墓誌》的書丹者郭謙光亦是唐代隸書大家，歐陽修在《集古録》中稱其「工書，其字畫筆法不減韓、蔡、李、史四家，而名獨不著」。盛唐書家徐浩的作品在洛陽已經發現多方。如《陳尚仙墓誌》《姚彝妻李媛墓誌》《姚閎墓誌》《崔賁墓誌》。而《張埱墓誌》（一九〇號）則是洛陽新近發現的韋述撰文、徐浩書丹的墓誌，墓誌出土於伊川萬安山張説家族墓地。張埱是張説第三子，因天寶十三載受其兄張均、張垍牽連，被貶宜春郡司馬，行至汝州驛舍去世，之後葬於萬安山祖塋。宋儋書丹的《裴友直妻封氏墓誌》（一〇三號）二〇一二年出土於萬安山北麓。宋儋在唐代書法理論家竇臮的《述書賦》中有「擅美中州……開元末，舉場中後輩多師之」的記載，也有「作鍾體而側戾放蹤，迹不副名」的評價。宋儋傳世作品極少，以至於宋人黄庭堅有「儋書清勁姿媚，惜不多見」的感慨。目前知道的衹有嵩山會善寺的《道安禪師碑》，但上半部已經漫漶不清〔一〕。而《裴友直妻封氏墓誌》完成於開元十五年三月，與《道安法師碑》完成時間在同一年，二者書法風格極爲近似，衹是碑刻書法老辣，而墓誌更爲乖張，個性十足，是極爲珍貴的宋儋墓誌書法。《劉悟墓誌》的書丹者翰林待詔曹郢，此前僅有陝西三原《朱孝誠碑》傳世，亦爲行書，此是曹郢書法第二見。

三

儘管本書收入的部分墓誌拓本在此前出版的《秦晉豫新出墓誌蒐佚續編》《洛陽新獲墓誌二〇一五》〔二〕中有著録，但這并不影響本書的文獻價值，因爲本書所有圖版都附有校讀精審的録文。參與本書拓本釋録工作的仍舊是《彙編》的編纂團隊，他們長期從事隋唐史以及洛陽古代石刻文獻的整理與研究，積纍了豐富的經驗。在長達五年

〔一〕黄明蘭、朱亮《洛陽名碑集釋》，朝華出版社二〇〇三年，第一五七至一五九頁。

〔二〕齊運通、楊建鋒《洛陽新獲墓誌二〇一五》，中華書局二〇一七年。

的整理工作中，我們有信心用高品質的録文，爲廣大唐史以及唐代文獻研究者在墓誌資料的使用上提供便利。

墓誌拓本製作過程中，由於誌蓋、邊飾的拓印較爲費時、費力，一般都不予製作。加之一些收藏家也較爲忽視，導致一些墓誌拓本缺失這方面的信息。而本書所收入的唐墓誌拓本，在力所能及的前提下，儘量做到資料完備，墓誌、蓋、邊飾完備。如本書《嚴復墓誌》（二〇三號），前述著録該誌的《洛陽新獲七朝墓誌》《秦晉豫新出墓誌蒐佚續編》中均無誌蓋。筆者多方搜集，方從洛陽莫姓收藏家手中得到誌蓋拓本，誌蓋篆書與其子《嚴希莊墓誌》誌蓋書法相同，均爲同一人書丹。儘管該誌蓋已經殘缺，然始成完璧。唐後期著名文學家李當與妻盧鉥夫妻誌，《秦晉豫新出墓誌蒐佚續編》均已收録，但均無誌蓋資料。而本書中的《李當妻盧鉥墓誌》（三九一號）、《李當墓誌》（三九五號），均有誌蓋信息。由崔循篆蓋的《李當墓誌蓋》明確記載「唐故刑部尚書姑臧李公墓銘」，亦可以爲李益家族郡望爲姑臧李氏提供明證。再如《孟蒲墓誌》（一七號）《有唐平原夫人（裴友直妻封氏）墓誌》（一〇三號）、《裴子餘墓誌》（一六六號）、《劉顥墓誌》（二三八號）、《盧大琰墓誌》（三三三號），相關研究或著録亦未見誌蓋，本書均誌、蓋齊備。

此外，由於本書所收入的墓誌均非系統考古發掘出土，出土時間各不相同。故而父子、夫妻以及家族成員墓誌分散各處的情況極爲普遍。因此，本書在拓本徵集過程中非常重視中古家族史料的系統與完整，許多具有親緣關係或夫妻關係的墓誌拓本都是在不斷積纍的過程中配齊的。如本書收入的崔融撰文的《樊行恭墓誌》（四七號），又收入其子《樊偘偘墓誌》（八八號）。一九九八年，在洛陽龍門花園村東出土了武周時期被殺害的許王李素節子嗣等十人的墓誌，墓誌旋即流散。千唐誌齋徵集了第九子李璡墓誌〔一〕。《秦晉豫新出墓誌蒐佚》收入第四子李琬墓誌〔二〕。《彙編》亦收入第三子李璟墓誌。本書則新收入從收藏家張存纔處搜集到的第二子李瑛、第六子李瑒、第八子李琛以及第十子李唐臣的墓誌拓本。根據這幾方墓誌的記載，第十子李唐臣等因爲年紀幼小并未被殺，而是被流放雷州。神龍元年（七〇五），李唐臣等被朝廷追還長安，但未及上路，旋即病殁。開元六年（七一八），其弟李琳將李唐臣與此前被害的九個兄長都安葬於洛陽龍門鄉原。再結合《舊唐書·李素節傳》《新唐書·則天聖順皇后紀》《新唐書·宗室世系表下》的記載，李素節在舒州被殺的九子分别是李琪、李瑛、李璟、李琬、李瓚、李瑒、李瑗、李琛、李璡。《新唐書·宗室世系表下》中第三子李珀應爲李璟之誤寫，漏列第九子李璡。《舊唐書·李素節傳》《新唐書·則天聖順皇后紀》的相關記載也均有一定問題，傳統文獻編纂、傳寫過程中的問題可見一斑。二〇〇〇年左右，李百藥後世子孫墓誌多在洛陽新區出土，其中《李夷吾墓誌》被西安市大唐西市博物館徵集，《李玄禄墓誌》也已出土。本書則收入了李夷吾子《李澣墓誌》（二五五號）以及李澣子《李序墓誌》（二九六號），李序在貞元末到元和五年（八一〇）任成德軍節度掌書記，并在王士真去世後爲其撰寫墓誌。因拒絶與王承宗同流合污，對抗朝廷而遇害，後被追贈給事中。中宗時期擔任中書侍郎的司馬鍠，兩《唐書》記載極爲簡略。近年來，其家族墓誌在孟州出土，這裏分别收入了其父《司馬邵墓誌》（七六號）〔三〕，及其叔父《司馬翥墓誌》（七七號），《司馬翥墓誌》記載了其子司馬璿、司馬璡、司馬季良、司馬季文四人，進一步豐富了這個家族的譜系。在編輯《盧大琰墓誌》的過程中，又意外得到盧大琰撰文的其妻李氏《唐故隴西李夫人墓誌》拓本（三〇三號）。類似的情況還有《袁建康墓誌》（二〇九號）、《袁建康妻崔氏墓誌》（二三〇號）以及《崔鄖妻李審柔墓誌》（三二八號）、《崔鄖墓誌》（三三三號）。

作爲《彙編》的續集，本書的内容也儘量與《彙編》相照應，如《彙編》收入了現藏洛陽金石文字博物館的李邕撰文的《尹元綷妻裴冬日墓誌》，本書則收入了現藏洛陽尚德堂，同樣爲李邕撰文的《尹元綷墓誌》（一一一號）。《彙編》中收入玄宗寵臣張暐父《張有德墓誌》及其子《張履冰墓誌》，本書則又收入了新徵集到的張暐妻《許日光墓誌》（一二四號）拓本，該墓誌十餘年前已經在洛陽出土，直到二〇一七年纔購得拓本。

〔一〕中國文物研究所、千唐誌齋博物館《新中國出土墓誌·河南叁·千唐誌齋壹》，上册圖版九七號，下册第七三頁。

〔二〕趙文成、趙君平《秦晉豫新出墓誌蒐佚》，國家圖書館出版社二〇一二年，第四九七頁。對兩方墓誌的研究參丁輝《唐許王李素節之子李琬、李璡墓誌合考》，《文博》二〇一五年一期。

〔三〕《洛陽新獲墓誌二〇一五》一五六號亦有收入，在該書《前言》中，陳尚君先生對其價值有所論述。

另外，本書所收的墓誌拓本都經過編者認真的審定，堅決杜絶翻刻本與僞品。近年來，由於墓誌的文物價值被收藏界所認可，因此被盗掘出土後價格居高不下。加之流散墓誌多在私人手中，外人無從知曉。這些因素均導致了翻刻和僞刻墓誌大量出現。尤其是洛陽伊川、偃師、孟津等地墓誌翻刻及作僞的情况非常嚴重，許多都流入民營博物館和私人收藏者手中，爲害不淺。如顔真卿書丹的《王琳墓誌》，翻刻品達五六方，先後被販賣到多地。洛陽師範學院河洛古代石刻藝術館收藏的即爲翻刻品。此外，該館收藏的《楊元卿墓誌》《趙宗儒墓誌》《桓臣範墓誌》，坊間也有翻刻。鞏義一葦草堂藏《桓臣範墓誌》、洛陽市文物考古研究院藏《楊元卿墓誌》也均爲翻刻品。

當然，總體上而言，目前出版的墓誌整理著作，大多經過編者的初步審核，多數拓本都是可靠的。但仍有一些翻刻和僞刻墓誌竄入到一些墓誌圖録中。尤其是一些較爲逼真的原石翻刻品，具體的例證在《彙編》前言中已經有所列舉。結合本書所收入的墓誌拓本，這裏再舉幾例。如《河洛墓刻拾零》《洛陽新獲七朝墓誌》收入的《薛鄭賓墓誌》拓本就是問題百出的翻刻品〔一〕。該翻刻品現存洛陽師範學院河洛古代石刻藝術館。而《薛鄭賓墓誌》原石現存洛陽師範學院河洛文化中心張存纔墓誌精品館。本書中收入的就是原石拓本（二〇五號）。二者相比，前者明顯翻刻後者。真品拓本書法自然流暢，銹蝕的痕迹也非常自然。翻刻品雖然書法有幾分近似，但文字拙劣無神，與原石書法相比，高下立判。尤其是由於翻刻者文化水平不高，導致翻刻品存在隨意處理墓誌文字的情况。如墓誌作者原爲京兆府高陵縣尉王邕，翻刻品誤爲王邑。第五行「左司禦率府長史」中「禦」字未刻；第七行「左監門衛録事參軍」，「録」字誤爲「鉢」。此類錯誤甚多，這裏不一一列舉。尤其是原石由於水銹導致的字迹漫漶不清之處，翻刻者皆據己意隨意處置。如第四行末，薛鄭賓父薛洽，「洽」字之後空格，恰好空格處銹蝕，翻刻品誤以爲有字，刻爲「甘」。這樣，薛鄭賓的父親就成了薛洽甘；第十六行末，「爰自解印，憩來登舟。向荆門以隨波，懷魏闕而增思」，由於「荆」字漫漶，翻刻品根據字形，刻爲「引」，文意不通；第十七行末尾，薛鄭賓至德二年（七五七）閏八月二十九日卒於江陵龍興寺，「龍」字漫漶，翻刻品臆改爲「蘭」；第十八行末，薛鄭賓妻鄭氏曾祖「處亮」，翻刻品妄改爲「鄭男」。故而此翻刻品已經不能算是真正意義上的翻刻，而是謬種流傳的僞品了。類似的情況還出現在《許杲（景先）墓誌》上，該墓誌二〇〇二年出土於洛陽偃師的首陽山，現藏洛陽華夏金石文化博物館〔二〕。千唐誌齋博物館二〇〇二年徵集的是翻刻品〔三〕。筆者將個人收藏的原石拓本與翻刻品照片對照可知：該石按照原石拓本進行翻刻，儘管個别字較爲逼真，但大多數文字走形，整體風格卑弱。原石誌主的名諱「杲」字上部「日」中間的「一」漫漶不清，翻刻者將「杲」誤認爲「呆」，於是遂有《許呆墓誌》的名稱。此外，原石中幾處文字模糊不清之處，翻刻品都根據臆測來處理。如「同孔光之不言」，因「光」字漫漶，遂刻爲「同孔先之不言」；「高步鼎國，唐肆不留」，因「國」字漫漶，遂刻爲「高步鼎因」。而《龍門區系石刻文萃》所收則爲真品拓本，讀者可以參看〔四〕。由此可見，儘管逼真的翻刻品有相當的殺傷力，但仔細辨别内容的話，并非無懈可擊。再如晚唐名臣崔安潛之兄崔彦冲，《新唐書·宰相世系表二下》誤爲安潛之弟；《舊唐書·僖宗紀》也僅記載乾符二年四月「汝州刺史崔彦冲爲太子賓客分司」，而《崔彦冲墓誌》洋洋灑灑二千餘字，詳細刻畫了崔彦冲的廉潔守正以及在嘉州、金州、汝州等地的政績，具有較高的文獻價值。但收入《秦晉豫新出墓誌蒐佚》中的八三七號《崔彦冲墓誌》拓本，翻刻痕迹明顯。本書收入的《崔彦冲墓誌》拓本（三九七號），即爲原石拓本，且墓誌、蓋齊全。再如本書的《沈庠墓誌》（四〇五號），可謂《秦晉豫新出墓誌蒐佚續編》中僞刻爲北魏的《唐沈庠墓誌》的祖本〔五〕。《沈庠墓誌》原來是一方唐代磚誌，内容也没有任何問題。其祖沈齊文的墓誌早已出土，據《唐右金吾衛胄曹參軍沈君（齊文）墓誌》，

〔一〕趙君平、趙文成《河洛墓刻拾零》，北京圖書館出版社二〇〇七年，第四二一頁。
〔二〕中國文物研究所、千唐誌齋博物館《新中國出土墓誌·河南叁·千唐誌齋壹》前言，第六頁。
〔三〕《全唐文補遺·千唐誌齋新藏專輯》，第一六〇至一六一頁。
〔四〕張乃翥《龍門區系石刻文萃》，國家圖書館出版社二〇一一年，第四九二頁。
〔五〕《秦晉豫新出墓誌蒐佚續編》（九六一號），第一三三五頁。

齊文卒於垂拱四年（六八八），享年五十五歲[一]。以此推斷，誌主生活年代應在中唐時期。此時永字开头的年號衹有「永泰」「永貞」，然均未超過四年，其中可能是撰文者不瞭解當時的改元情况。然出售者爲求得善價，將墓誌首行的「唐」以及年號的文字故意鑿毁，以冒充時代更早的墓誌。我們從中也可以瞭解目前墓誌作僞的手法。

當然，唐代墓誌還存在夫妻一方先去世，之後合葬或合祔時將原來的墓誌重新上石刊刻入葬的情况，因此也會出現一人兩誌，且極爲相似的情况，這就要另當别論了。如本書《崔凝亡室隴西李氏墓誌》（三七五號）是晚唐高官崔凝妻李氏的磚誌，該誌目前在洛陽師範學院河洛文化中心張存纔唐誌精品館展出。相同内容的墓誌還有一方考古發掘的石質墓誌。兩誌除質地、書法不同外，内容均相同，衹是發掘品在墓誌左下角有「凝自書」三字，磚誌没有[二]。此磚誌當爲李氏去世後，其夫崔凝將其安葬時製作，考古發掘品當爲崔凝去世後合祔時所刻。

此外，本書還有幾個特例需要説明一下。《柴憲墓誌》（一〇〇號）早在清末就在偃師出土，出土後保存在偃師縣學的明倫堂，後不知何時原石散佚。本書拓本爲清末拓本，得自上海履薄齋。柴憲曾任郎官、給事中、中書舍人、大理少卿、工部侍郎、兖州都督，最後官至太子賓客。且著作甚豐，「又嘗著《中道》《通教》二論，注《周易》，撰《三傳通志》廿卷，集《内經藥類》四卷，合《新舊本草》十卷」。由於出土時墓誌首行姓氏部分就已經殘缺，而墓誌中又有「有漢大將軍棘蒲侯……平陽侯」等字句，而漢史中棘蒲侯有陳武和柴武兩説，因而被誤認爲姓陳。《中州金石記》及《金石萃編》卷七七、《全唐文》卷九九五等書中收入時就稱爲《陳憲墓誌》[三]。墓誌還有「祖遠，雄武多大略，徵晉昌令，不□□□□□高量，繫辭辟命，没謚真隱先生」。近年來，其家族成員墓誌相繼在偃師出土。其中大唐西市博物館近年收藏的《柴朗墓誌》記載「父遠，隋上大將軍，皇朝樂昌令」。柴朗去世後，「執友等考行易名，謚曰：真隱先生」。則此墓誌誌主爲柴憲。此外，柴憲弟柴晦、孫柴閲墓誌近年先後在洛陽偃師出土，均散落民間。其内容也與《柴朗墓誌》《柴憲墓誌》一致。《柴晦墓誌》已經收入《彙編》，本書另收入《唐故貶邵陽郡邵陽縣尉岳陽縣開國伯平陽柴府君（閲）墓誌銘》（一九四號）。《裴子餘墓誌》（一六六號）并非洛陽出土唐誌，而是出土於山西省稷山縣其祖塋，二〇一二年前後流入洛陽。裴子餘其人《舊唐書》卷一八八《孝友傳》附其父《裴守真傳》後。該墓誌的奇特之處在於刊刻了賀知章、裴耀卿、韋述三人先後爲裴子餘撰寫的墓誌文字。裴子餘開元十四年去世後，由於子女尚未成年，并未歸葬祖塋，而先安葬在洛陽城東南的委粟原。其弟裴巨卿、裴耀卿委托賀知章撰寫墓誌銘。裴耀卿亦爲其兄撰寫墓記，叙述未能歸葬的緣由。此後，由於其子裴泳早卒，歸葬的願望一直未能實現。其子裴穎、裴導仕宦後，天寶四載十月，纔與其四個姊妹將裴子餘歸葬絳州稷山祖塋。歸葬墓誌銘由裴子餘外甥韋述撰寫，再次叙述裴子餘的生平與身後歸葬的歷程。正是由於唐代大族的歸葬風氣，形成了賀知章、裴耀卿、韋述三人撰寫墓誌的奇特現象。由於裴子餘先葬於洛陽城東南，而且也是賀知章在洛陽爲同僚撰寫的墓誌文字，十九年後纔歸葬河東，因此本書亦將其收入。

以上是筆者對近年來洛陽唐代墓誌流散情况、本書所收入墓誌的文獻價值以及編纂的特色進行了簡要説明。由於筆者認識與能力所限，本書還存在許多疏漏與不足。希望各位學者不吝賜教，《洛陽流散唐代墓誌彙編三集》的編輯工作即將啓動，我們將認真聽取意見，將更好的唐代墓誌整理成果奉獻給大家。

毛陽光

二〇一八年九月

〔一〕周紹良、趙超《唐代墓誌彙編》（垂拱〇六一號），上海古籍出版社一九九二年，第七七一至七七二頁。

〔二〕郭洪濤、樊有升《河南偃師縣四座唐墓發掘簡報》，《考古》一九九二年一一期。

〔三〕董誥《全唐文》卷九九五，中華書局一九八三年，一〇三〇七至一〇三〇八頁。此後，《唐代墓誌彙編》（開元二三七號）也有收録。

凡例

一、本編所收録的是二〇一〇年以來洛陽及其周邊地區出土的唐代墓誌的拓片資料。目前這些墓誌都流散在民間，或被洛阳本地收藏家及民營博物館收藏，或被外地收藏家及公私博物館收藏。

二、本書收録拓片資料按照墓主入葬時間爲先後順序。每張拓片圖版後著録拓片的尺寸、書體、行數、字數、撰書者、收藏者以及墓誌録文等信息。

三、拓片圖版的題名按照墓誌首行的題名，如首行無題名，則由編者根據墓誌内容擬定。

四、本書的墓誌拓片録文一般使用通行繁體字，并加以標點。誌文中的人名照録不變，通假字保持原樣。對拓片中漫漶不清、無法辨識的字用「□」標示，可以推斷出的用「[字]」標示，不詳具體字數的用「⧄」標示。

五、對於墓誌中出現的明顯的誤寫以及缺字、漏字、改刻等情況，録文將以注的形式加以説明。

六、對於墓誌中因平闕原因形成的空格，凡空一格者録文予以保留。两格以上者録文僅空两格。對於銘文中因格式整齊形成的空格則不予保留。

七、爲便於檢索，本書最後附有人名筆畫索引。

目録

洛陽流散唐代墓誌彙編續集

〇〇一　大唐果州朗池縣令上柱國輕車都尉魏君（基）墓誌銘

貞觀二十年（六四六）十一月八日葬。

誌文共二十二行，滿行二十二字。正書。誌長四十四厘米，寬四十二·五厘米。

誌蓋篆書：唐朗池縣令魏君墓誌

大唐果州朗池縣令上輕車都尉魏君墓誌銘并序

君諱基，字孝業，鉅鹿曲陽人也。漢相高平侯廿四世孫。爾公爾侯，令問令望。墻宇崇峻，音儀卓遠。雖復繁之翰墨，窮以丹青，未能圖其功焉，可稱其事。曾祖林，齊左光禄大夫、齊州刺史。德流渤澥，道潤青丘。祖嘉，周員外侍郎。朝棟國華，人倫儀範。父昭，周華陽郡守。鞠窮履道，不墜家風。君根柢盤鬱，源濤浩汗，騰渥洼而騁千里，出丹穴而呈五色。遂得觀光上國，充調帝庭，躍雕龍於華沼，吐鳳鳴於紫極。釋褐授承務郎、行濟陰宛句縣令。昔西華戴宰，東海徐君，方斯明悟，無以尚也。屬 皇猷遠及，異方鱗華，以君三端畢備，四方是則，遂授朝請大夫、鴻臚典客署令。藁街有序，庭實無虧。 聖上念製錦之爲難，信操刀之不易，遂除君爲褒城、朗池二縣令。揚名天漢，擅美銅梁。豈意與善何歸，輔仁虛論，以貞觀十一年四月卅日薨於朗池，春秋六十。嗚呼，痛矣！嗣子仁素，哀風樹之不止，泣昊天之罔極。粤以大唐貞觀廿年歲次景午十一月己丑朔八日景申改葬於洛州邙山之陽。雖陵谷有變，庶金石之不朽。其詞曰：

惟君之生，惟岳之靈。崇基乃峻，堂構斯成。曰道與德，既聰且明。曳裾丹陛，揮翰紫庭。道映兩朝，名高四海。濯纓莅職，援琴出宰。鏗鏘雅韻，雍容詞彩。芳烈英聲，没而猶在。塗車既載，服馬悽涼。雲凝松檟，風悲白楊。池臺已怨，蘭菊徒芳。頌聲有作，德音不忘。

〇〇二　唐故蕭鏐墓誌銘

貞觀二十二年（六四八）二月九日葬。

誌文二十三行，滿行二十三字。正書。誌長、寬均五十一厘米。

盧之信撰。

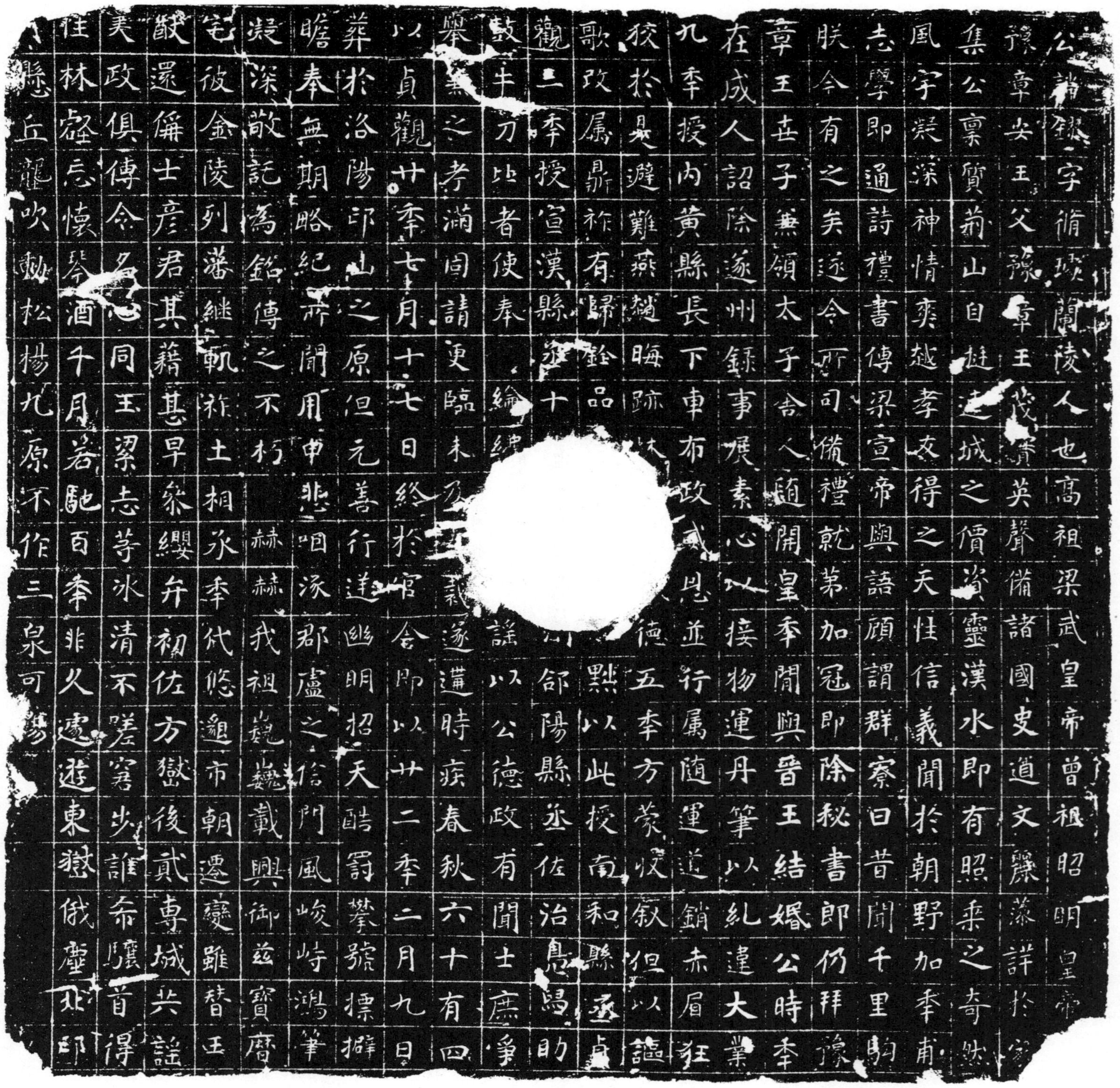
公諱鏐字循璈蘭陵人也高祖梁武皇帝曾祖昭明皇帝
豫章安王父豫章王茂資英聲備諸國吏道文辭藻詳於[illegible]
集公稟質荊山自挺連城之價資靈漢水即有照乘之奇然
風宇凝深神情爽越孝友得之天性信義聞於朝野加季甫
志學即通詩禮書傳梁宣帝與語顧謂群寮曰昔聞千里駒
朕今有之矣泌令所司備禮就第加冠即除秘書郎仍拜豫
章王世子兼領太子舍人隨開皇季聞與晉王結婚公時季
在成人詔除遂州錄事展素心以接物運丹筆以紀違大業
九季授內黃縣長下車布政式思並行屬隨運道銷赤眉狂
狡於是避難燕趙晦跡[illegible]德五季方蒙收敘但以謳
歌改屬鼎祚有歸銓品[illegible]默以此授南和縣丞貞
觀二季授宣漢縣丞十[illegible]部陽縣丞佐治恩助
鼓牛刀比者使奉[illegible]綸綍[illegible]以公德政有聞士庶爭
舉義之孝滿同請更臨未及[illegible]義遂遘時疾春秋六十有四
以貞觀廿季七月十七日終於官舍即以廿二季二月九日
葬於洛陽邙山之原但元善行道幽明招天酷罰攀號摽擗
瞻奉無期略紀[illegible]聞用申悲咽涿郡盧之信門風峻峙鴻筆
凝深散記為銘傳之不朽　赫赫我祖巍巍載興御茲寶曆
宅彼金陵列藩繼軌祚土相承季代悠邈市朝遷變雖替王
畝還偏士彥君其藉甚早參纓弁初佐方嶽後貳專城共謳
美政俱傳令名同王粲志等冰清不嗟[illegible]寡步誰希曠首得
往林壑忘懷琴酒千月若馳百季非久遠遊東嶽俄歷北邙
懸丘龍吹動松楊九原不作三泉可[illegible]

公諱鏐，字脩璩，蘭陵人也。高祖梁武皇帝，曾祖昭明皇帝，□豫章安王，父豫章王。茂實英聲，備諸國史。遒文麗藻，詳於家集。公禀質荆山，自挺連城之價；資靈漢水，即有照乘之奇。然風宇凝深，神情爽越。孝友得之天性，信義聞於朝野。加年甫志學，即通詩禮書傳。梁宣帝與語，顧謂群寮曰：「昔聞千里駒，朕今有之矣。」遂令所司備禮，就第加冠。即除秘書郎，仍拜豫章王世子，兼領太子舍人。隨開皇年間，與晉王結婚。公時年在成人，詔除遂州録事。展素心以接物，運丹筆以糾違。大業九年，授内黄縣長。下車布政，威恩並行。屬隨運道銷，赤眉狂狡。於是避難燕趙，晦迹林□。□國德五年，方蒙收叙。但以謳歌改屬，鼎祚有歸。銓品□□，□□□黜，以此授南和縣丞。貞觀三年，授宣漢縣丞。十□□□州部陽縣丞。佐治鳧舄，助鼓牛刀。比者使奉　綸綍，□□□謡。以公德政有聞，士庶争舉。兼之考滿，固請更臨。未及□裁，遂遘時疾。春秋六十有四，以貞觀廿年七月十七日終於官舍，即以廿二年二月九日葬於洛陽邙山之原。但元善行逆幽明，招天酷罰。攀號摽擗，瞻奉無期。略紀所聞，用申悲咽。涿郡盧之信，門風峻峙，鴻筆凝深。敬託爲銘，傳之不朽。

赫赫我祖，巍巍載興。御兹寶曆，宅彼金陵。列藩繼軌，祚土相承。年代悠邈，市朝遷變。雖替王猷，還俩士彦。君其籍甚，早參纓弁。初佐方嶽，後貳專城。共謡美政，俱傳令名。心同玉潔，志等冰清。不嗟窘步，誰希驤首。得性林壑，忘懷琴酒。千月若馳，百年非久。遽游東嶽，俄塵北邙。□懸丘壟，吹動松楊。九原不作，三泉可傷。

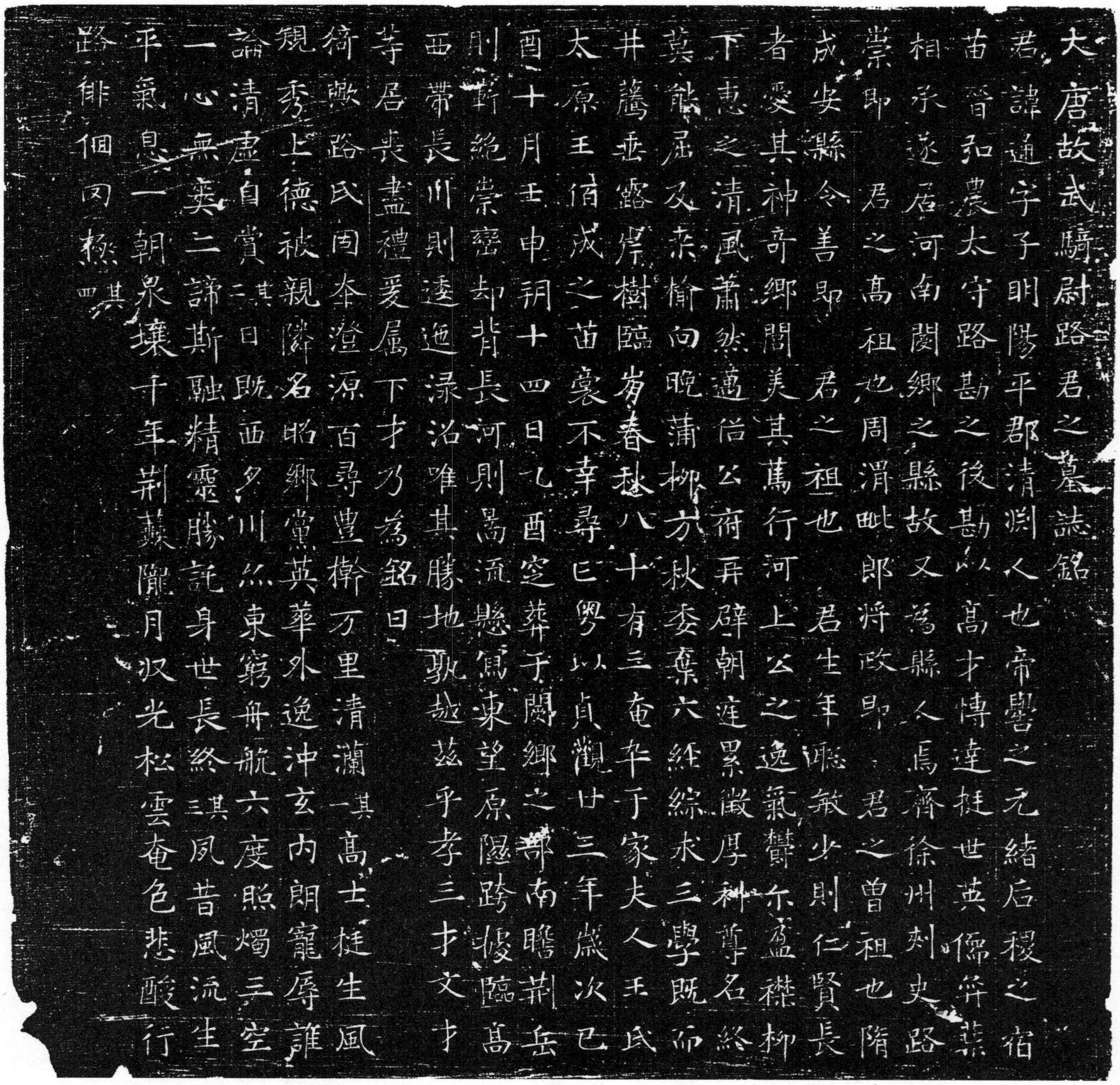
大唐故武騎尉路君之墓誌銘
君諱通字子明陽平郡清河人也帝嚳之元緒后稷之宿
苗晉弘農太守路勘之後勘以高才博達挺世英儒弈葉
相承遂居河南關鄉之縣故又為縣人焉齊徐州刺史路
崇即　君之高祖也周渭毗郎將政即　君之曾祖也隋長
成安縣令善即　君之祖也　君生年聰敏少則仁賢長
者愛其神奇鄉閭美其篤行河上公之逸氣欝尒盈襟抑
下惠之清風蕭然邁俗公府弃辟朝廷累徵厚秩尊名終
莫能屈及桑榆向晚蒲柳方秋委棄六經綜求三學既而
井藹垂露岸樹臨崖春秋八十有三奄卒于家夫人王氏
太原王倩成之苗裔不幸尋亡男以貞觀廿三年歲次己
酉十月壬申朔十四日乙酉窆葬于闕鄉之郭南瞻荊岳
則軒絕崇巒却背長河則禹流懸寫東望原隰跨據臨高
西帶長川則逶迤淥沼唯其勝地馭茲乎孝三才文才
等居喪盡禮爰屬下才乃為銘曰
猗歟路氏冏本澄源百尋豊幹万里清瀾其一高士挺生風
規秀上德被親隣名昭鄉黨英華外逸沖玄內朗寵辱誰
論清虛自賞其二日既西夕川流東窮舟航六度照燭三空
一心無爽二諦斯融精靈勝託身世長終其三夙昔風流生
平氣息一朝泉壤千年荊蘇隴月收光松雲奄色悲酸行
路俳佪因撫其四

〇〇三　大唐故武騎尉路君（通）之墓誌銘

貞觀二十三年（六四九）十月十四日葬。

誌文二十一行，滿行二十二字。正書。誌長、寬均四十一厘米。

大唐故武騎尉路君之墓誌銘

君諱通，字子明，陽平郡清淵人也。帝嚳之元緒，后稷之宿苗，晉弘農太守路勘之後。勘以高才博達，挺世英儒。弈葉相承，遂居河南閿鄉之縣，故又爲縣人焉。齊徐州刺史路崇，即 君之高祖也。周渭毗郎將政，即 君之曾祖也。隋成安縣令善，即 君之祖也。 君生年聰敏，少則仁賢，長者愛其神奇，鄉閭美其篤行。河上公之逸氣，鬱爾盈襟；柳下惠之清風，蕭然邁俗。公府再辟，朝庭累徵。厚利尊名，終莫能屈。及桑榆向晚，蒲柳方秋。委弃六經，綜求三學。既而井藤垂露，岸樹臨崩。春秋八十有三，奄卒於家。夫人王氏，太原王佰成之苗裔。不幸尋亡，粤以貞觀廿三年歲次己酉十月壬申朔十四日乙西窆葬於閿鄉之部。南瞻荆岳，則嶄絶崇巒；却背長河，則曷流懸寫。東望原隰，跨據臨高。西帶長川，則逶迤淥沼。唯其勝地，孰越兹乎。孝三才、文才等，居喪盡禮，爰屬下才。乃爲銘曰：

猗歟路氏，固本澄源。百尋豐榦，萬里清瀾。其一。高士挺生，風規秀上。德被親鄰，名昭鄉黨。英華外逸，冲玄内朗。寵辱誰論，清虚自賞。其二。日既西夕，川亦東窮。舟航六度，照燭三空。一心無爽，二諦斯融。精靈勝託，身世長終。其三。夙昔風流，生平氣息。一朝泉壤，千年荆棘。隴月收光，松雲奄色。悲酸行路，徘徊罔極。其四。

〇〇四　大唐故朱子玉妻楊夫人墓誌銘

永徽元年（六五〇）四月十七日葬。

誌文二十二行，滿行二十二字。正書。誌長、寬均四十五厘米。

誌蓋篆書：楊夫人墓誌銘

大唐故朱子玉妻楊夫人墓誌銘

夫人弘農華陰人也。太尉匡邦，標清白而秀世；尚書經國，以材貌而冠時。家諜詳諸，可略而載。祖儉，齊廣州都督。父昚，周兗州刺史。並風韻閑華，襟神掩映。羽儀雅俗，弘獎人倫。夫人凝華桂圃，稟潤珠泉。淑性幽閑，柔儀婉嫕。四德無爽，一志靡虧。爰應摽梅，作嬪君子。剋隆内政，譽浹中闈。梁妻愧舉案之恭，郄婦慚如賓之敬。屬良人早喪，志潔孀居。偕老之願遽違，崩城之慟遄及。爰有一子，仁孝兩兼。教以義方，不傾堂構。雖斷機之見稱曩日，廣被之致譽昔時，方斯蔑如也。夫人早悟苦空，聿脩齋戒。服膺六念，周旋四心。方茂桂華，奄捐蘭室。以永徽元年三月廿四日卒於第，春秋八十二。亡府君諱寶，字子玉，會稽人也。年十八辟爲潁川書佐，舉世奇之。以隨開皇十四年四月十九日卒，粤以永徽元年歲在庚戌四月己巳朔十七日乙酉合葬於邙山之陽。庶雄雌兩劍，長緘異匣之悲；南北二凫，永絶背飛之念。嗣子義則，洛州録事。痛昊天之罔極，悲風樹之莫追。茹毒銜哀，崩心泣血。恐德徽蕪没，丘隴摧頽。爰命詞人，式旌景行。銘曰：

川帶長河，地連太華。昌緒蕃廡，層臺迥架。惟□建旟，弘敷惠化。乃考驅傳，夙昭名價。載生令淑，容範端妍。言歸君子，恭順是專。母儀攸著，婦德聿宣。留心净境，歸依勝緣。東流不息，西崦遽晚。華屋始辭，佳城已遠。霧昏晨翣，風哀曉挽。犁田若侵，貞芳載顯。

〇〇五　唐故吏部將仕郎裴君（會真）之墓誌

永徽二年（六五一）二月二十六日葬。

誌文十六行，滿行十六字。正書。誌長、寬均三十八厘米。

原石藏河南商丘聽雨軒。

唐故吏部將仕郎裴君之墓誌

君諱會真，字去知，小名浄行士。蓋江自珉山，源濫觴而下注，潘五湖而東瀉，浩潢瀁而莫測。故以綿亘遠流，波瀾深大。君宗胤唐岳，命氏裴君。邁德傳龜，代有仁矣。曾祖俠，周驃騎大將軍、大都督、開府儀同三司、清河郡開國公。工部考本州，蒲州刺史，謚貞公。忠孝惟心，識性明粹，事詳國史，不可載陳。祖肅，貝州長史。博涉藝文，尤通大義。直亮居□，言行中道。父大成，後改字大覺。風烈雅淡，情欣栖遁。貞觀之年，屢蒙徵召。後別　敕授太子司議郎，轉尚藥奉御。公生禀太和，神心幼聳。文自天資，學無不綜。年始壯室，以永徽元年夏四月三十日構疾而亡。冥婚西州副都護崔義起第四女。二年二月廿六日葬於偃師縣之南原。

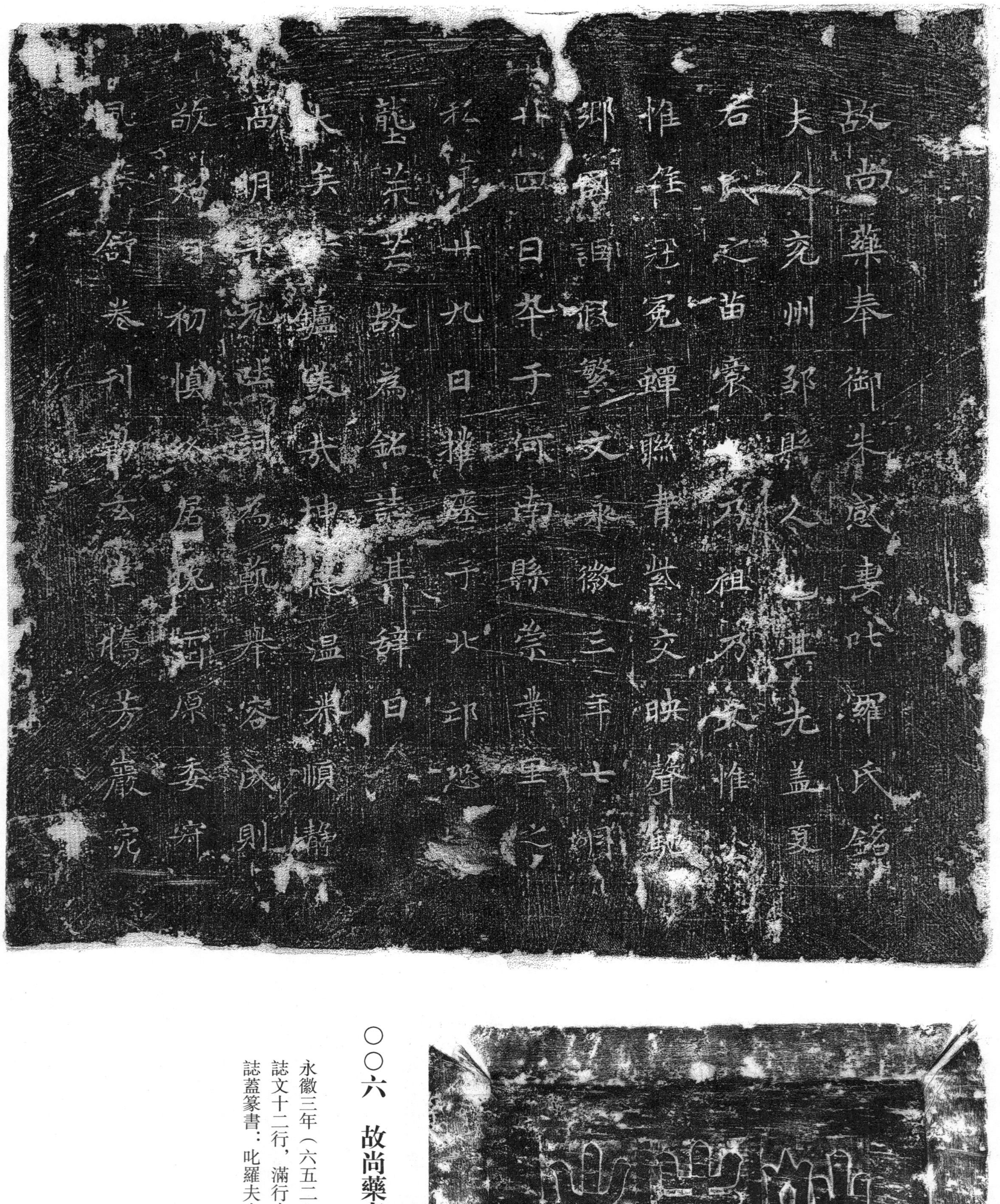

〇〇六　故尚藥奉御朱感妻叱羅氏銘

永徽三年（六五二）七月二十九日葬。

誌文十二行，滿行十二字。正書。誌長、寬均四十一厘米。

誌蓋篆書：叱羅夫人之銘

故尚藥奉御朱感妻叱羅氏銘

夫人兗州鄒縣人也。其先蓋夏后氏之苗裔也。乃祖乃父，惟公惟侯。冠冕蟬聯，青紫交映。聲馳鄉國，詎假繁文？永徽三年七月廿四日卒於河南縣崇業里之私第。廿九日權瘞於北邙。恐□壟荒芒，故爲銘誌。其辭曰：

大矣洪鑪，美哉坤德。温恭順静，高明柔克。吐詞爲範，舉容成則。敬媢曰初，慎終居晚。霜原委寂，風葉舒卷。刊勒玄堂，騰芳巖穴。

〇〇七　唐故王君（行通）墓誌銘

顯慶二年（六五七）四月二十七日葬。

誌文二十六行，滿行二十六字。正書。誌長五十九厘米、寬五十八厘米。

誌蓋篆書：唐故處士王府君墓誌

唐故王君墓誌銘并序

君諱行通，字智周，太原囧人也。系姬文以開□，胤子喬而命族。英華軒冕，歷秦漢而連暉；文雅珪璋，綿宋齊而疊映。若乃奇功茂範，宏略嘉猷，蓋備諸史牒，此可粗言矣。曾祖貴，隨驃騎將軍、樂昌侯。展力鈎陳，收功行陣。名高飛將，氣鬱觸山。祖子建，遼東道總管、[上]儀同三司。斬將屠□，效奇於百勝；先鳴賈勇，取冠於三軍。父陁師，銀州刺史、中武將軍、北海公。下車垂澤，灑春露而爲惠；總將臨戎，揚秋風而掃難。所以望高朝野，名重搢紳，積善無虧，明珠載曜。君稟神挺秀，承慶資賢。幼標岐嶷，長稱俊異。機神閑遠，鑒朗月於□襟；識量清通，澄止水於靈府。屬隨皇失馭，天下崩離，人不聊生，家無安業。遥瞻綺季，商山之趣已高；永懷交伯，滄洲之風彌遠。由是銷聲剗迹，韜光林薈。□靈襟於山水，託逸志於煙霞。凡厥形勝，莫不遊覽。以武德之始，言届洛川。惟此天中，鎮精是寓。南臨嵩岳，羽客之所淹留；北瞰長河，靈查之所往復。睹兹勝迹，彌暢深衷。想王子之吹笙，於焉仰止。因斯卜宅，復爲洛陽人焉。君遊息靡恒，出處非一。或居闤闠，乍比侯嬴，或背山林，時同公理。或留連於酒德，超伯倫於往賢，或放曠於琴書，邁叔夜於前烈。故能遊心物外，混迹囂煩，斯所謂朝野同歸、大小齊隱者矣。方冀介兹景福，享彼遐壽，豈謂福善徒言，居肓奄及。以顯慶二年歲次丁巳三月乙丑朔廿日戊申遘疾卒於私第，春秋五十有六，即以其年四月戊午朔廿七日甲申永窆於河南縣平樂鄉翟村西南，禮也。嗚呼，夜臺不曉，蒿里無春。式鐫貞石，永播遺塵。其詞曰：

鴻源系聖，茂族基仙。資靈誕德，稟慶興賢。含芬蘭畹，擢秀芝田。體兼玉閏，鑒達機先。逸調清閑，風儀峻舉。砂礪嵇阮，牢籠郭許。寄情綺哢，閉關芳醑。或朝或野，時出時處。飛電滅影，琢石淪光。一欺與善，奄遽殲良。烟凝翠隴，風□□□。□□啼而曉思，猿霄吟而夜傷。勒徽猷於貞琰，庶終古而□□。

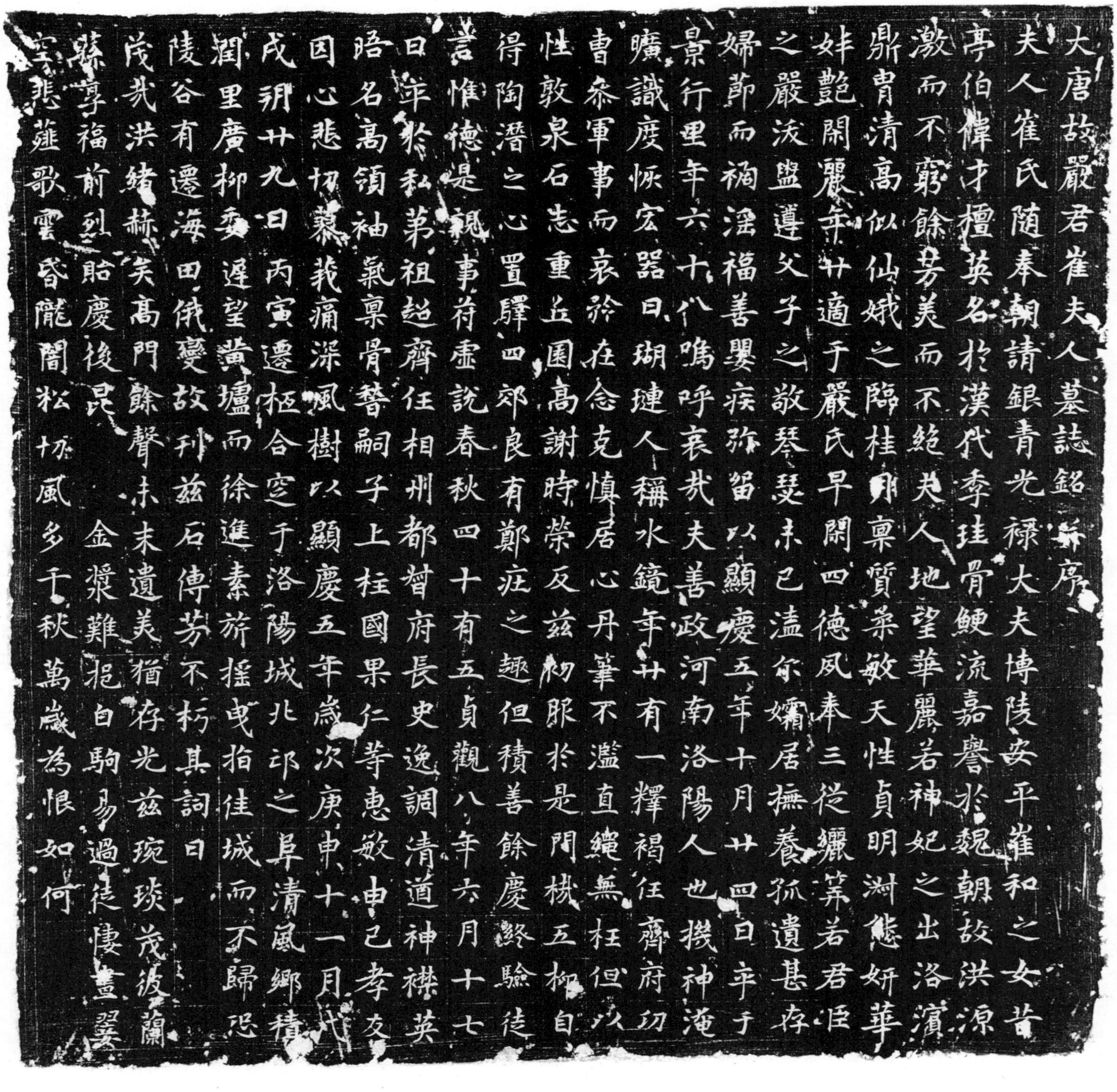

大唐故嚴君崔夫人墓誌銘并序
夫人崔氏隨奉朝請銀青光祿大夫博陵安平崔和之女昔
亭伯偉才擅英名於漢代季珪骨鯁流嘉譽於魏朝故洪源
激而不窮餘芳美而不絶夫人地望華麗若神妃之出洛濱
鼎胄清高似仙娥之臨桂月稟質柔敏天性貞明淑態妍華
姝艷閑麗年廿適于嚴氏早閑四德夙奉三從纖筭若君臣
之嚴流盥遵父子之敬琴瑟未已溘尒孀居撫養孤遺甚存
婦節而禍溼福善嬰疾旀留以顯慶五年十月廿四日卒于
景行里年六十八嗚呼哀哉夫善政河南洛陽人也機神淹
曠識度恢宏器日瑚璉人稱水鏡年廿有一釋褐任齊府功
曹參軍事而哀於在念克慎居心丹筆不濫直繩無枉但以
性敦泉石志重丘園高謝時榮反茲初服於是門植五柳自
得陶潛之心置驛四郊良有鄭莊之趣但積善餘慶終驗徒
言惟德是親事符虛説春秋四十有五貞觀八年六月十七
日卒於私第祖超齊任相州都督府長史逸調清道神襟英
略名高領袖氣稟骨簪嗣子上柱國果仁等恵敏申己孝友
因心悲切蓼莪痛深風樹以顯慶五年歳次庚申十一月戊
戌朔廿九日丙寅遷柩合窆于洛陽城北邙之阜清風鄉積
潤里廣柳爰遲望黄壚而徐進素旐摇曳指佳城而不歸恐
陵谷有遷海田俄變故刊茲石傳芳不朽其詞曰
茂哉洪緒赫矣高門餘聲未末遺美猶存光茲琬琰茂彼蘭
蓀亭福前烈貽慶後昆 金漿難挹白駒易過徒悽壹翣
空悲薤歌雲昏隴闇松切風多千秋萬歳為恨如何

〇〇八　大唐故嚴君（善政）崔夫人墓誌銘

顯慶五年（六六〇）十一月二十九日葬。
誌文二十三行，滿行二十三字。正書。誌長、寬均五十三厘米。
誌蓋篆書：嚴君墓銘

嚴君墓銘

大唐故嚴君崔夫人墓誌銘并序

夫人崔氏，隨奉朝請銀青光禄大夫博陵安平崔和之女。昔亭伯偉才，擅英名於漢代；季珪骨鯁，流嘉譽於魏朝。故洪源激而不窮，餘芳美而不絶。夫人地望華麗，若神妃之出洛濱；鼎胄清高，似仙娥之臨桂月。禀質柔敏，天性貞明。淑態妍華，婞艷閑麗。年廿適於嚴氏，早閑四德，夙奉三從。纚笄若君臣之嚴，沃盥遵父子之敬。琴瑟未已，溘爾孀居。撫養孤遺，甚存婦節。而禍淫福善，嬰疾彌留，以顯慶五年十月廿四日卒於景行里，年六十八。嗚呼哀哉！夫善政，河南洛陽人也。機神淹曠，識度恢宏。器曰瑚璉，人稱水鏡。年廿有一，釋褐任齊府功曹參軍事。而哀矜在念，克慎居心。丹筆不濫，直繩無枉。但以性敦泉石，志重丘園。高謝時榮，反兹初服。於是門栽五柳，自得陶潛之心；置驛四郊，良有鄭庄之趣。但積善餘慶，終驗徒言，惟德是親，事符虛説。春秋四十有五，貞觀八年六月十七日卒於私第。祖超，齊任相州都督府長史。逸調清遒，神襟英晤。名高領袖，氣禀骨稽。嗣子上柱國果仁等惠敏申己，孝友因心。悲切蓼莪，痛深風樹。以顯慶五年歲次庚申十一月戊戌朔廿九日丙寅遷柩合窆於洛陽城北邙之阜清風鄉積潤里。廣柳委遅，望黄壚而徐進；素旂摇曳，指佳城而不歸。恐陵谷有遷，海田俄變。故刊兹石，傳芳不朽。其詞曰：

茂哉洪緒，赫矣高門。餘聲未末，遺美猶存。光兹琬琰，茂彼蘭蓀。享福前烈，貽慶後昆。金漿難挹，白駒易過。徒悽畫翣，空悲薤歌。雲昏隴闇，松切風多。千秋萬歲，爲恨如何。

○○九　大唐故監察御史盧君（習善）墓誌銘

顯慶六年（六六一）二月十九日葬。

誌文三十一行，滿行三十一字。正書。誌長六十五厘米、寬六十四厘米。

誌蓋篆書：盧君墓誌

大唐故監察御史盧君墓誌銘并序

君諱習善，字子樂，范陽涿人也。其先胙土建國，英聲溢於四履；食菜疏宗，遠慶流乎百代。漢侍中植、魏司空毓，皆其上葉。言門風祖德，儒素相傳，天爵人官，台賢踵武。曾祖柔，後魏散騎常侍、中書監，周内史、驃騎大將軍、開府儀同三司、容城伯。言爲時範，行標士則。出南郊而參乘，入西掖而揮翰。實神化之丹青，固豐年之珠玉。大父愷，隨禮部尚書、攝吏部尚書、容城侯。理職清通，道情弘簡。分涇離渭，譽重當年。正禮和樂，功侔自衛。父義恭，　皇朝工部侍郎、虢光潁三州諸軍事三州刺史。材惟人傑，望乃國華。贊務禮闈，八座資之如水鏡；頒條州部，百姓仰之若神明。君江漢誕靈，風雲吐秀。器寓凝邈，襟情峻遠。符彩外照，蔽楚玉於方流；明潤内融，掩隨珠於圓折。幼備成德，早著令名，同子魚之分龍，類正平於一鶚。若乃温恭孝友，取與禮讓，非因素習，實表生知。爰在學年，篤志墳籍，三篋並記，五車俱覽。屬隨運版蕩，中原競逐，嚴城晝閉，重門夜警。君兼姿文武，應機奮發，全軍退敵，動力居多。大業十年，授建節尉，尋遷符璽郎。爾日政綱凌遲，人倫交喪，非其好也。遂銷聲晦迹，藏器俟時。

聖道鬱興，天下明目。齊王盛開幕府，妙擢寀寮。以君才地並華，首膺嘉選。武德七年，授齊府右二護軍倉曹參軍事。參桂山之諷議，陪竹園之文雅。非唯同列推美，諒亦府朝稱儁。既而綸旨爰降，博採遺材，褎然之首，時論攸屬。貞觀三年，應　詔舉射策高第，授徵事郎、行監察御史。繡衣之任，憲臺於是得人；霜簡所臨，權豪因而斂迹。以斯茂德，兼此多能。南溟之運未申，東岳之期俄及。貞觀四年十二月遇患，春秋卌七。粤以顯慶六年歲次辛酉二月景寅朔十九日甲申遷窆故緱氏縣之公路鄉之舊塋。惟君藻身浴德，砥行勵名。愛重風期，留連情賞。道同趣合，不隔於瓢簞；心爽迹乖，無取乎軒蓋。加以摛屬典實，詞彩温華。安平公朝望羽儀[一]，文人宗匠，覽君雅什，激賛久之。比之錦縟絃悽，題以金箱玉質。雖蔡中郎之重王粲，張司空之禮左思，飾獎之隆，不能過也。士林於是改觀，時輩以爲美談。而朝露易晞，夜舟不息。天倫軫戚，痛荆樹之摧枝；素□流襟，惜蘭叢之墜葉。悲夫，春秋遞謝，陵谷屢遷。幽扃暫勒，芳徽永傳。其詞曰：

農惟遠系，夷乃厥先。分流表海，徙宅居燕。家傳儒默，代有仁賢。鍾慶不已，清風在斿。夫君載德，弱年韶令。朗月齊明，温瓊芳映。盈尺非重，分陰是□。□籍典墳，沉吟文詠。爰初筮仕，遽屬時屯。裂冠晦迹，毀□藏身。千齡啓聖，萬□□□。□園標美，蘭署惟珍。挺兹偉材，包斯上智。始參下秩，未昇高位。福徒欺圖仁焉。遂半峰遺止，中天羽墜。窆遷邙阜，塗由洛湄。騑驂顧步，旂柳逶遲。痛殷倫屬，慕切悖鼇。式刊泉户，永哲巖基。

〔一〕「安平公」即李百藥。

〇一〇　唐故隋齊王府司馬張君（通）墓誌銘

龍朔元年（六六一）七月十三日葬。

誌文十九行，滿行二十字。正書。誌長、寬均四十四厘米。

唐故隋齊王府司馬張君墓誌銘

夫生生曰道，亭毒者無爲。化一曰命，稟受者脩短。無爲不可以情測，脩短不可以智移。故當隨逝止於坻流，安此泰於曹遇。死生有極，其如命何？君諱通，字達，洛州河南縣人也。祖宗睿哲，騰盛勣於漢朝；唯囝唯孫，播芳名於魏園。自兹厥後，代有人焉。曾祖□，□廬州長史。高明瑩貞，不因舉燭之書；冰潔凝真，無煩置水□□。祖序，隨任溵水縣令。德行兼著，詩禮兩聞。績閥一同，政標三異。君達不貪榮寵，棲□閑居。養性　長歌，家園於□月。歡啓期之三樂，守班嗣之丘。優哉遊哉，聊以永日。以龍朔元年歲次辛酉丑六月朔十二丁丑□於洛州河南縣修善里私第，春秋七十二。長子思儉，仰圓靈以欽泣，扣□祇以摧心。觀東龜之元貞，依北山而啓域。即以龍朔元年歲次辛酉甲午十三日丙午七月朔葬於河南縣平洛鄉邙山之阜，禮也。相沉碑之隱隱，懼幽隧之茫茫。紀□□於九泉，銘□□於萬古。敢爲銘曰：

真□冥化，幼而老成。立功立事，冠冕輝榮。不替厥美，代有人英。長瀾崇岳，莫之與京。其一。

〇一一　王寶德妻皇甫氏墓誌

龍朔元年（六六一）九月一日葬。

誌文十七行，滿行十七字。正書。誌長、寬均四十二厘米。

大唐龍朔元年歲次己酉九月癸巳朔，故人王寶德妻皇甫，□月廿□日終，迺爲銘粵：先祖王璋，襲封華陰侯、奉朝請，遷定州刺史。太原王商，車騎大將軍、儀同三司、大都督。祖諱枝，隨任河南縣靈泉鄉鄉長，又任□□魯山縣主簿。父諱德，隨任洛城府驍果，春秋六十三卒。妻皇祖皇甫嵩，漢□左僕射。皇甫祖充石，望遠將軍。父諱遵，隨任曹州離狐縣丞。乃遷奉於龍門西北。其墓周迴一百餘步。北□邙山，南望龍門，東觀□龍，西瞻白狩之領。忽爾萬累俱傾，榮名頃絶。茫茫逝水，一去難迴。道促時移，無由得勉。美饌空盈，甘醪徒酌。泉路遥遥，參差會往。身居火宅，知五陰之加兵；體若危城，疑八風之應起。緣窮業盡，本自難辟。含啼悽愴，劇失玉之悲。何其染疾奄致，埋軀腸斷於丘隴，痛割心脾。嗚呼哀哉！刼石□矣。

〇一二　大唐泉州長樂縣令蕭君（弘義）墓誌

麟德元年（六六四）十一月二日葬。

誌文二十五行，滿行二十六字。正書。誌長五十九厘米、寬五十八厘米。

張慎撰。

誌蓋篆書：大唐長樂縣令蕭君銘

大唐泉州長樂縣令蕭君墓誌

君諱弘義，蘭陵人也。遠漾天潢，浮錦波而浴日；分華若木，榮茂鬱乎桃源。此略而言，詳之國史。曾祖督，宣明　皇帝。祖岑，吴王。錫兹青土，濬發咸池，帝子降神，天人之德。父珽，慈州吕香縣令。惟君藉甚門風，良弓無替。夙聞詩禮，早預簪裾。　皇朝觀州司兵、鄧州録事、鄧王府兵曹、巴州録事。君沉靖有常，貞真無累。而職閑無事，三樂銷憂，公務之餘，四禪爲業。爰自勝衣洛汭，曳組梁園，屢陪清夜之遊，頻展鄒枚之諫。君彈非糾善，同屈平之冤；披雪無階，知蕭遠之命。永徽三年，左授藤州安基縣令。翔鸞顯譽，馴雉流芳。正績既隆，又除榮職。龍朔元年，授泉州長樂縣令。雖復涵牛屈用，方申展驥之功。俄而　詔檢校建州司馬。未移弦望，遘疾彌留。兩童之藥難逢，雙緤之夢遄及。嗚呼哀哉！春秋六十有六，龍朔二年閏七月四日終於建州之公館。士停南畝，女寢工機。思結康衢，淚纏行路。夫人安定張氏，禍生朝哭，釁起秋悲。痛金夫之不天，罷玉珈之盛飾。敬闕如賓之禮，敢申窀穸之儀。有子思約、有子大忠等，欣賣己之將售，嗟負米其何因。粤以麟德元年歲次甲子十一月乙巳朔二日景午遷神於伊闕縣之萬安原，禮也。嗚呼哀哉！一朝長謝，萬恨不追。幽脩陵[一]，遷移靡定，桑田海水，流而不窮。安定男子張慎，懼音徽之將昧，恐歲月其易流。敢勒斯銘，以旌泉户。其詞曰：

瓊林散葉，咸池發瀾。華分若木，茅社命官。承家不替，風流若蘭。萬石題室，千載衣冠。惟君博雅，頻侍名蕃。賦陳雲夢，□逸梁園。芝田蘭苑，酒醴頻煩。松筠比質，不變寒暄。鳴弦百里，製錦一同。夜悲神女，反雨迴風。良驥方騁，漸陸儀鴻。振鱗委壑，逸翮摧空。東川逝水，西池馳暉。壯志長往，遊魂詎歸。柳車朝反，松風暮悲。勒銘幽隧，令譽遐徽。

麟德元年歲次甲子十月一日書

（一）此處似有闕字。

○一三　大唐故果州朗池縣令魏君（基）王夫人（淑）墓誌銘

乾封元年（六六六）十一月十日葬。

誌文二十五行，滿行二十六字。正書。誌長五十九厘米、寬五十八厘米。

誌蓋篆書：魏君王夫人墓誌之銘

大唐故果州朗池縣令魏君王夫人墓誌銘并序

夫人諱淑，太原人也。爾其鳴鳳九洛，掩珠澤以疏源；飛鳧五庭，竦瓊基而構趾。家聲國史，藹油素以騰華；翼子謀孫，茂重玄而擅圀。曾祖感，齊高陽郡法曹，除利州綿谷縣令。丞相之子，道懋傳經；王公之孫，望高倒屣。兩河分務，聲華鳴鶴；二江製錦，譽表馴鴙。祖弁，隨勝州功曹，除鴻臚寺司儀署令。龍文騁逸，鳳羽摛姿。隤然可侵，肅爾難狎。開榮七葉，列佐六條。獨秀松貞，曾徽棘寺。父相，隨商州上洛縣令、梓州永泰縣令。情峰萬仞，性岸千尋，無點白珪之言，不易黄鏐之諾。銅章絢彩，遥光金馬之巖；墨綬馳暉，近映玉雞之浦。班門多藝，惠昭煽其芳風；蔡氏高才，文姬洽其餘祉。夫人芝田擢彩，藍野開珍，挺三秀以揚蕤，標九色而流潤。椒花緝頌，竦瑶慮於文場；柳絮飛文，動瓊韻於詞圃。言循閫則，舉習閨儀。年十有八，歸於魏氏。陰陞陽謝，道洽乘龍；綵瑟綺琴，興深維鵲。既而鵷林半落，龍鍔孤沉。廣被陳規，圖鄰表訓。韋珠吐耀，終承斷織之恩；潘璧開歡，屢奉長筵之慶。方忻静樹，遽積傳薪之悲；行薦冰魚，竟軫閲川之恨。以麟德二年七月廿七日終於東都仁風里第，春秋八十有二。嗚呼哀哉！粤以乾封元年十一月十日合葬於邙山之陽，禮也。子仁確等，履霜結欷，驚電纏哀，撫丹隧以增悲，對玄扃而灑血。志松帳而彫琰，庶蘭芳之不絶。其銘曰：

王子靈胄，公孫鼎族。代表相門，家傳侯服。飄纓曳組，擁旆驅轂。玉葉桂薰，瓊葩蘭鬱。載誕柔令，體兹閑淑。詩禮是敦，言容允穆。其一。亦云歸止，清徽可詠。道備外成，業宣内政。顧史自牧，披圖取鏡。約以持身，順而成性。紱珮具美，松蘿增映。孟被凝規，韋珠演慶。其二。歲駕云殆，日御不留。始悲銜索，終嘆藏舟。冥冥厚夜，杳杳秘丘。逶遲□柳，蕭瑟行楸。勒芳巖隧，永晰泉幽。其三。

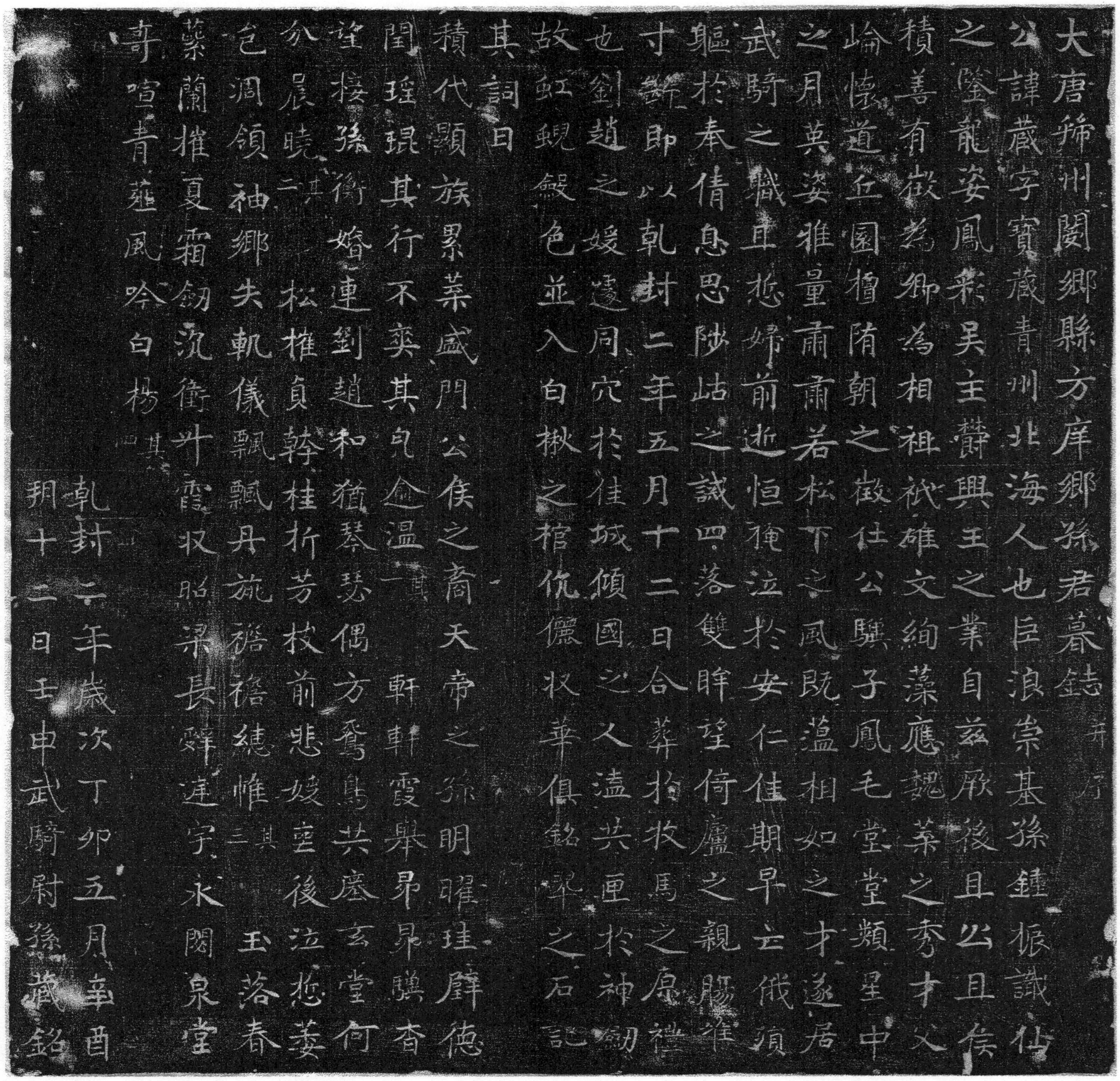

〇一四　大唐虢州閿鄉縣方庠鄉孫君（藏）墓誌

乾封二年（六六七）五月十二日葬。

誌文二十一行，滿行二十一字。正書。誌長、寬均四十二厘米。

誌蓋篆書：孫君之銘

大唐虢州閿鄉縣方庠鄉孫君暮〔一〕誌并序

公諱藏，字寶藏，青州北海人也。巨浪崇基，孫鍾振識仙之鑒；龍姿鳳彩，吴主鬱興王之業。自兹厥後，且公且侯；積善有徵，爲卿爲相。祖祇，雄文絢藻，應魏葉之秀才。父崘，懷道丘園，擅隋朝之徵仕。公驤子鳳毛，堂堂類星中之月；英姿雅量，肅肅若松下之風。既藴相如之才，遂居武騎之職。且哲婦前逝，恒掩泣於安仁；佳期早亡，俄殞軀於奉倩。息思陟岵之誠，四落雙眸；望倚廬之親，腸唯寸斷。即以乾封二年五月十二日合葬於牧馬之原，禮也。劉趙之媛，遽同穴於佳城；傾國之人，溘共匣於神劍。故虹蜺斂色，並入白楸之棺；伉儷收華，俱銘翠之石。記其詞曰：

積代顯族，累葉盛門。公侯之裔，天帝之孫。明曜珪璧，德閏瑶琨。其行不爽，其貌逾温。其一。

軒軒霞舉，昂昂驤杳。望接孫衡，婚連劉趙。和猶琴瑟，偶方鴛鳥。共瘞玄堂，何分晨曉。其二。

松摧貞幹，桂折芳枝。前悲媛喪，後泣哲萎。邑凋領袖，鄉失軌儀。飄飄丹旐，襜襜繐帷。其三。

玉落春蕊，蘭摧夏霜。劍沉衝斗，霞收照梁。長辭庭宇，永閟泉堂。哥喧青薤，風吟白楊。其四。

乾封二年歲次丁卯五月辛酉朔十二日壬申武騎尉孫藏銘

〔一〕「暮」應爲「墓」之訛誤。

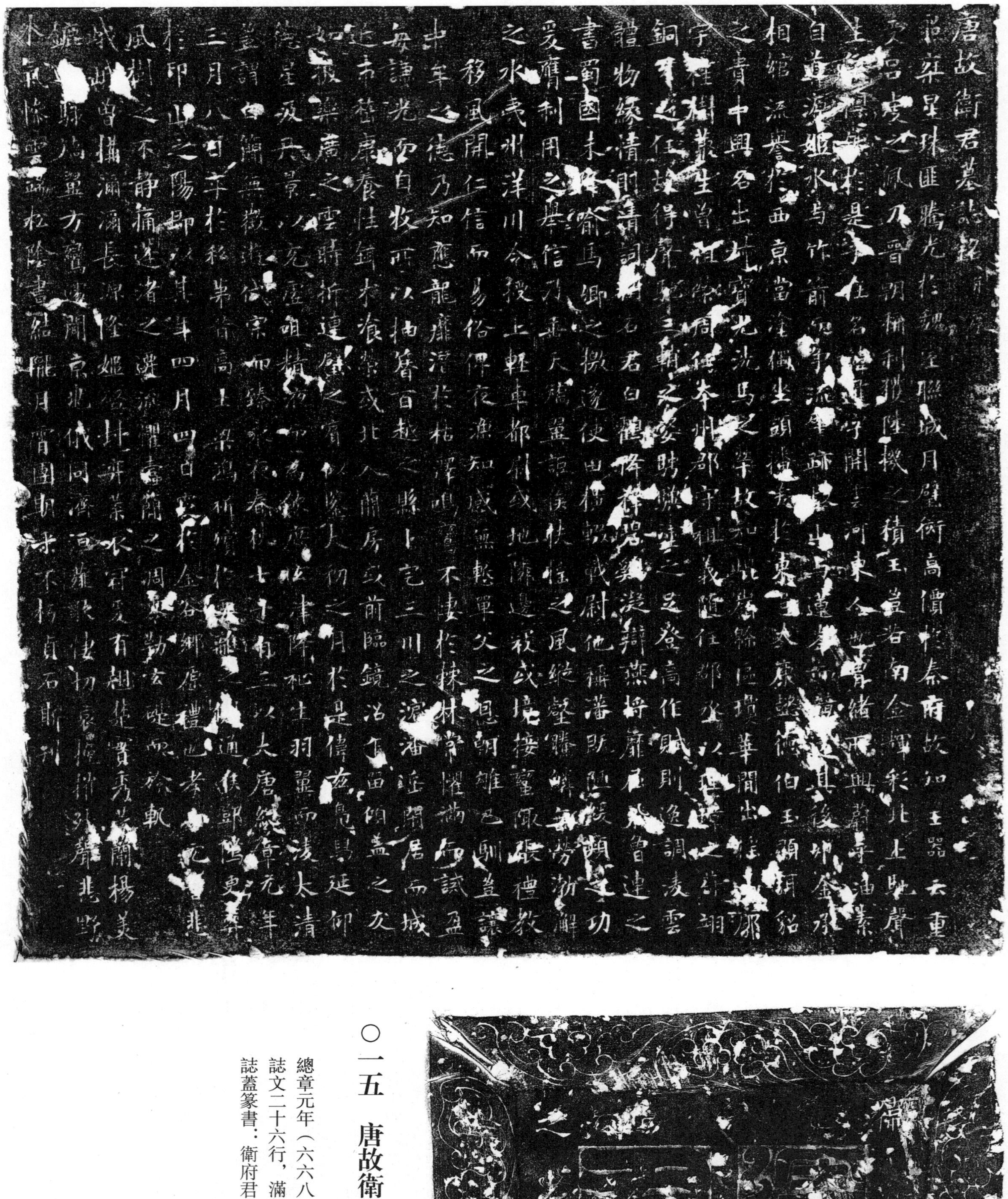

〇一五　唐故衛君（暹）墓誌銘

總章元年（六六八）四月四日葬。
誌文二十六行，滿行二十六字。正書。誌長、寬均五十四厘米。
誌蓋篆書：衛府君銘　正書：衛君之記

唐故衛君墓誌銘并序

照乘星珠，匪騰光於魏室；聯城月璧，銜高價於秦府。故知王器云重，受吕虔之佩刀；晉朝稱利，獲陸機之積玉。豈若南金輝彩，北上馳聲。生□□□，於是乎在名。諱暹字開雲，河東人也。冑緒所興，蔚乎油素。自道源姬水，與竹箭而争流；肇迹岐山，與蓮峰而競□。其後卯金承相，綰流譽於西京；當塗獨坐，顗播美於東邑。太康懿德，伯玉顯珥貂之貴；中興名出，叔寶光洗馬之榮。故知崐嶺緜區，瓊華間出。徭山廓宇，桂樹叢生。曾祖榮，周任本州郡守。祖義，隨任郡丞。以珪璋之符，翊銅牙之任。故得聲馳三輔之姿，騁驥塗之足。登高作賦，則逸調凌雲；體物緣情，則清詞□石。君白鶴降祥，碧雞凝辯。燕將靡屈，飛魯連之書。蜀國未降，喻馬卿之檄。遂使田横輟戰，尉他稱藩。既陋緩頰之功，爰膺利用之舉。信乃垂天矯翼，詎俟扶摇之風；縱壑騰鱗，無勞渤澥之水。夷州洋川令，授上輕車都尉。或地鄰邊寇，或境接蠻陬。張禮教□移風，開仁信而易俗。俾夜漁知感，無慚單父之恩；朝雉已馴，豈讓中牟之德。乃知應龍靡潛於枯澤，鳴鸞不棲於棘林。常懼滿而誡盈，每謙光而自牧。所以抽簪百越之縣，卜宅三川之濱。潘岳閑居而城近市，嵇康養性餌術飡榮。或北入蘭房，或前臨鏡沼。乍留傾蓋之友，如披樂廣之雲。時折連璧之賓，似鑒太初之月。於是偉兹凫舄，延仰德星。及丹景以充虚，咀精液而爲飲。庶玄津降祉，生羽翼而凌太清。豈謂白簡無徵，遊代宗而臻永夜。春秋七十有三，以大唐總章元年三月八日卒於私第。昔高士梁鴻祈殯於要離之側，通侯鄧騭更葬於邙山之陽，即以其年四月四日窆於金谷鄉原，禮也。孝子元□悲風樹之不静，痛蓬渚之遷流。懼蠹簡之凋零，勒玄礎而旌軌。

峨峨曾構，瀰瀰長源。隆姬啓封，弈葉衣冠。爰有翹楚，實秀芝蘭。揚美鏕□騄，矯翼方鸞。遽聞京兆，俄同濟洹。薤歌悽切，哀挽摧殘。聲悲野外，氣慘雲端。松陰晝結，隴月霄團。期乎不朽，貞石斯刊。

〇一六　大唐故洛州汜水縣尉朱府君（令節）墓誌銘

總章元年（六六八）九月二十五日葬。

誌文二十一行，滿行二十四字。正書。誌長四十六厘米、寬四十五厘米。

君諱令節，字令節，吴郡吴人也。陸終藴其綿系，儀□濬其□□。正識顯於平原，忠學光於槐里。聲芳鳳册，族茂蟬緌。曾祖義□，齊北海守。恩□不閂，業融通德。祖珍集，隨江寧令。朝雉馴風，夜漁靡化。父靈感，皇朝侍御醫。道修運否，才重宦輕。君少遭閔凶，夙傾乾庇。生知發於齠歲，好問成於立年。言而且行，朋友推其信篤；禮然後動，家人失其喜愠。用能學富韋籯，敏傳張篋。飛篆隸於豪末，銀鉤露委；蔚菁華於翰林，金聲風振。既而揚徽馬署，駒維之詠式昭；參職虎符，豹變之姿攸肇。北制巖邑，南陵故關。威革偽鳴之風，仁移恃嶮之俗。勤恭表於事上，明恕彰於接下。豈嬌能於不及，寧憾拙於輕班。盈几繁詞，無替吟謡之指；充庭争訟，有優弘裕之規。重以樽酒不空，座客恒滿。臨財無苟，聞善若驚。方當騁逸轡於康莊，縱横鱗於巨壑。而竟虚與善，空切云亡。春秋卌有四，以大唐總章元年九月壬午朔十五日遘疾卒於崇業里第。即以其月景午窀穸於此。哀哉嗣子，纔聞捧雉之□；痛矣孀妻，徒對舞鸞之影。望故鄉而難返，即雜塋而可安。本無滯於浮生，何有情於懷土。銘曰：

死生恒分，今古同歸。痛郭悲夭，哀顔慟非。霜蘭委馥，雲月淪輝。幽扃倏閉，照路長違。霧沉山影，松厲風威。式圖貞裁，永誌泉扉。

大唐故洛州汜水縣尉朱府君墓誌銘并序

總章元年九月廿五日殯於邙山䙴也

○一七　大唐故北誼州司兵參軍事孟君（蒲）墓誌銘

咸亨元年（六七〇）十月四日葬。

誌文二十七行，滿行字數不等。行書。誌長七十三・五厘米、寬七十二・五厘米。

誌蓋篆書：大唐故宗城孟君妻太原王氏之墓誌銘

大唐故北誼州司兵參軍事孟君墓誌銘并序

君諱蒲，字方。清河宗城人也。原夫保姓受氏，茂趾長瀾。森漫同紀地之深，隆崇等極天之峻。威蕤青史，掩映緗圖。杞梓瑶琨之材，歷遐載而標美；山河黿組之盛，綿敻紀以傳芳。邈矣悠哉，固無得而言也。洎乎何忌孝愛，翼政道於東魯；明視忠烈，贊霸業於西秦。之側廉讓，之奇孺速，智謀之異。布諸方册，可略而云。惟祖惟曾，以迄顯考。風猷繼踵，令德比肩。載在人謡，傳之故老。不事王侯，道存高尚。澹泊自居，風塵罕及。偃仰丘園，棲遅衡泌。弓旌屢降，守節彌堅。羔鴈亟臨，執誠逾固。俱不降志，咸保幽貞。既曰考盤，是稱嘉遁。松筠之操，振古莫儔。君幼彰孝友，夙稱睿哲。齠年表譽，丱歲飛名。鑽仰藝文，昇堂睹奥。既擅九功，兼包七德。學圃鉤深，轥前脩而獨步；詞林挺秀，轢往彦以孤馳。邦族歸仁，鄉黨稱悌。善與人交，不敬之情靡歇；終温且惠，淑慎之志莫虧。隨解褐授儀同。 皇運之初，遷北誼州司兵參軍事。恪居官次，忠爲令德。既富而教，有勇知方。卒乘輯睦，甲兵精練。連居課最，獨光寥友。褫佩言歸，便思止足。用卑自牧，以智養恬。抱素閑庭，韞價閭里。身雖沉隱，響自崇高。時屬 聖期，恩霑比屋。仙嶠既刊，榮班公士。豈若園令鬱邑，徒著茂陵之書；史公慷慨，空滯周南之淚。以今望古，何其偉歟。方冀輔仁，永期介福。旻天不吊，曾莫憖遺。辰巳數終，薤歌遄及。以總章三年二月十二日遘疾終於里第，春秋八十有二。夫人王氏，婦德母儀，風神婉嫕。聲著州閭，譽流姻戚。降年不永，早代湮沉。以咸亨元年十月四日合葬於城北沁水之陽。嗣子弘獎，夙丁艱棘，孤煢在疚。痛風樹之難停，哀逝川之易往。勒斯銘於幽室，庶長畢於天壤。嗚呼哀哉，乃爲銘曰：

長波遠注，茂緒遐宣。黿組載襲，山河剋傳。其一。伊人禀靈，是稱獨秀。彈冠筮仕，嘉聲日就。其二。既覽止足，爰息林丘。履道以處，乘德而遊。其三。閲水滔逝，生崖短促。俄弃昭辰，奄從幽録。其四。響哀山鳥，聲悲隴樹。野積愁雲，原昏苦霧。其五。泉扃既掩，地久天長。式刊貞石，永播遺芳。其六。

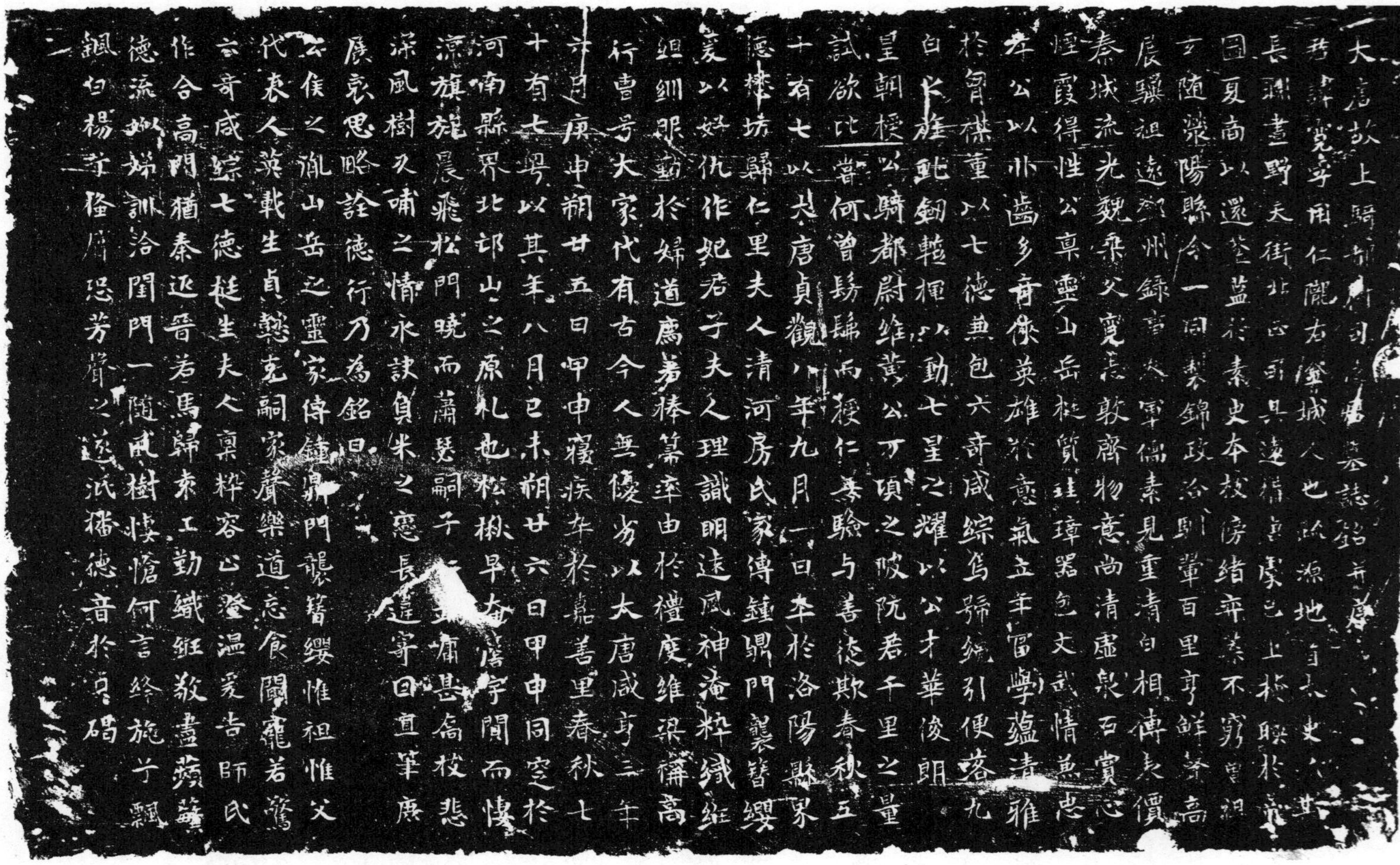

○一八　大唐故上騎都尉司徒君（寬）墓誌銘

咸亨三年（六七二）八月二十六日葬。

誌文三十行，滿行二十字。正書。誌長八十・五厘米、寬五十・五厘米。

司徒行端撰。

大唐故上騎都尉司徒君墓誌銘并序

君諱寬，字用仁，隴右金城人也。疏源地首，太史派其長瀾；畫野天街，北正司其遠構。唐虞已上，掩映於帝圖；夏商以還，葐蒀於素史。本枝傍緒，弈葉不窮。曾祖玄，隨滎陽縣令。一同製錦，政洽馴翬；百里亨鮮，聲高展驥。祖遠，鄧州録事參軍。儒素見重，清白相傳，表價秦城，流光魏乘。父寬，志敦齊物，意尚清虚，泉石賞心，煙霞得性。公稟靈山岳，挺質珪璋。器包文武，情兼忠孝。公以丱齒多奇，俠英雄於意氣；立年富學，藴清雅於胸襟。重以七德兼包，六奇咸綜。烏號纔引，便落九白之旌；虬劍暫揮，以動七星之耀。以公才華俊朗，皇朝授公騎都尉。維黄公萬頃之陂，阮君千里之量，試欲比嘗，何曾髣髴。而授仁無驗，與善徒欺。春秋五十有七，以大唐貞觀八年九月一日卒於洛陽縣界德懋坊歸仁里。夫人清河房氏，家傳鍾鼎，門襲簪纓。爰以好仇，作妃君子。夫人理識明遠，風神淹粹。織紝組紃，服勤於婦道；薦羞捧帚，率由於禮度。維梁稱高行，曹號大家，代有古今，人無優劣。以大唐咸亨三年六月庚申朔廿五日甲申寢疾卒於嘉善里，春秋七十有七。粤以其年八月己未朔廿六日甲申同窆於河南縣界北邙山之原，禮也。松楸早奄，簷宇闃而悽涼；旗旐晨飛，松門曉而蕭瑟。嗣子行踹，庯甚喬枝，悲深風樹。反哺之情永訣，負米之戀長違。寄因直筆，庶展哀思。略詮德行，乃爲銘曰：

公侯之胤，山岳之靈。家傳鍾鼎，門襲簪纓。惟祖惟父，代表人英。載生貞懿，克嗣家聲。樂道忘食，聞寵若驚。六奇咸綜，七德挺生。夫人稟粹，容止澄温。爰告師氏，作合高門。猶秦延晉，若馬歸袁。工勤織紝，敬盡蘋蘩。德流姒娣，訓洽閨門。一隨風樹，悽愴何言。絳旐兮飄飖，白楊兮傜屑。恐芳聲之遂泯，播德音於貞碣。

○一九　唐故楊君（信）墓誌銘

咸亨四年（六七三）二月十六日葬。

誌文二十一行，滿行二十二字。正書。誌長五十七厘米、寬五十六厘米。

唐故楊君墓誌銘并序

君諱信，字亮。弘農華陰人也。昔道協佐周，鄰四履而恢宇；功高定鼎，冠五侯以疇庸。玄龜燭珪組之榮，白馬拯山河之壽。故得金軒騖水，光晝轂於十乘；玉鉉臨槐，照白環於累葉。豈止學高魯國，西闢杏檀。故亦勳重漢朝，東移函谷。五代祖任司州中正，因爲紙〔一〕氏縣人焉。祖 達，魏行臺中丞，開國公。父 穆，襲爵開國公，海州刺史。褰帷布政，露冕宣條。去三惑以弘仁，慎四知之懿烈。 君起家左親侍、晉王府兵曹。出陪飛蓋，入奉桂宮。齊託乘於梁園，侍鳴笳菟苑。至德不泯，遺惠終芳。春秋五十有五，以大業十三年十一月十一日卒於私第。夫人扶風馬氏，弘教鄉君。以龍朔元年六月廿六日薨，今咸亨四年二月十六日葬於緱氏之平原，禮也。斜瞻嵩嶺，王子控鶴之遊；正背洛濱，帝女驚鴻之地。蕭蕭郊甸，鬱鬱佳城。愴泉塗之已晦，欽餘風而播聲。故憑芳翰，雕兹翠貞。其詞曰：

靈源派遠，懿祚攸長。白環貽慶，黄鳥□祥。啓心沃帝，竭力勤王。分珪裂土，玉鉉金章。邈哉華胄，猗歟令望。鴻鶱必漸，龍絳舉驤。韋金韞笥，郄玉摛光。佐維城而布政，翊磐石以弘方。愷悌英彦，福履攸將。冥昧與善，悽愴殲良。桂巖銷馥，蘭畹凝霜。泉扃永秘，雅道恒芳。

〔一〕「紙」應爲「緱」之訛誤。

〇一〇　唐故處士潁川陳君（警）墓誌銘

咸亨四年（六七三）七月八日葬。

誌文二十六行，滿行二十六字。正書。誌長、寬均五十六厘米。

唐故處士潁川陳君墓誌銘并序

蠱之上九稱不事王侯，高尚其事；履之九二云履道坦坦，幽人貞吉。緬惟聖旨，見於君焉。君諱警，字玄敬，潁川人也。若夫歷巖昌構，地鎮鬱三襲之基；嬀溆靈源，天漢疏五潢之派。暨乎朱旂建號，杖龍劍以匡時；黃運開圖，振鴻筆而摛績。台宗昌胤，莫之與京。曾祖傑，周任岐州雍縣令。下臨鳧舃，誠枉牛刀。大父雄，隨宜陽鎮將。擁雲旆以翔英，綰霜鋋而涖眾。父通，隨任綿州龍安縣丞。輔化騰夜錦之清，匡風刷晨飲之詭。惟君宅仁山鬱，毓智淵渟。酌邃旨於金壺，探鉤言於玉策。昂昂峻節，混霜莽以均芳；落落遐心，將雲空而共遠。是以栖情白賁，屏榮耀於笻階；息意朱轓，獨凝翠於芝室。披拂煙磴，浪逸松巖。逮乎□白桂山，陶野趣於霞酌；風清松架，王幽衷於雪絃。重以翹想大空，□心小道，蕭然懸解，邈矣無羈。□玄極於天和，縱雲行而自逸。方肆據梧之樂，遽悲桑扈之化。以咸亨四年五月七日遘疾卒於私第，享年七十有二。夫人趙郡霍氏，隨平陽府統軍道長之女。夫人南陽趙氏，隨征南將軍季衡之女也。並含章巽位，毓德坤元。芳嫕自然，貞凝□發。式華玉度，端閫範以流清；□整金鈿，穆嬪風而孕白。移天荷□，尋悲北辰；望地承宗，早驚東逝。霍氏貞觀九年六月廿二日卒，春秋四十。趙氏以永徽四年正月十二日終，享年三十九。則以咸亨四年龍集癸酉七月甲寅朔八日辛酉合葬於某原，禮也！嗣子等茹荼飲血，望雲屺以崩糜；集蓼摧心，仰霞天□潰絕。恐少華飛石，墜蓮□於千尋；太史驚波，變桃花於一曲。式刊紺琬，緬鏡玄猷。其詞曰：

歷趾霞標，嬀源海鏡。曲逆明宰，太丘仁令。惟祖惟父，爰清爰正。瓌瑤磊落，筠篁森映。克誕時秀，卓絕居貞。心臺月湛，靈宇霜明。元龜養性，射隼遺榮。蟻陂方逸，虯莽摧英。端婉明儷，芳凝淑嬪。應彼星序，乘斯□輪。齊魴緝譽，鳴鳳於陳。閨風載穆，翻華上春。薤歌宵引，柳轅晨□。□鴻兩飛，劍龍齊没。隴昏吟吹，山空上月。刊懿泉宮，流芳無歇。

○二一　大唐故張君（胤）墓誌銘

咸亨四年（六七三）八月二日葬。

誌文二十五行，滿行二十五字。正書。誌長、寬均四十七厘米。

誌蓋篆書：張君之銘

大唐故張君墓誌銘并序

蓋聞天旋地游，炎凉驟其灰琯；烏騖兔走，寒暑馳其緹律。故知閲川朝逝，怨起龍蹲之慮；藏舟夜徙，悲生儀忌之心。君諱胤，字寬，河南洛陽人也。唯君之宗，□芬自遠。氏族之貴，匪盛於今。白水澄瀾，抱員波而孕彩；清河潔流，乘方浪以凝輝。漢代馳芳，爵留侯而拖玉；晉朝垂譽，位司空以黻金。祖業，林泉奮秀，丘園絢綵。槐棘不干其慮，朱紫詎動其懷。父穆，繼□□基，漱□枕琰。墓隆喬構，灌薄貽芳。堂堂美質，掩和松而挺蓋；汪汪雅度，湛黄鏡而澄陂。辭浮夢鳥之華，文鬱痦蛟之麗。君授陪戎校尉，勳官雲騎尉。性敦仁行，志苞義信。嗣子文表，任嵩州新會縣丞。贊翊鳴琴，添聲調遠。蕃輔操錦，足色流輝。夜犬無非，晨羊罷飲。公植根深固，葉茂條長。冥源清遠，流遥派潔。遂得福光遐冑，冠冕寮宷。業廣崇基，葺耕剋穫。公以乾封元年十一月七日春秋七十有四卒於私第，嗚呼哀哉。夫人弘農楊氏，望高四海，德冠六儀。舉案凝規，徙鄰成訓。年頽業謝，終於弘陽之所。粤以咸亨四年八月二日合葬，窆於邙山之屺，禮也。豈意爲善莫徵，哲人斯萎。積慶無驗，喬木兹摧。相杵絶於鄰舂，鳴機罷於鄉媛。凉天長地久，輿蓋有常。風散火移，流光不住。用鐫玄石，以紀清音。聊述遺芳，乃爲銘曰：

疏芳孕質，分妙儀形。聰耳天縱，明目主成。處穢非濁，居澄更清。執心霜净，冥想松貞。擅□榮爵，鏡銖紱纓。剋荷華構，立孝趨廳。懷恩岳重，致命鴻輕。七尺形掩，千齡振名。魂兮寂寞，何去何從。其二。挺生耿介，禀氣秋霜。情申投筆，志節汪汪。六奇之術，未假餘方。四德流懿，三徙垂芳。滕室俄啓，莊舟遽藏。露泣晨薤，風悲夕陽。

咸亨四年歲次癸酉八月癸未朔二日甲申

〇二二　大唐故岐州雍縣令范陽盧府君（仙壽）墓誌銘

咸亨五年（六七四）十月十六日葬。

誌文三十行，滿行三十四字。正書。誌長五十九厘米、寬六十一厘米。

誌蓋篆書：盧君之銘

大唐故岐州雍縣令范陽盧府君墓誌銘并序

公諱仙壽〔一〕，字子英，范陽涿人也。自營丘峻址，聳層嶠以干天；渚水疏源，赴洪濤而紀地。本枝磐互，綿瓞寔繁。在秦而博士稱，居漢而燕王顯。魏侍中之該奧，晉從事之英詞。代有其人，鬱爲鼎族。譬若騰芬八桂，擢玄囿之靈根；散馥九芝，茂崐山之瑞葉者也。高祖淵〔二〕，襲爵固安侯、給事黄門侍郎、本州大中正、秘書監、安北將軍、幽州刺史，謚曰懿侯。嶧陽泛日之脩幹，嶰谷含風之翠筠。堂構籯金，廡光器玉。聿成丕顯，遂表宏規。挺儀格於生前，樹聲猷於歿後。曾祖道將居嫡，謚曰獻。圛神散朗，邃宇淹融，偉吴札之高蹤，躡韋弘之盛節。祖懷仁，後魏司徒府鎧曹參軍，北齊厲威將軍、神農郡太守。父彦高，隨□隸從事、萬年縣長。並崇蘭吐葉，茂九畹而傳芳；美箭抽莖，貫三冬而不改。公易浦智精，藴黄陂而□量；燕峯仁桀，架□宇而孤峙。威鳳來儀，言從丹穴；神龍擢質，出自平輿。因地飛薫，澡身待價。既而英蕃肇建，同淮南之好賢；天人夙成，類東平之□美。武德九年，奉秦府教，授公漢王府主簿。其時王未出閤，鎮在秦府供奉，雖列鄧□之寮，終奉代王之邸。褎然一舉，望重二宫。□嚴馬之詞林，瞻孔刀之學海。貞觀元年，授太子右衛率府録事，選授秘書省録事。九年，授宗正寺主簿。十四年，授宜州司功參軍。十七年， 恩敕授太子率更丞。馳譽猿巖，俄昇鶴禁。職參四友，道洽五人。光賛前星，言陪後乘。器兼衆藝，學綜多聞。以兹南史之材，還爲東觀之任。既□鉛於方策，更辯璧於圓扉。廿一年，蒙授萬年縣丞，遷夔州奉節縣令。深疾羸鋤，化三秦之薄俗；用撫椎髻，貢五尺之肥饒。又改任岐州雍縣令。霸圖之邑，牧疲人以驅雞；□盜之鄉，去害群之食駿。纖纖擢秀，終察異於馴翬；漠漠分塍，竟感化於變隼。絃聲屢動，恒操子賤之琴；桴節稀聞，永息少平之鼓。辭秩西夏，聊符伯獻之心；卜里東川，遂植安仁之□。公自擢纓從宦，亟歷華班。雖昇八徙之榮，還罹再免之運。澹乎名利，實晏如也。自樂抽簪，荏苒懸車之歲；寧驢佩印，棲遲負郭之中。隙駟晨移，藏舟夕徙。泣壞之夢，從閱水於雞津；曳杖之歌，遽遊魂於鶴岫。以咸亨四年七月廿二日遘疾終於洛州河南縣泙水鄉泙川里第，春秋七十。以今年十月十六日遷於洛州偃師縣界址𨙻氏西南公路鄉所，禮也。嗣子友仲等，覽畿有望，獨虔奉於□輿；陟岵無期，竟摧心於□□。□□蓼□，□□□□。對霜露以長號，佇松檟而增慕。刊翠琰於窀穸，播徽猷於泉路。其詞曰：

洪源淼淼，慶緒悠悠。三台翊漢，四履開周。侍中懿範，從事徽猷。自昔孤映，於今鮮儔。乃祖乃父，惟賢惟德。禮義不褰，言行靡忒。動中良規，縱心成則。貴綰銀黄，慶鐘銅銅。墨墨伊何，寔誕韶□。器光冠玉，心居水鏡。黄量方深，嵇松比性。□帷樂道，懷鉛是競。再遊望苑，一踐平臺。聲□王鄭，詞架鄒枚。文場迴迹，吏局標才。滎陽弃印，彭澤歸來。無何金石，遂泣瓊瓌。逝川已遠，岱魂超□。泉門遽闔，塋蕪漸没。行檟低風，孤墳上□。庶刊貞琬，騰□靡歇。

〔一〕「仙壽」二字爲後刻，「壽」字可辨識。按《新唐書》卷七三上《宰相世系表三上》盧氏陽烏房世系記載：「盧彦高第二子仙壽，雍丘令。」與墓誌記載一致，故誌主應爲盧仙壽，惟雍縣令誤爲雍丘令。

〔二〕淵字闕筆。

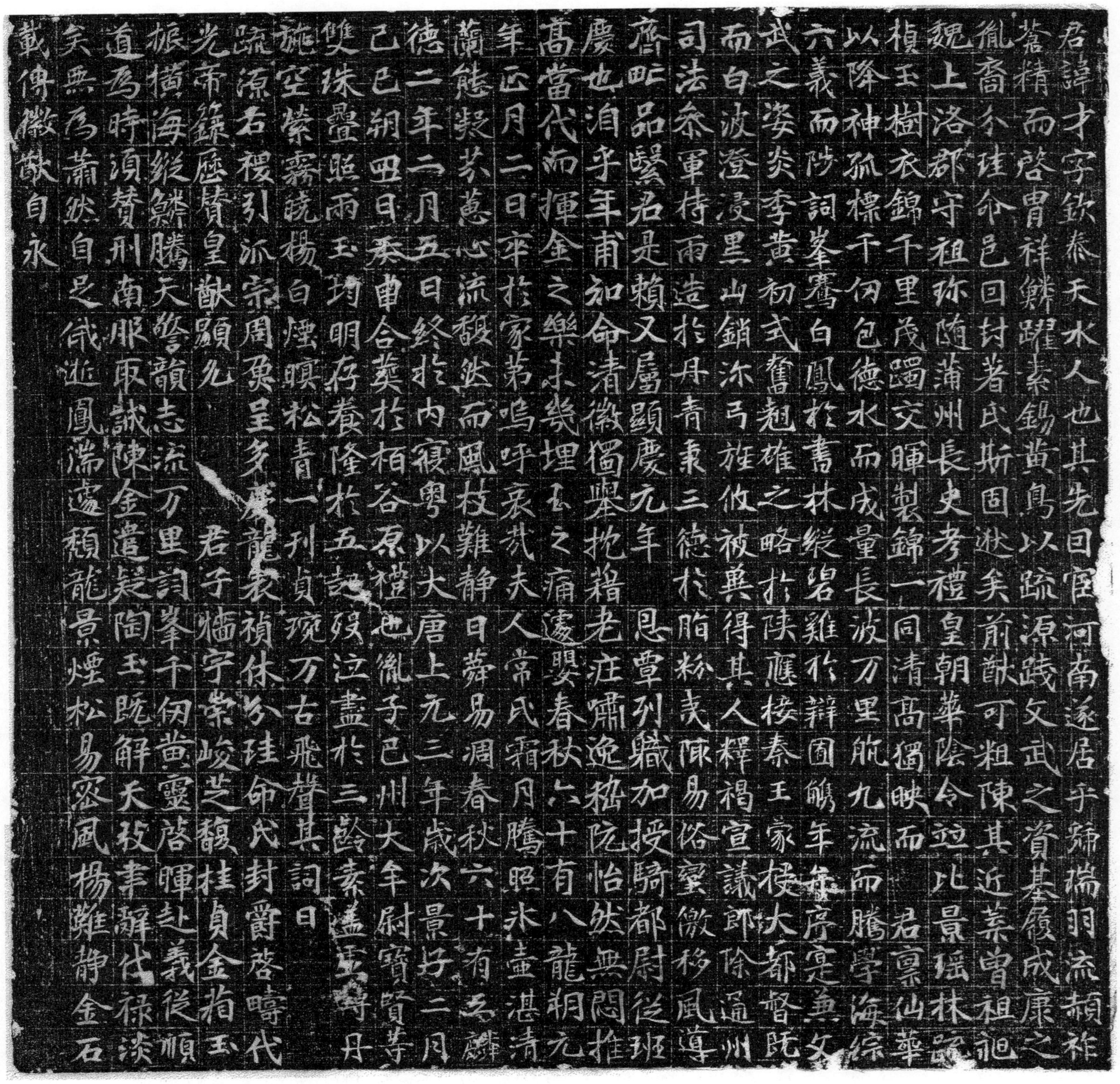
君諱才字欽泰天水人也其先因宦河南遂居乎歸瑞羽流禎祚
蒼精而啓胄祥鱗躍素錫黄鳥以疏源踐文武之資基履成康之
胤裔分珪命邑回封著氏斯固遂矣前猷可粗陳其近葉曾祖䄠
魏上洛郡守祖弥隋蒲州長史考禮皇朝華陰令廸比景瑶林融
植玉樹衣錦千里茂躅交暉製錦一同清高獨映而君稟仙華
以降神孤標千仞包德水而成量長波万里航九流而騰學海綜
六義而陟詞峯鶩白鳳於書林縱碧雞於辯囿鵬年無序寔魚文
武之姿炎季黄初式奮翹雄之略於陕塵棲秦王家授大都督既
而白波澄浸黒山鎖沵弓旌攸被異得其人釋褐宣議郎除通州
司法參軍持雨造於丹青秉三德於脂粉表陳易俗蠻徼移風導
齊畦品鬉君是賴又屬顯慶元年 恩覃列職加授騎都尉從班
慶也洎乎年甫知命清徽獨舉抱籍老莊嘯逸嵇阮怡然無悶推
高當代而揮金之樂未幾埋玉之痛遽嬰春秋六十有八龍朔元
年正月二日卒於家弟嗚呼哀哉夫人常氏霜月騰照冰壺湛清
蘭態凝芬蕙心流馥然而風枝難靜日䔢易凋春秋六十有五麟
德二年二月五日終於内寢粤以大唐上元三年歲次景子二月
己巳朔四日壬申合葬於栢谷原禮也胤子巴州大年尉寶賢等
雙珠疊照兩玉均明存養隆於五鼓殁泣盡於三齡素[illegible][illegible]丹
旐空縈霧繞楊白煙瞑松青一列貞琬万古飛聲其詞曰
疏源若稷引派宗周奂呈多慶龍衮禎休分珪命氏封爵啓疇代
光帝籙歷贊皇猷顯允 君子牆宇崇峻芝馥桂貞金璿玉
振横海縱鱗騰天警韻志流万里詞峯千仞嵩靈啓暉赴義從順
道爲時須賛刑南服取誠陳金遺疑陶玉既解天衣聿辭代禄淡
矣無爲蕭然自足俄逝鳳湍遽頹龍景煙松易密風楊難靜金石
載傳徽猷自永

〇一三三　大唐故通州司法閻君（才）墓誌銘

上元三年（六七六）二月四日葬。

誌文二十五行，滿行二十五字。正書。誌長四十二厘米、寬四十一・五厘米。

誌蓋篆書：大唐故通州司法閻君墓誌銘

君諱才，字欽泰，天水人也。其先因宦河南，遂居乎虢。瑞羽流頳，祚蒼精而啓胄；祥鱗躍素，錫黃鳥以疏源。踐文武之資基，履成康之胤裔。分珪命邑，因封著氏，斯固遜矣。前猷可粗，陳其近葉。曾祖昶，魏上洛郡守。祖珎，隨蒲州長史。考禮，皇朝華陰令。並比景瑶林，疏楨玉樹。衣錦千里，茂躅交暉；製錦一同，清高獨映。而　君稟仙華以降神，孤標千仞；包德水而成量，長波萬里。航九流而騰學海，綜六義而陟詞峰。騫白鳳於書林，縱碧雞於辯囿。觽年弁序，寔兼文武之姿；炎季黃初，式奮翹雄之略。於陝應接秦王，蒙授大都督。既而白波澄浸，黑山銷沴。弓旌攸被，冀得其人。釋褐宣議郎，除通州司法參軍。持兩造於丹青，秉三德於脂粉。夷陬易俗，蠻儌移風。導齊甿品，緊君是賴。又屬顯慶元年，　恩覃列職，加授騎都尉，從班慶也。洎乎年甫知命，清徽獨舉。枕籍老莊，肅逸嵇阮。怡然無悶，推高當代。而揮金之樂未幾，埋玉之痛遽嬰。春秋六十有八，龍朔元年正月二日卒於家第。嗚呼哀哉！夫人常氏，霜月騰照，冰壺湛清。蘭態凝芬，蕙心流馥。然而風枝難静，日蕣易凋。春秋六十有五，麟德二年二月五日終於内寢。粤以大唐上元三年歲次景子二月己巳朔四日壬申合葬於柏谷原，禮也。胤子巴州大牟尉賓賢等。雙珠疊照，兩玉均明。存養隆於五起，歿泣盡於三齡。素蓋虚轉，丹旐空縈。霧曉楊白，煙暝松青。一刊貞琬，萬古飛聲。其詞曰：

疏源后稷，引派宗周。魚呈多慶，龍表禎休。分珪命氏，封爵啓疇。代光帝籙，歷贊皇猷。顯允　君子，墻宇崇峻。芝馥桂貞，金箱玉振。横海縱鱗，騰天警韻。志流萬里，詞峰千仞。黃靈啓暉，赴義從順。道爲時須，贊刑南服。取誠陳金，遣疑陶玉。既解天弢，聿辭代禄。淡矣無爲，蕭然自足。俄逝鳳湍，遽頹龍景。煙松易密，風楊難静。金石載傳，徽猷自永。

〇二四　大唐故朝議郎行懷州河内縣令呼延府君（宗）墓誌銘

上元三年（六七六）閏三月四日葬。

誌文三十三行，滿行三十三字。正書。誌長、寬均六十八厘米。

大唐故朝議郎行懷州河內縣令呼延府君墓誌銘并序

君諱宗，字承嗣，河南洛陽人也。原夫珠躔耿耀，分寶冑於天街；石紐開祥，聳靈基於地屺。閱龍門而北徙，族茂中州；運鵬翼而南騫，枝繁上國。臺華袞秀，交升佩紫之庭；玉質金相，累著握青之箭。曾祖族，北齊使持節、都督雍洛懷𨽻四州諸軍事、驃騎大將軍、懷州刺史、廬江王。雄姿援日，秀氣干星。擁連率而馭熊軒，踐元戎而驅鶡珥。揚旌列棨，亞三鉉之徽章；建社疏蕃，光八王之寵命。祖雲漢，周清都郡守，隋平州諸軍事、平州刺史。粹局苞九川之奧，神機敵四海之鋒。皂蓋東馳，芳譽流於伐枳；朱帷北邁，美化洽於留棠。父士振，　皇朝興州司户參軍事、朝散大夫、和州歷陽縣令。照蘊陽秋，名飛月旦。絃歌之政，踠驥足於康衢；弓冶之資，傳鳳毛於慶緒。君鄧林文梓，楚澤芳蘭。明月珠胎，黃雲鼎氣。羊車始御，衛叔寶之風儀；獸檻初臨，王濬冲之神彩。資忠履孝，性道合於天經；立信持謙，名行成於士則。貞觀廿三年，解褐授始州武連縣尉。濫觴爰發，牽絲錦水之濱；覆簣初基，隨牒銅陵之下。君妙閑三尺，深練九章。洞明臯呂之科，傍究于張之術。顯慶五年，舉授大理評事。黃沙敬獄，辯璧之理無騫；丹筆平寃，鈞金之典斯卲。龍朔三年，遷少府監主簿。提綱劇署，掌轄嚴樞。覈薄領之繁文，鴻纖靡漏；引鉤繩之正緒，曲直咸甄。俄屬松畎陳儀，蒲軒厝事。草射牛之盛禮，開薦鰈之靈壇。妙擇通材，俾參宏務。乃以君爲封禪判官，凡厥所營，並令監當。金繩玉板，照三古之光華；紺席黃罇，隆八神之禋祀。

尊名既闡，榮秩載加。授通直郎，重任主簿。咸亨三年，計至五品。奉　敕授朝議郎、行懷州河內縣令。覃懷故壤，地邇圭壥。溫向名區，川橫箭水。眄俗惟阜，人物孔殷。君乃肅以明威，煦之和景。播英聲而裁美錦，揚利器而削盤根。素杯申激濁之規，絳縷叶鋤奸之術。春臯乳雉，馴善政於中林；秋野飛螟，避仁風於外境。所冀靈心祐善，神道福仁。緩浮箭於遐年，升坐槐於上列。豈謂光馳隙駟，釁起巢鶱。六夢糾紛，遂懷瓌而致感；百年飄忽，終易簀以歸全。以上元二年五月廿八日終於河內縣之官舍，春秋五十有七。惟君陶精粹域，賦識冲津。景山鬱千仞之峰，鴻鍾蓄萬鈞之響。學而從政，酌通典而循方；才以幹時，攬繁機而適用。乘湍呂壑，忠信之道方弘；歃溜吴泉，廉白之心逾勵。太初明月，俄墜景於中天；叔夜長松，忽摧柯於半歲。嗚呼哀哉！有子昉等，鑿楹稟訓，陟岵纏哀。痛銜朽而崩心，瞻聚薪而隕息。卜安有典，先遠戒期。敬開樹櫝之塋，庶託匪莪之慕。粤以上元三年歲次景子閏三月己巳朔四日壬申歸厝於洛陽故都東北四□邙山之陽，禮也。茫茫窮野，寂寂荒墳。四時霜露之期，一寒一暑；萬古山原之地，爲谷爲陵。不鏤礎而圖徽，懼成田而滅軌。緘曰銘於宰隧，紀風尚於泉里。其詞曰：

梓嶺百重，葱河萬里。神峰北望，慶源南指。鍾鼎高門，衣冠貴仕。舄弈增茂，蟬聯濟美。其一。緬承昌伐，載挺英徽。髫辰耀彩，丱序含幾。依仁有裕，蹈禮無違。冲襟月朗，縟思霞飛。其二。擢器登朝，揚名就列。棘署詳理，蒲軒奉轍。製錦才優，亨鮮譽結。穆穆英範，峨峨盛烈。其三。□神不測，惟道難分。如何淑善，溘散絪緼。人間喪質，地下修文。九原之上，千載丘墳。其四。

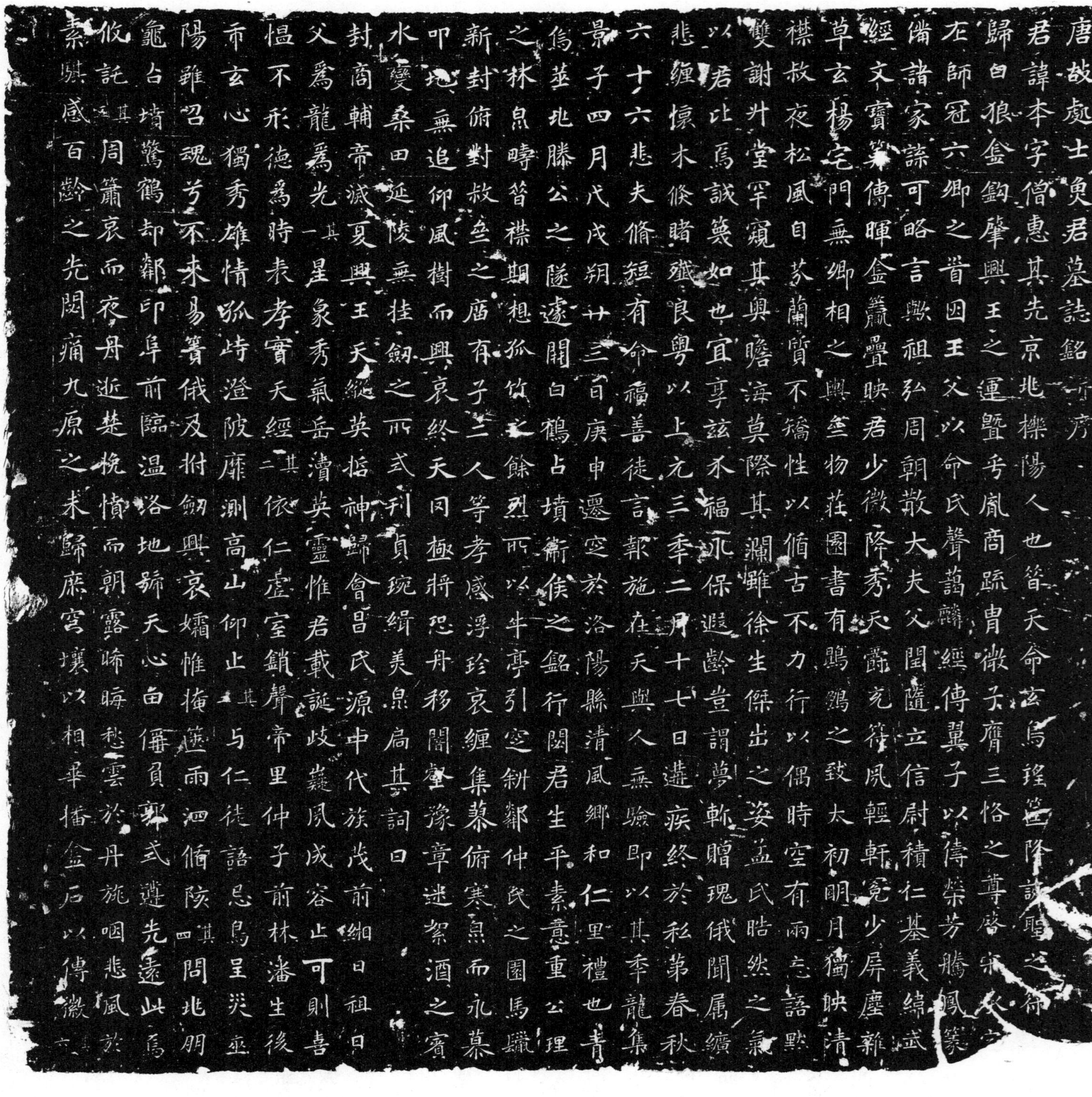

〇二五　唐故處士魚君（本）墓誌銘

上元三年（六七六）四月二十三日葬。
誌文二十六行，滿行二十七字。正書。誌長、寬均八十厘米。

唐故處士魚君墓誌銘并序

君諱本，字僧惠，其先京兆櫟陽人也。昔天命玄鳥，瑶筐降誕聖之符；□歸白狼，金鉤肇興王之運。暨乎胤商疏胄，微子膺三恪之尊；啓宋承家，左師冠六卿之首。因王父以命氏，聲藹麟經；傳翼子以儔榮，芳騰鳳篆。備諸家諜，可略言歟。祖弘，周朝散大夫。父閏，隨立信尉。積仁基義，緯武經文。寶筭傳暉，金籝疊映。君少微降秀，天爵充符。夙輕軒冕，少屏塵雜。草玄楊宅，門無卿相之輿；參物莊園，書有鵾鵬之致。太初明月，獨映清襟；叔夜松風，自芬蘭質。不矯性以循古，不力行以偶時。空有兩忘，語默雙謝。升堂罕窺其奥，瞻海莫際其瀾。雖徐生傑出之姿，孟氏皓然之氣。以君比焉，誠蔑如也。宜享兹介福，永保遐齡。豈謂夢軫贈瑰，俄聞屬纊，悲纏懷木，倏睹殲良。粤以上元三年二月十七日遘疾終於私第，春秋六十六。悲夫，脩短有命，福善徒言。報施在天，與人無驗。即以其年龍集景子四月戊戌朔廿三日庚申遷窆於洛陽清風鄉和仁里，禮也。青烏筮兆，滕公之隧遽開；白鶴占墳，衛侯之銘行閟。君生平素意，重公理之林泉；疇昔襟期，想孤竹之餘烈。所以牛亭引窆，斜鄰仲氏之園；馬鬣新封，俯對叔參之廟。有子二人等，孝感浮珍，哀纏集蓼。俯寒泉而永慕，叩地無追；仰風樹而興哀，終天罔極。將恐舟移闇壑，豫章迷絮酒之賓；水變桑田，延陵無掛劍之所。式刊貞琬，緝美泉扃。其詞曰：

封商輔帝，滅夏興王。天縱英哲，神歸會昌。氏源中代，族茂前緗。曰祖曰父，爲龍爲光。其一。星象秀氣，岳瀆英靈。惟君載誕，歧嶷夙成。容止可則，喜愠不形。德爲時表，孝實天經。其二。依仁虛室，銷聲帝里。仲子前林，潘生後市。玄心獨秀，雄情孤峙。澄陂靡測，高山仰止。其三。與仁徒語，忌鳥呈灾。巫陽雖召，魂兮不來。易簀俄及，拊劍興哀。孀帷掩篋，雨泗循陔。其四。問兆朋龜，占墳驚鶴。却鄰邙阜，前臨温洛。地號天心，田倆負郭。式遵先遠，此焉攸託。其五。周簫哀而夜舟逝，楚挽慣而朝露晞。晦愁雲於丹旐，咽悲風於素騏。感百齡之先閟，痛九原之未歸。庶穹壤以相畢，播金石以傳徽。其六。

○二六　大唐文林郎宇文公妻樂夫人（惠）玄堂誌

儀鳳三年（六七八）十月十四日葬。

誌文二十二行，滿行二十一字。正書。誌長、寬均三十八厘米。

大唐文林郎宇文公妻樂夫人玄堂誌并序

夫人諱惠，字英，樂安人也。則晉大夫鮒之後焉，茂勣流□，清輝劭翦□之域，融規邃沃，英姿澈鏡之□。莫不代振鴻音，□册□其令譽；時標懿範，鳳紀焕其□猷。疊矩重規，光陰□□；金聲玉裕，可備言焉。祖諱遷，隨任復州參軍。父諱都，唐任嵐州參軍。並風猷迥舉，離譽無雙，□冬昭以深恩，暢春颯而寫惠。夫人神姿載誕，令譽□□。紃組標工，轉瓊梭於鴛杼；摛□著美，發芳□於霜□。□乎彩茂蕈谿，移天華嚴，四能振美，六行□芳。扇高譽於河洲，播宏規於曹□。肅肅□輝，輝光□野之□。豈謂□鏡菱花，佇春臺而掩色；霏□織彩，□□漢以收華。夫人春秋□□三終於思順里私第，即以其年十月十四日窆於邙山清風鄉七里之平原，禮也。嗚呼哀哉！靈烏叶兆，吊鶴流悲。□隴愁氛，□慘陽臺之雨；栖原瘁柏，還驚□女之飈。蕭颸□□，被□埏而碎影；蒼芒落景，偏霜甸而收光。若不式刊泉扃，無以紀其芳懿。嗚呼哀哉！乃爲詞曰：

巍巍茂族，暐暐瓊瀾。鏡輝流□，相曆疏官。惟夫令淑，譽□□紈。梁庭展敬，冀野□□。□焉薄祐，鏡□仙鸞。梟□夕暗，魚澄夜寒。松颯淒兮颸□，荒隴黯兮摧殘。式鐫芳兮翠礎，□傳□兮芝蘭。

儀鳳三年十月十四日樂夫人墓誌銘〔一〕

〔一〕此行字刻於墓誌左側邊。

〇二七　唐故上騎都尉胡君夫人房氏墓誌銘

調露元年（六七九）七月四日葬。
誌文二十一行，滿行二十二字。正書。誌長、寬均四十六厘米。
誌蓋篆書：房夫人墓誌

唐故上騎都尉胡君夫人房氏墓誌銘并序

若夫稟秀瓊田，照虹文於夜色；資靈丹穴，擒鳳采於朝陽。儀矩叶於張箴，仁賢符於杜記。緬懷芳烈，惟夫人具之矣。夫人諱〔一〕，清河人也。曾派長川，崇基岳峻。神窮三略，佐漢室以標奇；並業蝸百氏，翼晉朝而飛譽。曾祖弘，齊沁州司馬。祖恭，隨襄州襄陽縣令。父策，唐上騎都尉。識宇韶雅，思局冲明。或展驥揚風，或乘鳧警化。夫人柔謙因發，婉順生知。爰自笄年，來儀景族。正室光於河鯉，移天盛於乘龍。列閫承規，嚴闈式序。自雄劍分匣，孀居積稔。撫育童丱，訓喻孤遺。方□宗戚永承貞軌，娣姒長欽令則。豈意十枝揚采，遽低影而侵風；四照騰華，奄銷芳而委露。儀鳳四年五月廿九日卒華苑里之私第，春秋六十有二。粤以調露元年七月癸酉朔四日壬午合葬於畢圭鄉終南之原，禮也。嗣子尚客等，陟屺岵以崩心，俯寒泉而慟泣。懼白楸俄毀，碧海無恒。式鐫貞石，庶傳休範。乃爲銘曰：

鴻源浩蕩，綿緒紛綸。弈弈漢相，昭昭晉臣。隆彼介福，誕此淑嬪。蘭芳襲牖，芙影開津。其一。秦鏡揚輝，宛珠抱潤。素琴流響，清簫警引。粉川行閱，圭陰遽迅。始茂春松，俄彫晚蕣。其二。雙環去鄭，兩劍移豐。素驂戒道，丹旆飄空。煙埋晚日，鳥思晨風。庶茲貞礎，傳芳靡窮。

〔一〕此處空一格，未刻字。

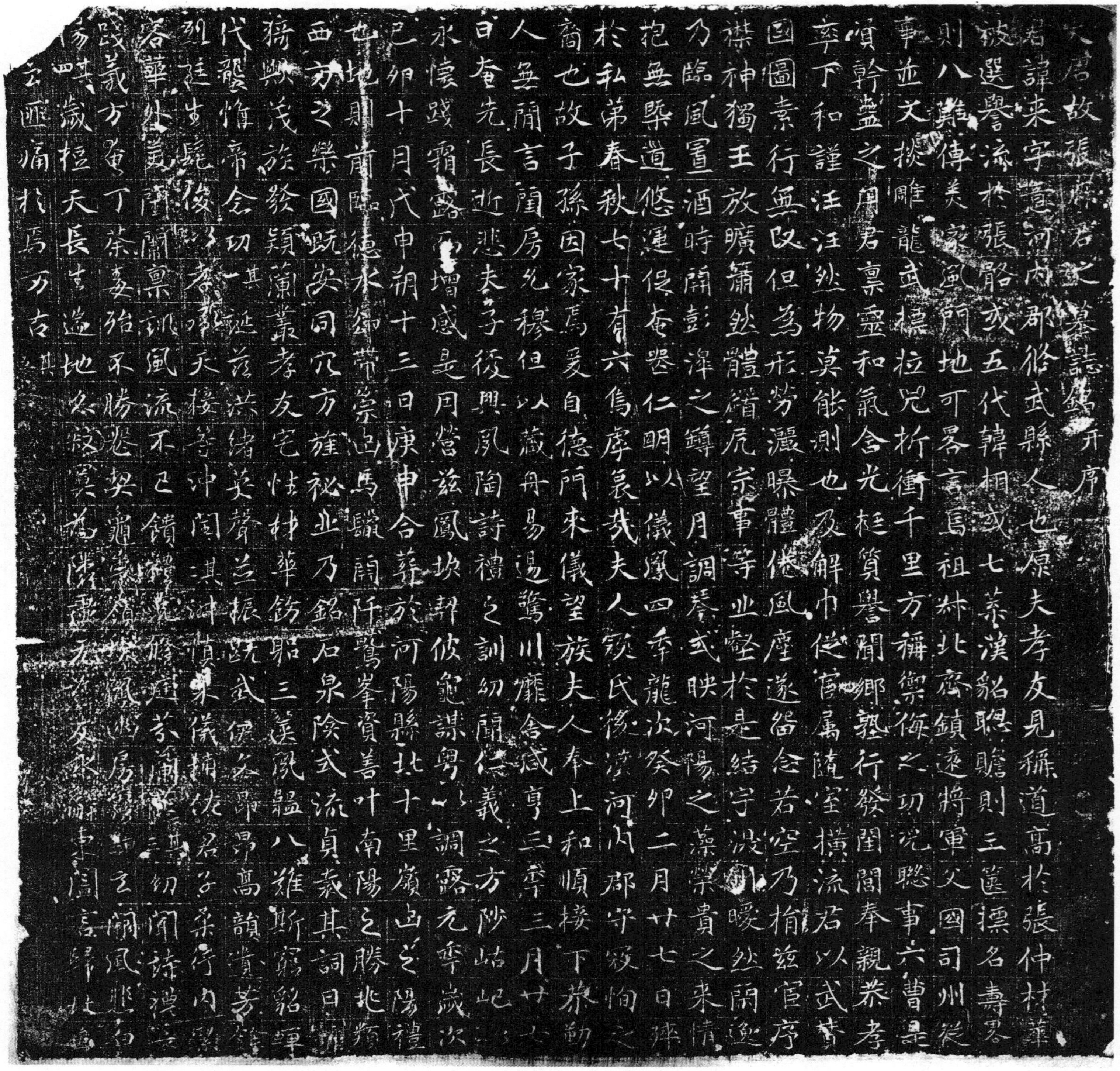

○二八　大唐故張府君（來）之墓誌銘

調露元年（六七九）十月十三日葬。

誌文二十六行，滿行二十六字。正書。誌長、寬均五十一厘米。

誌蓋篆書：張君之銘

大唐故張府君之墓誌銘并序

君諱來，字意，河内郡修武縣人也。原夫孝友見稱，道高於張仲；材華被選，譽流於張骼。或五代韓相，或七葉漢貂。聰瞻則三篋標名，壽略則八難傳美。家風門地，可略言焉。祖叔，北齊鎮遠將軍。父國，司州從事。並文掞雕龍，武標拉兕。折衝千里，方稱禦侮之功，况聯事六曹，是資幹蠱之用。君稟靈和氣，含光挺質。譽聞鄉塾，行發閨閭。奉親恭孝，率下和謹。汪汪然物莫能測也。及解巾從宦，屬隨室横流，君以武贊國圖，素行無改。但爲形勞灑曝，體倦風塵。遂留念若空，乃捐兹宦序。襟神獨王，放曠蕭然。體道居宗，事等丘壑。於是結宇溴川，曖然閑逸，乃臨風置酒，時開彭澤之罇；望月調琴，式映河陽之藻。榮貴之來，情抱無概。道悠運促，奄喪仁明。以儀鳳四年龍次癸卯二月廿七日卒於私第，春秋七十有六。烏虖哀哉！夫人寇氏，後漢河内郡守寇恂之裔也，故子孫因家焉。爰自德門，來儀望族。夫人奉上和順，接下恭勤。人無閒言，閨房允穆。但以藏舟易遯，驚川靡舍。咸亨三年三月廿七日奄先長逝。悲夫，子彼興，夙陶詩禮之訓，幼聞仁義之方。陟岵屺以永懷，踐霜露而增感。是用營兹鳳坎，契彼龜謀。粤以調露元年歲次己卯十月戊申朔十三日庚申合葬於河陽縣北十里嶺山之陽，禮也。地則前臨德水，却帶崇山。馬鬣開阡，鷲峰資善。叶南陽之勝兆，類西方之樂國。既安同穴，方旌秘丘。乃銘石泉陰，式流貞裁。其詞曰：

猗歟茂族，發穎蘭叢。孝友宅性，材華飭躬。三篋夙韞，八難斯窮。貂蟬代襲，惟帝念功。其一。誕兹洪緒，英聲並振。既武仍文，昂昂高韻。遺芳餘烈，挺生髦俊。以孝承天，接等冲閏。其二。淑慎來儀，輔佐君子。柔行内潔，容華外美。閨闈稟訓，風流不已。饋禮克修，庭芬蘭□。其三。幼聞詩禮，長踐義方。奄丁荼毒，殆不勝喪。契龜崇嶺，□鳳幽房。霧黯玄闕，風悲白楊。其四。歲短天長，生遄地久。寂寞爲鄰，虚無爲友。永辭東闔，言歸北函。□云匪痛，於焉萬古。其五。

〇二九　大唐□宣義郎王君（文郁）墓誌銘

調露元年（六七九）十月二十五日葬。

誌文二十六行，滿行二十六字。正書。誌長、寬均四十七厘米。

誌蓋篆書：王府君墓誌銘

大唐□宣義郎王君墓誌銘并序

君諱文郁，字蔚宗，太原晉陽人也。漢徵君霸之後。曾祖定，魏驃騎將軍、右光禄、凉州刺史、太陽郡公。直道事君，社稷之衛。祖□，周驃騎將軍、右光禄，贈開州刺史。宇量端融，字人以惠。父仕寬，周司金上士、宜禄令、中堅將軍、右中郎將，隋潼州司録、驃騎將軍、右光禄兼益州長史。贊刺風循，百城之最。君則光禄君之第三子也。敏學好古，博施愛人。隋任國子生，勤志儒門，略通詩禮。屬有隋黷武，俗尚浮文。君乃返而嘆曰：「儒道衰矣，吾將安居？」遂偃迹家園，不祈聞達。洎　皇家命歷，惟新其政。以君舊德子孫，授宣義郎。君少無宦情，不樂爲吏。於是放遊丘里，閑曠自高。然性不好酒，談莊而已。君昔遊太學，因得痼疾。至貞觀十四年十月廿一日疾甚終於家，年六十有六。嗚呼哀哉！遺命斂□時服，送以素車，曰：「吾雖不能親地爲美，庶免石槨之譏。」哀哉！夫人陳郡謝氏。五代祖莊，宋中書令、金紫光禄大夫。高祖朏，齊侍中、尚書令。曾祖譓，梁侍中。祖哲，梁中書令。父燮，外員常侍，贈侍中，謚簡子。夫人常侍君之第六女也。淑志温柔，徽儀亮肅。母道婦德，夫人有焉。若夫儒釋典經，諷誦不倦。至於生事以禮，南容覆珪，未嘗不指以爲訓。抑揚家務，貴在於和。雖從心之年已踰，而教至之情彌謹。以顯慶元年二月廿日寢疾終於懷仁里第，春秋七十有八。嗚呼哀哉！粤以調露元年十月廿五日合葬於緱氏縣公路鄉之原，禮也。悳静等釁積家禍，堂蔭夙傾。扣地摧心，仰天何訴。以爲傳徽烈，樹德音，庶幾於子之道也。乃勒芳猷於貞石，其銘曰：

姬水西紀，緱山東峙。地華人望，代書良史。其一。上將雄算，司徒仁斷。出征入輔，匡秦翼漢。其二。
太陽嗣業，驃騎揚庭。人吏懷惠，邦家以寧。其三。博濟嚴君，徽音令善。克嗣家慶，導蒙以典。其四。
天德違施，載虧仁壽。旐既飛丹，車仍結柳。其五。雲晦寒郊，風吟古樹。庶勒玄石，德音有谿。其六。

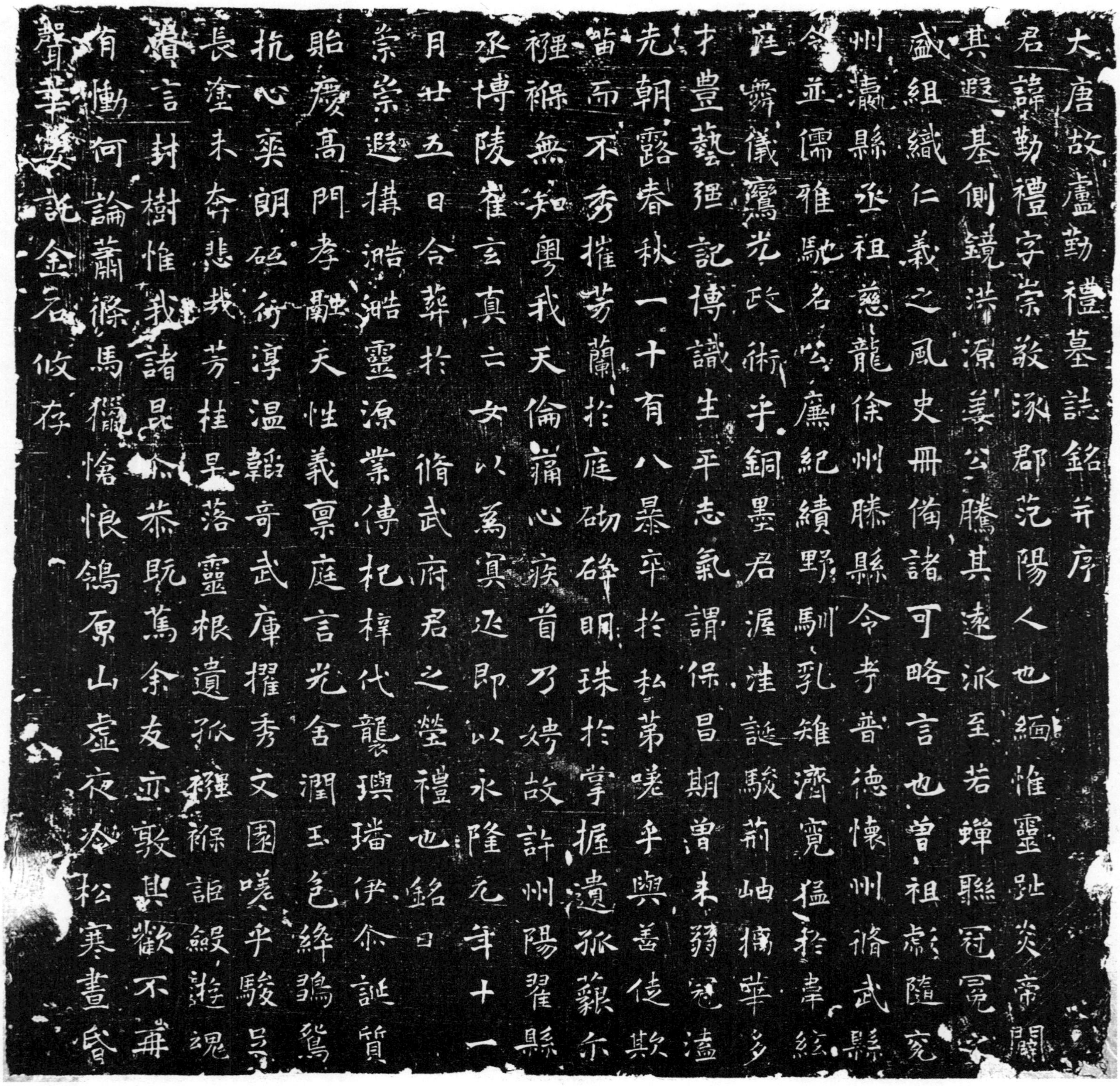

大唐故盧勤禮墓誌銘并序
君諱勤禮字崇敬涿郡范陽人也緬惟靈趾炎帝開
其遐基側鏡洪源姜公騰其遠派至若蟬聯冠冕寔
盛組織仁義之風史冊備諸可略言也曾祖虔隨兗
州瀛縣丞祖懿龍徐州滕縣令孝普德懷州脩武縣
令並儒雅馳名公廉紀績野馴乳雉濟寬猛於韋絃
莊舞儀鸞光政術乎銅墨君渥洼誕駿荊岫摛華多
才豊藝經記博識生平志氣謂保昌期曾未弱冠遽
先朝露春秋一十有八暴卒於私第嗟乎與善徒欺
苗而不秀摧芳蘭於庭砌碎明珠於掌握遺孤藐尒
襁褓無知與我天倫痛心疾首乃娉故許州陽翟縣
丞博陵崔玄真之女以爲冥退即以永隆元年十一
月廿五日合葬於　脩武府君之塋禮也銘曰
崇崇遐構浩浩靈源業傳杞梓代襲璵璠伊尒誕質
貽慶高門孝融天性義稟庭言光含潤玉色絳鵷鸞
抗心爽朗砥行淳溫韜奇武庫擢秀文園嗟乎駿足
長塗未奔悲哉芳桂早落靈根遺孤襁褓詛鍛遊魂
嗟言封樹惟我諸昆忝茲既篤余友亦敦其歎不再
有慟何論蕭條馬鬣慘恨鴒原山虛夜冷松寒晝昏
聲華安託金石攸存

〇三〇　大唐故盧勤禮墓誌銘

永隆元年（六八〇）十一月二十五日葬。

誌文二十行，滿行二十字。正書。誌長五十厘米、寬四十九・五厘米。

大唐故盧勤禮墓誌銘并序

君諱勤禮，字崇敬，涿郡范陽人也。緬惟靈趾，炎帝闢其遐基；側鏡洪源，姜公騰其遠派。至若蟬聯冠冕之盛，組織仁義之風，史册備諸，可略言也。曾祖彪，隨兖州瀛縣丞。祖慈龍，徐州滕縣令。考普德，懷州脩武縣令。並儒雅馳名，公廉紀績。野馴乳稚，濟寬猛於韋絃；庭舞儀鸞，光政術乎銅墨。君渥洼誕駿，荆岫摛華，多才豐藝，强記博識。生平志氣，謂保昌期，曾未弱冠，溘先朝露。春秋一十有八，暴卒於私第。嗟乎！與善徒欺，苗而不秀。摧芳蘭於庭砌，碎明珠於掌握。遺孤藐爾，襁褓無知，粤我天倫，痛心疾首。乃娉故許州陽翟縣丞博陵崔玄真亡女以爲冥匹，即以永隆元年十一月廿五日合葬於　脩武府君之塋，禮也。銘曰：

崇崇遐構，浩浩靈源。業傳杞梓，代襲璵璠。伊爾誕質，貽慶高門。孝融天性，義稟庭言。光含潤玉，色綷鵷鴛。抗心爽朗，砥行淳温。韜奇武庫，擢秀文園。嗟乎駿足，長塗未奔。悲哉芳桂，早落靈根。遺孤襁褓，詎殮遊魂，眷言封樹，惟我諸昆。爾恭既篤，余友亦敦。其歡不再，有慟何論。蕭條馬獵〔一〕，愴恨鴒原。山虚夜冷，松寒晝昏。聲華安託，金石攸存。

〔一〕「獵」應爲「鬣」之誤。

○三一　唐故右威衛晉州仁德府上輕車都尉右果毅張府君（彥）墓誌銘

永隆二年（六八一）二月九日葬。

誌文二十八行，滿行二十八字。正書。誌長、寬均六十一厘米。

誌蓋篆書：張君墓誌

唐故右威衛晉州仁德府上輕車都尉[右]果毅張府君墓誌銘

君諱彥，字知信，河南人也。粤以齊輝翼軫，麗玄象以垂名；均號任滕，稟黄軒而得姓。洎乎龍韜秘略，鵲印通神。渾天韞其多材，衡斗彰其博物。有布方册，無資染翰。曾祖茂，齊任青州司馬。題輿半刺，未申賀鷰之材；展驥六條，尚屈媒龍之足。祖詡，隨任恒州九門縣令。鳴琴小邑，識者謂其無時；執鞭下位，夫君安其有命。父懿，隨任益州導江縣令。岷巴獷悍之俗，百濮遷風；邛笮椎埋之鄉，一期無訟。是知丹山千仞，必書栖梧之羽；驪穴萬尋，無非照車之寶。君宏材廣度，見於學劍之年；壯氣雄心，成於投硯之日。貞觀年中，屬以海貉憑深，風夷負險。舞午中序，未格七旬。乃眷韓彭，授以推亡之律；占募猑武，申其静亂之規。君百勝雄圖，欣奉風雲之會；萬人勍敵，用屈偏裨之下。爰陪幕府，剋殄元凶。飲至榮勳，蒙授上輕車都尉。將搏九萬，必因羊角之風；欲長百川，初資鮒轍之水。儀鳳二年，蒙授仁德府右果毅。雖位冠千夫，未振齋壇之氣；榮高五校，猶卑跪轂之材。將陪集鷺之階，奄遘巢鵟之酷。以永隆元年六月十三日遇疾終於府之官舍，春秋七十。於戲哀哉！人之云亡，遐邇興悼。君忠孝率由，豈憲章於丘旦；雄傑天縱，自暗合於孫吴。悲夫！磊落之材，俄窮於大夜；縱横之氣，不申於小年。於戲哀哉！以永隆二年二月九日葬於平樂鄉邙山之陽，禮也。嗣子待封等，攀藏書之柱，對手澤以崩心；踊聞詩之庭，瞻几筵而隕息。晨温永隔，甘旨之養無期；祖載有時，荼毒之哀罔極。於是謀龜習吉，遂興埋玉之墳；相鶴允貞，乃鑿殲良之隧。雖懔懔生氣，與日月而彌新；鬱鬱佳城，共岸谷而俱毁。敬刊玄石，式紀音徽。其詞曰：

電樞佝齊，星精輔漢。慶綿金蟪，文雄玉案。浴日開源，梢雲聳幹。英靈肹蠁，神功幽贊。其一。曰祖曰考，家承戩穀。展驥海沂，割雞岷濮。化清浮杲，恩覃沉木。道潤金璧，譽芬蘭菊。其二。化緄初翼，媒龍未齒。摶風九萬，籋雲千里。惟君岐嶷，天材卓跱。學陣雄圖，爲山不止。其三。材爲時須，位列鷹揚。山基拳石，江源濫觴。龍韜肇運，豹蔚初章。將梅殷鼎，俄摧孔梁。其五。玄龜無悔，先遠有期。青烏筮吉，松城已基。錫車徒語，與善神欺。承顔承奪，執奠如疑。其六。霜凋孔樹，草蔓滕城。市朝遷易，岸谷虧盈。邦國殞彥，星象還精。有弊穹壤，不朽英聲。其七。

大唐故朝議郎行懷州河內縣令呼延府君夫人王氏墓誌之銘并序
夫仙娥寶婺天上遠於人間海嬡江妃塵外殊於方內則不知幽閑粹範誰為令淑之
先貞順柔明莫辯人仙之寂若飛名女史授訓公宮稽百代之高嬪考千年之列女莫
有如 夫人者也且夫仙姬閱雨不覩高唐之像者久之神女藏珠莫見漢川之容者
遠矣蓋陰靈俯孕為淑嬡於良家仙氣潛通配高人於著族故貞規令範絕於人乎
夫人王氏太原人也昔黃旗入洛王濬位至於龍驤紫籙登仙王喬術成於舄馬濬沖
總角見鍾會而知名子晉吹笙遇浮丘而得道曾祖愔齊國子祭酒滄州刺史王樹承
家金瓶習道絳紗懸帳入太學而傳經畫麁飛輪坐小棠而敷政祖琛周散騎常侍內
史令太山捧日天池鼓風坐鳳池於中書含雞香於建禮父德洛州陸渾縣令玉山孫
跱珠瀾不窮摛文則白鳳來飛為政則青鸞綷羽雉馴桑野邑多知禮之童雪似楊花
室有能文之女 夫人毓粹瑤閨凝華黼帳體柔明而日用應圖像而天資邃宇珈璜
凝禮容而有節春園桃李對莊粉而無言紅縷銀針坐雲窓而結繡青絲玉杼用仙石
而支機曾國詩人稱其淑女外黃父友為擇賢夫年始初笄歸于呼延氏
府君諱宗字承嗣前趙太保鴈門公翼之十二代孫上元初任懷州河內縣令 府君龍
駒鳳鶵琳琅杞梓河陽詞令遂蒙楊氏之知石軍風神來作郗家之聟自禮行鴈幣軔
動魚軒酒醴鱣酏惟恭婦道織紝紃組無怠女工故能三從卜隣教成孟子七篇留誡
訓等班姬既而龍門之桐陽柯半死魚腸之劍雄鍔先飛年五十有二而所天殞歿恭
善自擡長訓栢舟湘妃下泣空班竹鳩調琴拂鏡悲獨鶴與孫鸞望隴瞻墳怨松青而
柳白悲夫玉函閱藥不得長年金箭追魂俄歸大夢以永隆二年歲次辛巳八月丁卯
朔廿四日庚寅終於私第嗚呼哀哉古墓荒墳長松宿草百年風燭同歸此道即以其
年十月景寅朔八日癸酉合祔於邙山舊塋禮也羅帷綺帳生同白玉之堂金棗銀螢
死共黃壚之室九原已矣萬古哀哉野何深兮山樊重煙朝慘兮雲夜濃不見幽閨之
春柳空望寒山之古松嗣子昉等斷機稟訓馳筆札以成名陟屺傷魂聽笳簫而泣血
恐桑田變海谷貿陵遷敬圖翠石傳芳不朽其銘曰
荊遊羅雨洛步無塵今來淑嬡昔曰仙人肅肅我祖笙歌洛濵乘龍一去不試千春其一
稱賢則七拜侯惟五金馬迎神冰魚饋母弈弈三代昭昭二祖常侍陪輿諸侯列土其二
顯允令考千室斯臨故籬餞菊閑堂有琴桑逢雉乳水見巫沉是生令淑山高海深其三
窈窕珈璜丰茸桃李珠明玉白羅紅粉紫寔齊之姜惟河之鯉禮行奠鴈衣開畫雉其四
琴鳳先飛劍龍孫沒珠囊掩隧玉臺悲月粉匣長捐香籠遂歇不燒丹竈空乘白鵠其五
昌容變化弄玉神仙徒聞得道誰見昇天山伍落日地注驚川古來有死生涯忽焉其六
瑞塊成墳靈轜啟路哀笳無曲寒旌掃樹地開銀螢山開石墓索索原野悲風白露其七
寒日徵兮寒雲黯兮千秋萬歲魂不歸兮白楊人斷蒼松鳥棲誰云月上恒娥單隻其八

〇三二 大唐故朝議郎行懷州河內縣令呼延府君（宗）夫人王氏墓誌之銘

永隆二年（六八一）十月八日葬。

誌文三十二行，滿行三十三字。正書。誌長、寬均六十一厘米。

大唐故朝議郎行懷州河内縣令呼延府君夫人王氏墓誌之銘并序

夫仙娥寶婺，天上遠於人間；海媛江妃，塵外殊於方内。則不知幽閑粹範，誰爲令淑之先；貞順柔明，莫辯人仙之最。若飛名女史，授訓公宫。稽百代之高嬪，考千年之列女，莫有如　夫人者也。且夫仙姬閟雨，不睹高唐之像者久之；神女藏珠，莫見漢川之容者遠矣。蓋陰靈俯孕，爲淑媛於良家；仙氣潛通，配高人於著族。故貞規令範，絶於人乎。　夫人王氏，太原人也。昔黄旗入洛，王濬位至於龍驤；紫籙登仙，王喬術成於鳧舄。濬冲總角，見鍾會而知名；子晉吹笙，遇浮丘而得道。曾祖愔，齊國子祭酒、滄州刺史。玉樹承家，金瓶習道。絳紗懸帳，入太學而傳經；畫鹿飛輪，坐小棠而敷政。祖琛，周散騎常侍、内史令。太山捧日，天池鼓風。坐鳳池於中書，含雞香於建禮。父德，洛州陸渾縣令。玉山孤跱，珠瀾不窮。摛文則白鳳來飛，爲政則青鸞綷羽。雉馴桑野，邑多知禮之童；雪似楊花，室有能文之女。　夫人毓粹瓊閨，凝華黼帳。體柔明而日用，應圖像而天資。邃宇珈璜，凝禮容而有節；春園桃李，對莊粉而無言。紅縷銀針，坐雲窗而結繡；青絲玉杼，用仙石而支機。魯國詩人稱其淑女，外黄父友爲擇賢夫。年始初笄，歸於呼延氏。府君諱宗，字承嗣。前趙太保雁門公翼之十二代孫。上元初，任懷州河内縣令。府君龍駒鳳雛，琳琅杞梓。河陽詞令，遂蒙楊氏之知。石〔一〕軍風神，來作郗家之婿。自禮行雁幣，軔動魚軒，酒醴饘酏，惟恭婦道。織紉紃組，無怠女工。故能三徙卜鄰，教成孟子；七篇留誡，訓等班姬。既而龍門之桐，陽柯半死；魚腸之劍，雄鍔先飛。年五十有二而所天殞殁，恭姜自誓，長詠柏舟；湘妃下泣，空班竹塢。調琴拂鏡，悲獨鶴與孤鸞；望隴瞻墳，怨松青而柳白。悲夫！玉函閟藥，不得長年。金箭追魂，俄歸大夢。以永隆二年歲次辛巳八月丁卯朔廿四日庚寅終於私第。嗚呼哀哉，古墓荒墳，長松宿草。百年風燭，同歸此道。即以其年十月景寅朔八日癸酉合祔於邙山舊塋，禮也。羅帷綺帳，生同白玉之堂；金槖銀蠶，死共黄壚之室。九原已矣，萬古哀哉。野何深兮山幾重，煙朝凝兮雲夜濃。不見幽閨之春柳，空望寒山之古松。嗣子昉等，斷機稟訓，馳筆札以成名；陟屺傷魂，聽笳蕭而泣血。恐桑田變海，谷貿陵遷。敬圖翠石，傳芳不朽。其銘曰：

荆遊罷雨，洛步無塵。今來淑媛，昔曰仙人。肅肅我祖，笙歌洛濱。乘龍一去，不試千春。其一。稱賢則七，拜侯惟五。金馬迎神，冰魚饋母。弈弈三代，昭昭二祖。常侍陪輿，諸侯列土。其二。顯允令考，千室斯臨。故籬饒菊，閑堂有琴。桑逢雉乳，水見巫沉。是生令淑，山高海深。其三。窈窕珈璜，豐茸桃李。珠明玉白，羅紅粉紫。寔齊之姜，惟河之鯉。禮行奠雁，衣開畫雉。其四。琴鳳先飛，劍龍孤没。珠囊掩隧，玉臺悲月。粉匣長捐，香籠遂歇。不燒丹竈，空垂白髪。其五。昌容變化，弄玉神仙。徒聞得道，誰見昇天。山低落日，地注驚川。古來有死，生涯忽焉。其六。瑞塊成墳，靈輀啓路。哀笳無曲，寒旌掃樹。地閉銀蠶，山開石墓。索索原野，悲風白露。其七。寒日微兮，寒雲黯兮。千秋萬歲，魂不歸兮。白楊人斷，蒼松烏棲。誰云月上，恒娥羿妻。其八。

〔一〕「石」應爲「右」之訛誤。

○二三三　大唐故馬君（善）墓誌銘

永淳元年（六八二）十一月十七日葬。

誌文二十一行，滿行二十一字。正書。誌長四十七厘米、寬四十六厘米。

歸夏卿撰。

原石藏洛陽張存才唐誌精品館。

誌蓋篆書：馬君墓誌

大唐故馬君墓誌銘并序

君諱善，字毛朗，京兆扶風人也。觀夫長廣派本，枝傳百代之徽；玉葉金柯，武略顯伏波之稱。方之儒首，史標絳帳之風；龜祖葳蕤，聲明蒐蒨者矣。祖　節，周任懷州司馬。典午申冀足之能，半刺動海沂之詠。　父信，隨任許長社縣令。西門豹之奇操，詎可連衡；王稚子之柔明，豈能方駕。　君詞驚筆海，映錦浪以翻華。晦迹丘園，林泉自逸。慕春林而絢彩，府秋月以揚輝。側弁相驩，頹山極致。而積善無徵，奄從風燭。以永淳元年八月二日卒於私第，春秋八十有一。夫人張氏，體柔得成物之□，□順叶含章之道。總斯四德，備彼三從。作儷華宗，寔惟嘉偶。以其年四月一日終於私第，春秋七十有九。但崇墳共禮，著□前緗，同穴爲尊，聞諸自古。即以其年十一月□寅朔十七日景午合葬於河南縣龍門鄉費村北原之禮也。嗣子神智，武騎尉。稟訓義囦，過庭奉則。悲纏露□，□盡風枝。宅兆所崇，用遵大禮。恐岸谷無定，海變桑田。刊石泉門，傳芳不朽。其詞曰：

滔滔迴派，邈邈崇基。□京兆，易葉層徽。清詞月舉，逸思雲飛。丘園養性，側弁相追。其一。翰委退，天連沉雪。浦山虛月，泠風秋樹。古鶴吊雲，□鵲悲封土。惟鶩䦆之湫凝，刊徽猷於泉户。

洛州河南縣歸夏卿

○三四　唐故御史范陽盧府君（習善）夫人隴西李氏（静儀）墓誌銘

垂拱元年（六八五）二月八日葬。
誌文二十二行，滿行二十三字。正書。誌長、寬均三十九厘米。
誌蓋篆書：大唐故監察御史盧君夫人李氏墓誌銘

唐故御史范陽盧府君夫人隴西李氏墓誌銘并序

夫人諱静儀，字五兒，隴西狄道人也。高祖彦，河南尹、度支尚書，贈侍中、司徒公，謚曰孝貞。祖伏陁，父奇，並弈葉蟬聯，清華繼踵。夫人資二儀之淳粹，稟嶽瀆之英姿。繁華未榮，行兼四德，芳萌漸茂，即履三從。年十有二，作嬪盧氏。尊敬歸安之義，道在於自然；躬儉齋莊之容，受之於門閾。年甫二十，早喪移天。甘處惸釐，清白自守。詠柏舟而引誓，指松嶠以凝貞。簪蒿杖藜，躬親浣濯。巾褵匜盥，無闕晨昏。恭孝盡於閨闈，邕穆加於娣姒。容止成師範，言談爲禮則。雖蔡訓張箴，班儀荀誡，無以過也。有一女，養姪男爲繼嗣。□慈撫育，甚於己生。擇鄰斷機，懇情深至。降年不永，春秋五十二，終於洛陽城東平原里之私第。既而令淑歸真，穠華落彩。豈止鄰春不相，織婦停機；抑亦親識悲嗟，閭閈傷惜。嗚呼哀哉！以垂拱元年歲次乙酉二月丁丑朔八日甲申遷祔於舊塋，禮也。嗣子同愛，感遺恩於泉壤，思陟屺以增哀。無階烏鳥之心，何若終天之慕。式依前典，敢作銘云：

峻極長源，實鉉高門。金柯玉葉，結駟方輚。是生淑媛，貽範後昆。鮮風蘭馥，高節瓊温。弱歲惸釐，操履貞潔。甘薄辭豐，彌軫霜雪。德備閨閫，道光儔列。茂比春叢，鑒同秋月。愛敬如母，慈訓猶子。譽聞鄉縣，化覃履里。展慕驚雷，悲思□□。千齡萬古，終天今始。遠日歸祔，率禮有從。朝開埏隧，暮掩丘封。霜凋宿草，風吟故松。勒鐫金石，永代笙鏞。

○三五　大唐故處士騎都尉奚君（道）墓誌銘

垂拱元年（六八五）十月十三日葬。

誌文二十三行，滿行二十四字。正書。誌長五十二・五厘米、寬五十・五厘米

誌蓋篆書：奚君墓誌

大唐故處士騎都尉奚君墓誌銘并序

若夫惟獄〔一〕峻天，蔚五百之間氣；洪川紀地，潤九里之靈津。稟秀氣而禎賢，蓄英精而挺睿者，則我公其爲人也。公諱道，字履休，河南洛陽人。曾祖讓，魏司空。搢紳仰止，咸取正於司南；旒冕虛筵，佇沃心於藥石。祖謨，齊虢州司馬。揚清激濁，錯節成文，淳化未旬，風謠溢韻。父相，隨岐州參軍。器局鈎深，神襟映澈，佩觿伊始，對月飛名。□羽壯齡，虛舟獨放。公方琮外晰，圓胎內朗。新□藻絢，字重秦金；然諾信彰，心輕魯鼎。鐵錢再揖，望郭泰以連規；劍術一陳，對莊生而比迹。貞觀廿年，鼇峯巨浸，鯷壑張鱗。公折節惟謀，談□□三韓已謐，授公騎都尉。疇庸錫效，跨飛將之名；賈氣潛機，譽真軍之號。于飛在陸，唳野聞天。方欲託霧上於龍津，摶風矯於鵬路。東驥纔駟而南椿遽謝。以上元元年九月九日卒於私第，春秋七十有二。嗚呼！赤野潛輝，紫山黯色。夫人王氏，附蘿累藹，叶琴瑟於宜家；靖恭慈範，鏡女箴於蘭室。豈其蕣華委照，蕙畹沉芳。永淳元年七月二日卒。匣雙龍影，鏡並鸞姿。以垂拱元年十月十三日合葬於萬安山陰委粟鄉里之原，三子同遷於塋域，禮也。素柳逶迤，拂池魚而蕩照；丹旐繚繞，指馬鬣以悠征。蒼山高而白日沉，薤露驚而玄雲斷。泉臺寂以長扃，誌彫琰而不刊。其詞曰：

鳳穴摛靈，仙州育化。迴龜樹德，下鱣光價。萬石高門，三槐是亞。其一。汾涘雲高，豐城氣遠。風清松徑，惠薰蘭畹。飲羽青丘，虔劉廗卷。歌溢笙鏞，功鑿素篆。其二。大鎔遽化，虛白同銷。埋魂幽穸，去矣難招。風吟霜拱，露泣寒茗。泉扃閟而永寂，悲翠琬之□彫。其三。

〔一〕「獄」應爲「嶽」之訛誤。

○三六　大唐故岐州雍縣令盧府君（仙壽）夫人鄭氏墓誌銘

垂拱三年（六八七）二月八日葬。

誌文二十七行，滿行二十七字。正書。誌長、寬均四十六厘米。

誌蓋篆書：唐故盧君鄭夫人誌銘

大唐故岐州雍縣令盧府君夫人鄭氏墓誌銘并序

古之所以行標婦德，言垂女訓，終始以椿桂成姿，造次以圭璋自處。欲使堅芳不貢，與四時而遞用；清越克諧，合八風而無極者，則夫人有之矣。夫人諱字，滎陽開封人也。昔稷播生人之德，文居配帝之尊。初以咸甸開疆，中而滎波是宅。若乃家肥國寶，冕服軒車。壯秦關之百二，吞楚澤之八九。布諸方册，無俟多談。曾祖子志，鄭州刺史、廣川公。祖正義，温州司馬。父文湛，安固縣令。莫不果行育德，長仁合義。吏揚其惠，喜天於象日之邦；人愛其勤，駕星於法雷之境。夫人山川潤色，瓊玉光彩，養風霞於奥府，飾蘭若於清襟。生而大成，暗符箴誡；言爲内則，雅會圖書。惠問潛融，芳儀夙邁。年十五，歸於府君。作合之美，雖飛鳳乘龍，未能尚也。於是展柔謙之性，盡輔佐之誠。規矩環珮之間，動息幽閑之際。外言不入，視聽若於山河；中饋聿脩，勤敬勞於蘋藻。乾封初，府君定止足之分，覩損益之爻。謝蟬冕於長楊，賞龍吟於方澤。耕而食，蠶而衣。府君既處之怡然，夫人亦不改其樂。俄而良人永逝，諸孤藐然。有漸音儀，早昇簪笏；析薪克荷，堂構斯隆。誰之力歟，翳夫人之訓也。方冀神心昭揆，自克授於松年；孝理感通，謂無虧於蘭服。何圖天道斯邈，靈鑒虚爽。青童化鳥，不見其來；白鶴爲賓，即聞其吊。嗚呼哀哉！以垂拱二年歲次景戌五月庚子朔七日景午遘疾終於朝邑縣公第。三年歲次丁亥二月乙未朔八日壬寅歸祔府君之塋，禮也。陰溝不作，逝川長往。悠悠人代，儻青史之或遺；寂寂幽鄰，憑翠琬而無朽。其詞曰：

洪源振美，巨迹斯履。占龜叶夢，躍魚昭祉。成王明辟，武公卿士。國媚其蘭，臣言如水。居州露冕，舊染移風。典午紆黻，允執其中。安固千里，踠足一同。久而彌盛，光懿亨融。仙畝瓊茗，靈山琪幹。灼灼紅穎，亭亭翠粲。委雁有行，初雞伺旦。榮耀星月，自然雲漢。温恭雅識，散朗神情。勤兹仁厚，翼彼貞明。退居於洛，飛遁揚名。降年及酉，惟日臨庚。去矣白駒，悲哉黄鶴。教聞俎豆，人成花蕚。七養均心，萬鍾期樂。陟屺驚思，循垓無記。匣扇俄留，閲川云謝。風枝靡静，旻天詎借。不御板輿，旋陳柳駕。播餘芳於白日，閟清躬於玄夜。

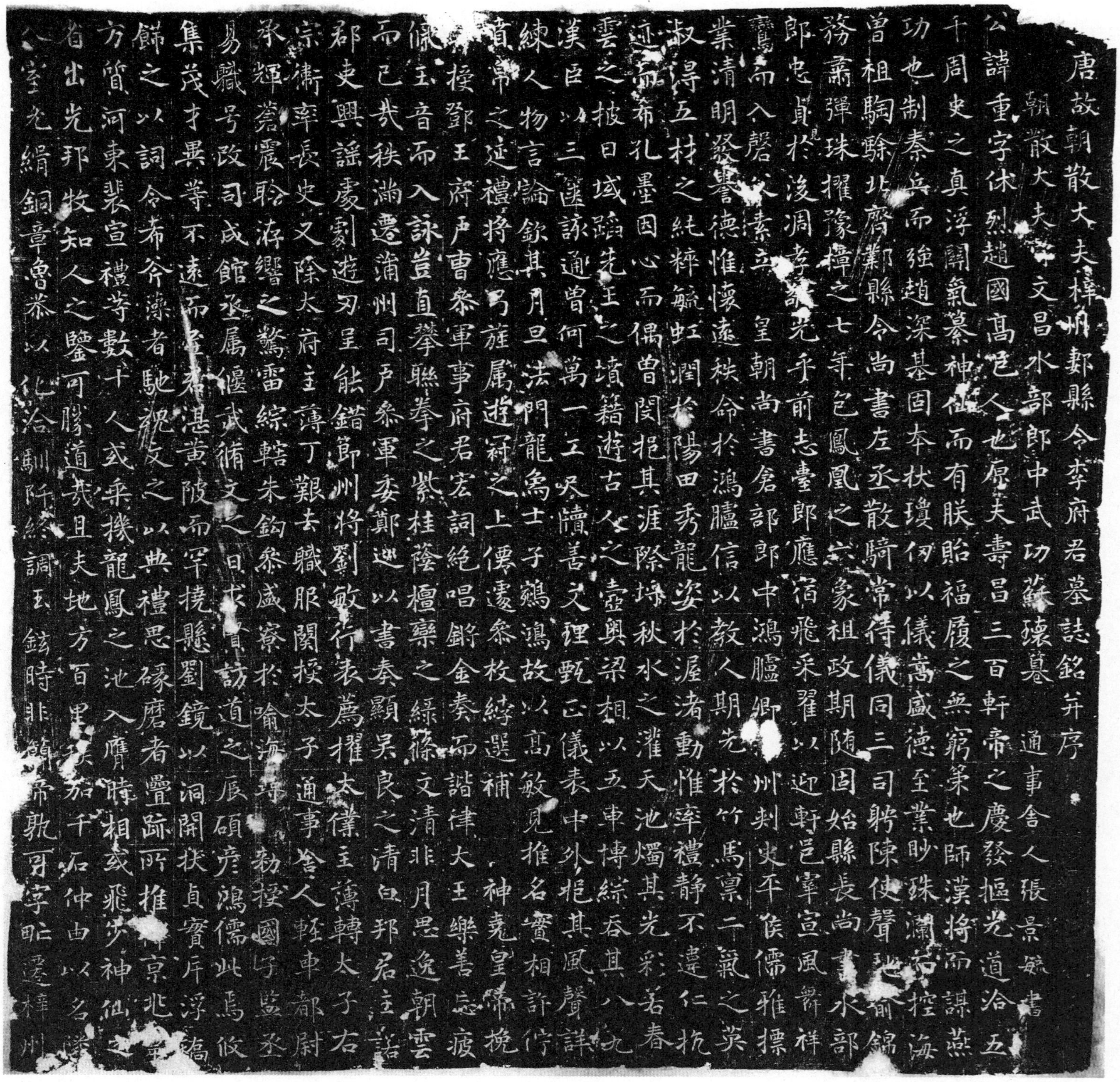

○三七　唐故朝散大夫梓州郪縣令李府君（重）墓誌銘

垂拱四年（六八八）十二月六日葬。

誌文五十六行，滿行二十八字。誌文後半部分刻於誌蓋背面。正書。誌長五十九厘米、寬五十八厘米。

蘇瓌撰，張景毓書。

誌蓋篆書：大唐故朝散大夫梓州郪縣令趙郡李府君墓誌銘

唐故朝散大夫梓州郪縣令李府君墓誌銘并序

朝散大夫守文昌水部郎中武功蘇瓌纂

通事舍人張景毓書

公諱重，字休烈，趙國高邑人也。原夫壽昌三百，軒帝之慶發樞光；道洽五千，周史之真浮關氣。纂神仙而有朕，貽福履之無窮。策也，師漢將而謀燕。功也，制秦兵而强趙。深基固本，狀瓊仞以儀嵩；盛德至業，眇珠瀾而控海。曾祖騊駼，北齊鄴縣令、尚書左丞、散騎常侍、儀同三司、騁陳使。聲馳俞錦，務肅彈珠。擢豫樟之七年，包鳳凰之六象。祖政期，隨固始縣長、尚書水部郎。忠貞見〔一〕於後凋，孝國光乎前志。臺郎應宿，飛采翟以迎軒；邑宰宣風，舞祥鸞而入磬。父素立，

皇朝尚書倉部郎中、鴻臚卿、□州刺史、平侯。儒雅標業，清明發譽。德惟懷遠，秩命於鴻臚；信以教人，期先於竹馬。稟二氣之英淑，得五材之純粹。毓虹潤於陽田，秀龍姿於渥渚。動惟率禮，静不違仁。抗迹而希孔墨，因心而偶曾閔。挹其涯際，埒秋水之灌天池；燭其光彩，若春雲之披日域。蹈先王之墳籍，遊古人之壼奥。梁相以五車博綜，吞其八九；漢臣以三篋該通，曾何萬一。工尺牘，善文理。甄正儀表，中外挹其風聲；詳練人物，言論欽其月旦。法門龍象，士子鵷鴻。故以高敏見推，名實相許。佇賁帛之延禮，將應弓旌；屬遊冠之上僊，遽參枚紓。選補　神堯皇帝挽郎，授鄧王府户曹參軍事。府君宏詞絶唱，鏘金奏而諧律；大王樂善忘疲，佩玉音而入詠。豈直攀聯拳之紫桂，蔭檀欒之緑篠。文清非月，思逸朝雲而已哉。秩滿，遷蒲州司户參軍。委鄭巡以書奏，顯吴良之清白。邦君主諾，郡吏興謡。處劇游刃，呈能錯節。州將劉敏行表薦擢太僕主簿，轉太子右宗衛率長史。又除太府主簿，丁艱去職。服闋，授太子通事舍人、輕車都尉。承輝蒼震，聆洊響之驚雷；綜轄朱鉤，參盛寮於喻海。尋敕授國子監丞，易職號改司成館丞。屬偃武脩文之日，求賢訪道之辰。碩彦鴻儒，此焉攸集，茂才異等，不遠而至。君湛黄陂而罕撓，懸劉鏡以洞開。狀貞實，斥浮矯。飾之以詞令，希斧藻者馳魂；文之以典禮，思礪磨者疊迹。所推擇京兆韋方質、河東裴宣禮等數十人，或乘機龍鳳之池，入膺時相。或飛步神仙之省，出光邦牧。知人之鑒，可勝道哉。且夫地方百里，秩加千石。仲由以名鄰入室，允緝銅章；魯恭以化洽馴阡，終調玉鉉。時非簡帝，孰可字甿。遷梓州〔二〕郪縣令，仍加朝散大夫。劍壁天開，遥疏邛僰。珠江月滿，邇帶賓渝。家實豪熾，俗稱殷阜。君明以燭之，清以臨之，惠以愛之，嚴以礪之。故里閈外扉，穿窬絶境。狴圄茂草，謳頌盈塗。成不待於期時，革不資於已日。先邑居阻江口及溪水，每多漂溺之憂。君起隄開門，别通奔避之路，以此全利者十八九焉。吏人將詣闕陳惠，府君嚴抑而止。鄰疏漳派，唯屬務農；秦導涇瀾，詎聞除害，方之蔑如也。宜應錫以遐齡，介兹景福。而大夏爰構，忽深梁壞之悲；方駕圜馳，遽軫塗窮之哭。以乾封二年七月七日寢疾終於館舍，春秋卌有九。君地靈斯得，天骨尤著四教；文行忠信，莫不潛通六位。元亨利貞，以之冥契。澹乎趨競之路，視若儻來；汲乎仁義之場，行同己任。幼丁偏罰，禮過成人。奉事平侯，蒸蒸嘗若不足者。什物衣服，非君所經，則不以奉。有懷未達，必用克成。以時享薦，終日嗚咽。石建之恭謹，卜商之承順，殁覩其行，祭盡其哀，見於斯矣。臨財無苟，家産屢空。得朋攸利，□□□久。榮悴不改，存亡若一。每四時芳序，五日嘉辰。席長筵，開廣座。縱容□□，□王是屬，留連琴酒，嵇阮可儔。至哉！具美咸宣，俟終榮於福禄；纖良何□，□□半於期頤。望風雲而未騁，踢藩籬而奄鍛。情之不能已已者，命在□□，□塋迫乎恭陵，不獲陪祔，以今垂拱四年十二月六日改厝於洛陽緱氏縣公路澗西原通谷鄉陌，禮也。子天官員外郎至遠等，器重渾金，材□積玉。褫繡衣而披錦帳，捐直簡而握崇蘭。藻繪相輝，貞芳遞襲。即吾□□□里，亦荀氏之八龍。孝闡揚名，哀纏罔極。願少誌於沉石，思永託於幽堁。瓌昔遊膠序，一披雲日。忝楊侯之末眷，荷樂令之深知。攀勝景其不留，仰德音其已緬。地分嵩嶽，敢懷舊而何言；室啓滕城，敬貽芳於不朽。潸然出涕，敢述銘云：

生涯有極，天道無親。生也如寄，天兮不仁。師韓演策，望尹知真。家聲自遠，門慶攸遵。遵慶伊何，爰稱濟美。上林四照，大宛千里。遽孽桐孫，先形玉子。喻月觿歲，參玄丱始。循禮而動，鳴謙益光。言惟士則，孝實名揚。紛綸學囿，□穎文房。在陰則和，入仕攸昌。緑池宵景，青宮春色。振鷺鶱儀，飛鴻漸翼。□□矯步，銅梁效職。錦政纔敷，圭陰已異。百身奚贖，萬古同捐。長繩不繫，□□□然。淒淒寒隰，黯黯窮泉。于嗟居此，見日三千。

〔一〕「見」爲小字，補刻於「貞於」右側。

〔二〕此後内容刊刻於墓誌蓋背面。

○三八　大唐故朝散大夫梓州郪縣令李府君（重）夫人鄭氏（童壽）墓誌銘

垂拱四年（六八八）十二月六日葬。

誌文三十三行，滿行二十九字。誌文部分內容刊刻於誌蓋背面。正書。誌長、寬均五十八・五厘米。

石抱忠撰，張景毓書。

誌蓋篆書：大唐故朝散大夫行梓州郪縣令李府君夫人滎陽鄭氏墓誌銘

大唐故朝散大夫梓州鄭縣令李府君夫人鄭氏墓誌銘并序

左史石抱忠纂

通事舍人張景毓書

夫人諱童壽，滎陽開封人也。宣王胙土，肇錫懿親。武公俾侯，爰稱夾輔。雖復圯侵負黍，無絶於宗盟；天夢香蘭，載傳於盛緒。何止來朝聽履，辯尚書之讜言；參乘停車，見侍中之雅對。鬱爲甲族，無待寓言。曾祖敬德，周司木大夫、青州刺史、新陽縣公。祖撝，隨兵部侍郎、山南道行臺右丞、聘陳使。考嗣元，皇朝通事舍人、解縣令。四葉臺衮，十紀羽儀。朱軒綰千里之風，畫省參五兵之務。言成物範，辭令聞於玉階；德爲時宗，絃哥闡於銅墨。夫人柔風成性，寶婺凝輝。漸禮樂之膏腴，習言容之節制。道光流荇，高詠動於詩人；才掞芳椒，逸韻諧於頌典。宅閑明而立操，踐貞順以垂芳。年甫十四，聿嬪高族。盡勤恪於澂冪，竭恭誠於箕帚。母儀之訓，罄緗素而無聞；内則之規，光古今而獨遠。情深孝友，志協淳和。學貫詩書，業殫紃組。言泉暗湧，摛雅論於青綾；翰苑旁開，掞重葩於縟錦。既而禍鍾崩㯳，釁集帷堂。中外挹而推宗，遠近許其知禮。字孤之道，事切於停機；待客之心，理優於撤薦。故得韋珠疊耀，謝玉重輝。方延五福之期，遐享萬鍾之養。而光陰不駐，惜月桂之先凋；榮落無恒，嘆風林之不静。以儀鳳二年四月十日遘囷暴終於京師之長興里第，春秋五十有三。嗚呼哀哉！惟夫人慈和表德，孝悌由衷。夙禀休徵，□□□令。昔童壽菩薩在孕，而經唄之音遠聞於外。及其載誕，髪與額齊。夫人之生，有同斯應。登時嗟感，因以爲名。雅好禮經，尤敦釋典。玄關奥理，獨得精微。兼以思若有神，文同宿構。叔妹適清河崔元友，自居三蜀，遥隔兩鄉。斐然思之，賦詩言志。詞意雙美，氣韻俱清。寔曰名篇，文多不載。自丁母盧氏哀苦殆不勝喪，衣靡繭纊，食無鹽酪。往歲咸京饑饉，道路流離。夫人發自渭濱，將還漳水。躬至良人之隧，親紆告别之文。痛感幽明，情深悽斷。瞻言彤管，彼獨何人。遠鏡青編，我無慚色。降年不永，有足悲夫。粵以今垂拱四年十二月六日祔葬於鄭縣府君，禮也。子天官員外郎至遠等，因心罔極，至性過人。懷陟屺而長號，瞻擇鄰而永□。恨深荼蓼，遂切終天。手植松柏，還成有地。式憑貞琬，刻誌玄堂。敬瀝庸音，□□銘曰：

□□□姓，滎水開封。錫以巖險，榮之附庸。賓郊置驛，時門鬬龍。英靈允降，弈□□□。其一。於鑠邦圀，來儀君子。性質松筠，言容桃李。行成表綴，德光圖史。兆〔一〕□齊鵗，聲□宋鯉。其二。柔徽載門，□□允備。耀□摛祥，齊眉主饋。浣濯𠥽服，蘋蘩從事。演德蘭披，緝詞瓊圀。其三。□言遐筭，□膺介福。神悔盈虚，人□□□。瓊田絶草，□潭無菊。忽閟□□，□迷倚伏。其四。北邙丘隴，南陽墓田。兔鶩幽隧，鶴舞窮□。外孫圖石，舒□□泉。誰知圏子，泣血終□。其五。

〔一〕此後内容刊刻於墓誌蓋背面。

○三九　大唐故相州安陽縣令許府君（雄）墓誌銘

載初元年（六八九）一月七日葬。
誌文二十八行，滿行二十八字。正書。誌長、寬均五十厘米。
誌蓋篆書：許君誌銘

大唐　故相州安陽縣令許府君墓誌銘并序

君諱雄，字某，先自汝南平輿人也。因官遷焉，故爲洛州合宫縣人也。在天成家，星攢德聚之鄉；在地分形，月論平輿之里。別有羽儀西漢，挺美譽於班書；嘉道東岑，闡韜光於嵇筆。豈特龍盤山藪，逍遥箕穎之聞；鴻漸帝京，窈窕椒房之裏，若斯而已哉。曾祖濬，齊任清寇鎮鎮將。武烈戎昭，□□遐裔。神謀秘算，遠振邊亭。張拳之略攸歸，冒刃之忠斯著。祖賢，周任左鷹揚。憤氣衝冠，柔心抱節。擁霜戈而衛主，奮星鍔以防閑。父德，隨任銀青光禄大夫。器度汪汪，澄瀾萬頃；風威肅肅，聳幹千□。與毛玠而公方，共山濤而識量。策名無二，聲冠寀寮。翊政在三，化霑□俗。惟君箕□降靈，山河□氣，含精鋈鋈，吐曜璣珠。結符彩於圓波，浮夜光於方瀨。幼懷辯李之奇，□從捧檄之操。鄙陶潛之命駕，壯王子之赴淦。大唐武德元年　敕授相州安陽縣令。是時白波尚擾，　紫極未安。渾淦爲徙剏之流，殷衛是殘凶之黨。君敷以信順，教以惠和。下車而政化大行，期月而風俗淳著。故得鞭桑息訟，沉覑停冤。青鸞屆於一同，紫翟馴於百里。既而辭班去職，謝病丘園。疏金之惠未周，庾玉之悲俄及。嗚呼哀哉！春秋六十有二，顯慶五年遘疾終於私第。惟君量包嵇阮，文冠曹王。賦麗金聲，名芳玉振。迅談玄於郭象，寫妙辯於孫龍。既而麟筆未投，鵟灾告釁。嗚呼哀哉！粤以載初元年歲次庚寅壹月己卯朔七日乙酉　與夫人弘農楊氏合葬於　神都西南八里龍門北之原，禮也！斜瞻禁苑，睠驎鳳之嬉遊；傍眺郊壇，望旌旗之出没。前臨龍闕，篴車馬以奔風；却邇鼎門，聳煙霞而張日。嗣子上護軍義方兄弟等，望寒泉而〔一〕灑淚，想陟岵以銜哀。恐舟遷夜壑，海變蓬萊。刊翠琰於貞石，庶不朽而無頹。其銘曰：

伊水東流，望春西峙。隆周分次，山川表裏。代有異人，地多奇士。避唐苗裔，承姜孫子。其一。連姻戚里，逌迹山谿。名芳佐詠，道振康題。二龍同價，一武孤棲。子將月旦，玄度風齊。其二。分茅漢壤，錫祚周功。曖如冬日，穆若春風。相如命薄，管輅年窮。優遊下位，樂在其中。其三。森森拱樹，鬱鬱佳城。青烏啓兆，白兔馴塋。蒿丘形勝，馬鬛隆平。天長地久，竹茂松貞。其四。

載初元年壹月七日洛州合宫縣人許君墓誌銘

〔一〕「而」字補刻於「泉灑」之間。

○四○　大唐載初元年壹月十七日姬君（思義）墓誌銘

載初元年（六八九）一月十七日葬。

誌文二十行，滿行二十字。正書。誌長四十三厘米、寬四十二·五厘米。

大唐載初元年壹月十七日姬君墓誌銘

君諱思義，字思義，河南洛陽人也。昔者卜代三十，據帝王之寶位；鼎移秦漢，有衣冠之子孫。禮樂邁德於中古，英俊象賢於後葉。曾祖肇，字元震，後魏龍驤將軍、輔國大將軍，周柱國、汾晉建絳代并等六州諸軍事六州刺史、雍州牧、駙馬都尉、神水郡開國公。祖威，隨司農卿、汾源縣開國公。父權，隨尚舍奉御。並忠以事主，勤以立功，揚名顯親，勒鍾傳懿。君少長禮義，造次仁厚，圀止端雅，音韻疏通，性樂静退，不好聞達。雖陽文澹彩，竟不祈於效能；而陰德潛流，遂有慶於眉壽。享年七十有七，以垂拱三年六月十九日終於洛陽之從善鄉。粤以載初元年歲次戊寅壹月己卯朔十七日乙未遷窆於北芒之青隴上。白日千年〔一〕，　　郭門之路；玄扃萬古，空悲拱樹之風。嗚呼哀哉！嫡孫承宗，次孫崇宗，集荼蓼以無追，懼陵谷之遷改，□琬琰而紀德，庶蘭菊之斯在。

卜洛之嗣，有周之孫。衣冠襲業，玉帛稱尊。龍驤晝閫，駙馬高門。九卿禮貴，六尚道存。伊人令德，承家顯國。既廣文詞，且明翰墨。名聞千里，義光三惑。與善無徵，殲良有忒。庶玄隧之永茂，在翠琰而斯勒。

〔一〕此處空兩格，未刻字。

〇四一　大周故尚乘奉御羅府君（餘慶）墓誌銘

天授元年（六九〇）十月十七日葬。

誌文二十九行，滿行二十九字。正書。誌長、寬均五十七厘米。羅嗣第鐫。

墓誌原石藏洛陽李氏藏石樓。

因周故尚乘奉御羅府君墓誌銘并序

□諱餘慶，字休徵，襄陽人。八代祖裔，徙居齊州，因而家焉，今爲齊州人也。原夫承乾祐構，東郡開天子之都；錫氏疏封，南荆列諸侯之國。將軍懿範，雅重於譙周；庶子高名，見推於葛亮。文禽天授，夢寐而挺雄才；□鬼人謀，談□而居列郡。英靈靡絶，故可略而言焉。曾祖皓，周青齊二州太守、隨御史大夫。竹符宣政，長蹈四履之郊；柏署申威，高視九卿之右。祖曠，唐同州朝邑縣令、□部侍郎，贈户部尚書。琴哥嘯傲，績茂於一同；省闥優遊，榮終於八座。考□□（一），唐驃騎將軍、東宫率、左驍衛將軍，除左衛大將軍、上柱國、安山縣開國侯，食邑一千七百户，謚曰岡公。兆契風雲，功參締構。寇詢潛計，贊成光武之基；紀瞻陰謀，式定元皇之業。紳河礪嶽，開國承家，盛列銘乎□□，□□著□竹泉。惟公半千命代，咸一挺生。長江導正則之才，崧岳播申侯之氣。閭門必復，仲宣實王公之孫；盛德□孤，玄成則丞相之子。起家左千牛、陳王府法曹。□園侍宴，明月叨其清才；南國陪遊，雄風□其健筆。遷太子門大夫，又除東宫率府長史。聞笙鶴鑰，侍哀龍樓。得鄭驛之朋遊，偶商山之賓客。尋而改授汝州司馬。冀州心腹，唯聞審配之風；海沂股肱，實賴王祥之化。英□元著，考罷攸歸。恩制嘉之，又除尚乘奉御。捨彼題輿，奉兹秋駕。昇榮近侍，濯翼清流。舉滿天閳，聲芬國典。三鱣降祉，方擢彩於星階；二豎延灾，遽頽峰於日觀。以儀鳳四年十月廿四日遘疾終於汝州梁縣之莊第也，春秋五十有七。夫人清河張氏，即刑部尚書、鄖國公亮之第二女也。稟訓□宫，凝規婦德。玉臺初鑒，言歸温嶠之家；寶劍先沉，終合延平之水。以龍朔三年正月七日寢疾終於館舍，春秋三十有三。粤以大周天授元年歲次庚寅十月甲□□十七日□申合葬於北邙之山，入大將軍之塋域，禮也。第二子承嗣，游擊將軍、豫州□陸府果毅，次子承緒等，並棘心茹痛，欒貌纏哀。懼遷陵谷，式紀泉臺。其詞曰：

弱水誕靈，高陽踐極。代司北裔，支公南國。珪黻皇皇，子孫翼翼。楚竹標俊，庭蘭表德。其一。代襲卿相，家傳文武。翊戴吾王，光顯爾祖。功垂竹帛，名振區寓。誕□賢才，應兹良輔。其二。顯允君子，義方是斅。資父事君，出忠入孝。跌宕文□，優遊名教。神氣自若，風情不撓。其三。琴樽宿昔，風月平生。□堂尚在，高臺遽傾。□階愴友，陟屺哀惸。薤哥易□，□駕不停。千秋兮萬古，松柏兮青青。

天授元年十月十一日於永昌縣欒成圀羅嗣第鐫

（一）此處名諱漫漶不清，據洛陽早年出土、現藏中國國家博物館的《大唐故左驍衛將軍上柱國安山縣侯羅君副墓誌銘》，羅君副祖羅皓，父羅曠，羅君副仕至左驍衛將軍、上柱國、安山縣侯，謚岡公。與前録墓誌内容一致，則羅餘慶父即羅君副。

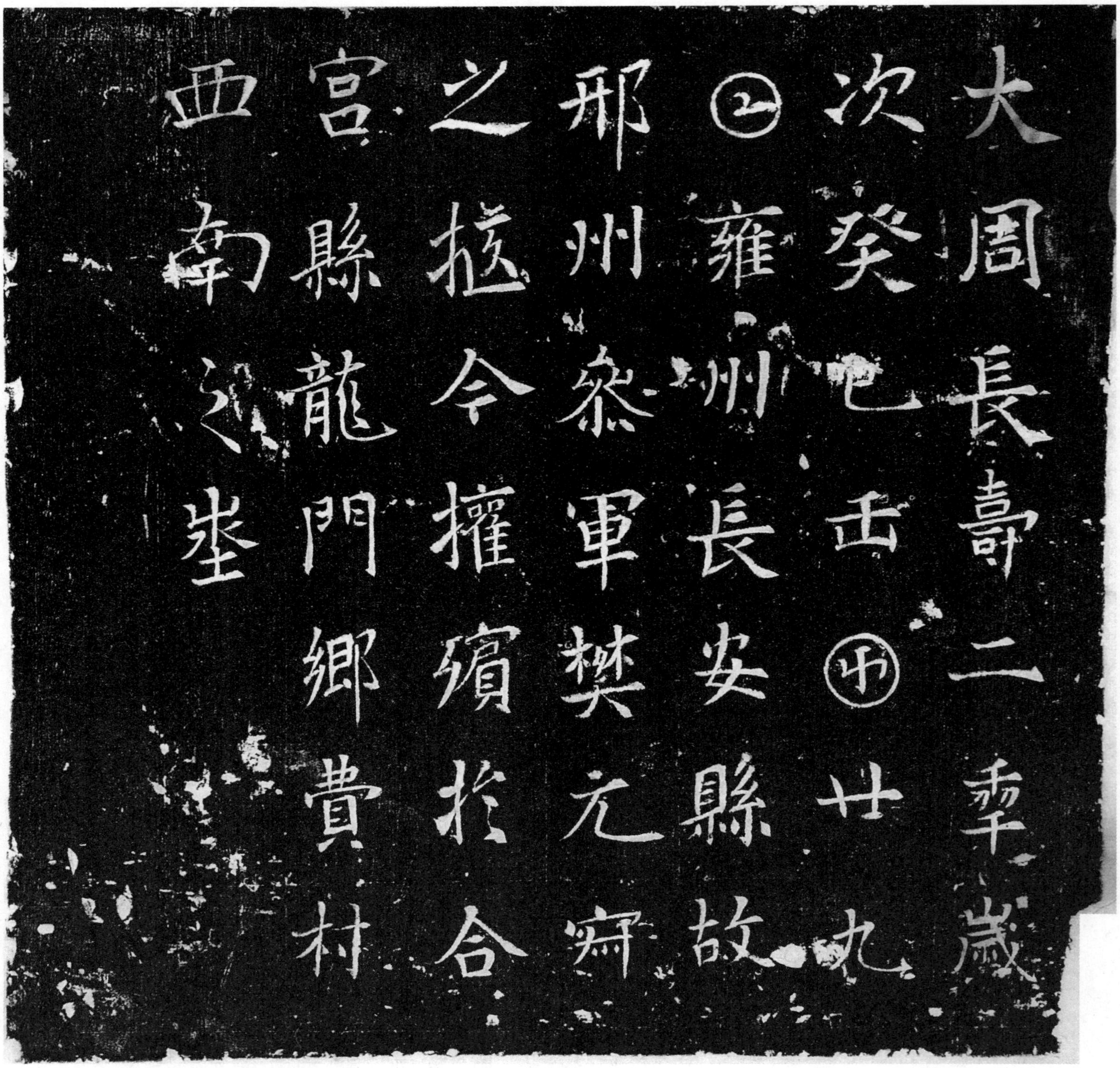

○四二　大周故樊君（元寂）墓誌之銘

長壽二年（六九三）正月二十九日葬。

誌文七行，滿行七字。正書。誌長、寬均三十七厘米。

誌蓋篆書：大周故樊君墓誌之銘

大周長壽二年歲次癸巳正月廿九日雍州長安縣故邢州參軍樊元寂之柩，今權殯於合宮縣龍門鄉費村西南之地。

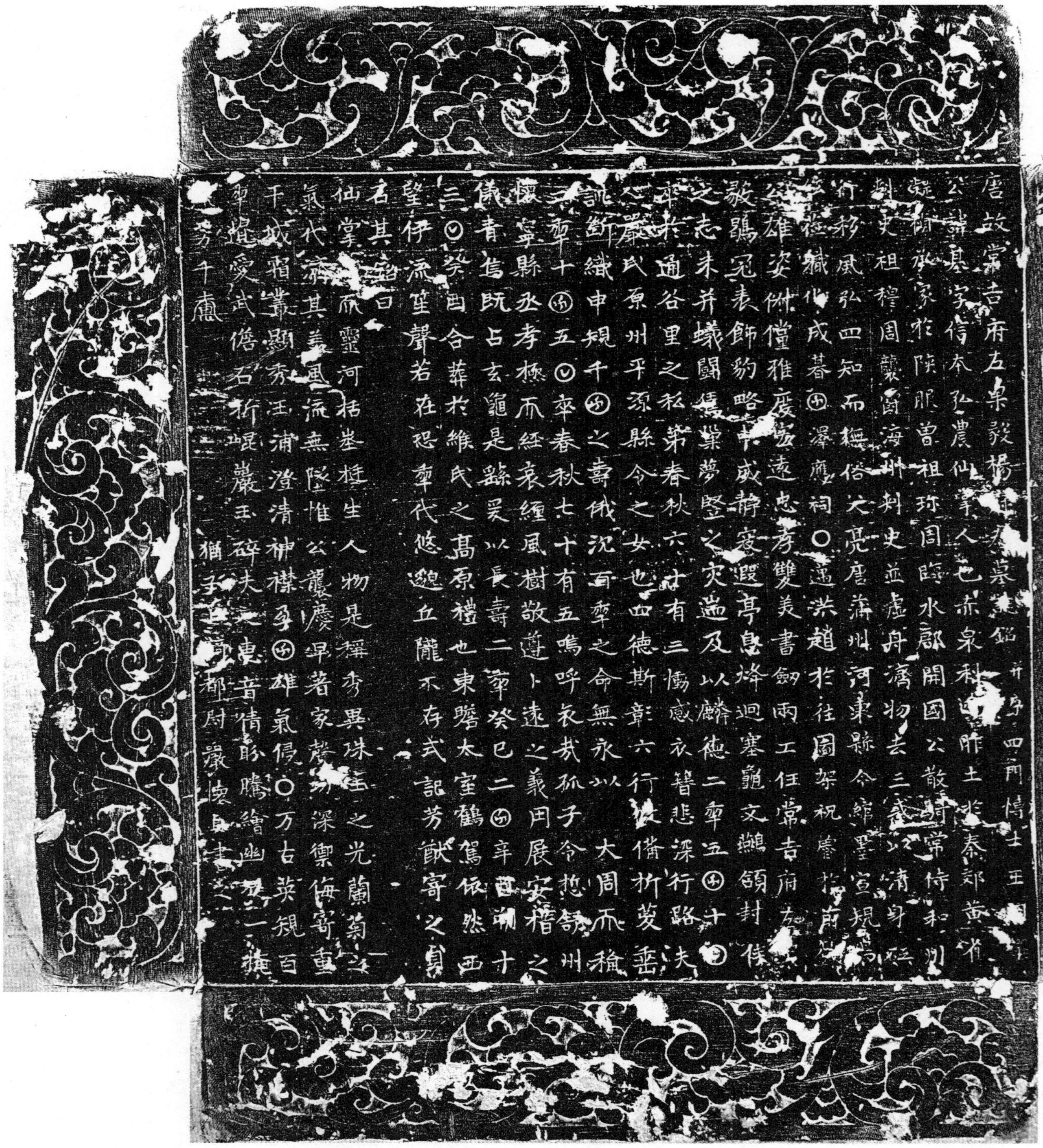

○四三　唐故常吉府左果毅楊府君（基）墓誌銘

長壽二年（六九三）二月十三日葬。
誌文二十三行，滿行二十三字。正書。誌長、寬均三十五厘米。
王□撰，嚴懷貞書。
誌蓋篆書：大唐故楊府君墓誌銘

唐故常吉府左果毅楊府君墓誌銘并序

四門博士王□撰

公諱基，字信本，弘農仙掌人也。赤泉利□，胙土於秦郊；黄雀凝禎，承家於陜服。曾祖珍，周臨水郡開國公、散騎常侍、和州刺史。祖穆，周襲爵，海州刺史。並虚舟濟物，去三惑以清身；砥行移風，弘四知而撫俗。父亮，唐蒲州河東縣令。縮墨宣規，鳴絃莅職。化成期月，澤應祠星。邁洪趙於往圖，架祝魯於前籙。公雄姿俶儻，雅度宏遠。忠孝雙美，書劍兩工，任常吉府左果毅。鶡冠表飾，豹略申威。静寇遐亭，息烽迥塞。龜文燕頷，封侯之志未并；蟻鬭鴌巢，夢竪之灾遄及。以麟德二年五月十日卒於通谷里之私第，春秋六十有三。慟感衣簪，悲深行路。夫人嚴氏，原州平源縣令之女也。四德斯彰，六行□備。折葼垂訓，斷織申規。千月之壽俄沉，百年之命無永。以 大周天授二年十月五日卒，春秋七十有五。嗚呼哀哉！孤子令悊，舒州懷寧縣丞，孝極天經，哀纏風樹。敬遵卜遠之義，用展安措之儀。青烏既占，玄龜是繇。爰以長壽二年癸巳二月辛酉朔十三日癸酉合葬於緱氏之高原，禮也。東瞻太室，鶴駕依然；西望伊流，笙聲若在。恐年代悠邈，丘隴不存。式記芳猷，寄之貞石。其銘曰：

仙掌□天，靈河括地。挺生人物，是稱秀異。珠玉之光，蘭菊之氣。代濟其美，風流無墜。惟公襲慶，早著家聲。功深禦侮，寄重干城。霜叢顯秀，玉浦澄清。神襟孕月，雄氣侵星。萬古英規，百年遺愛。武僭石折，崐巖玉碎。夫人惠音，倩盼騰繪。幽鏌一掩，□芳千載。

猶子上騎都尉嚴懷貞書之

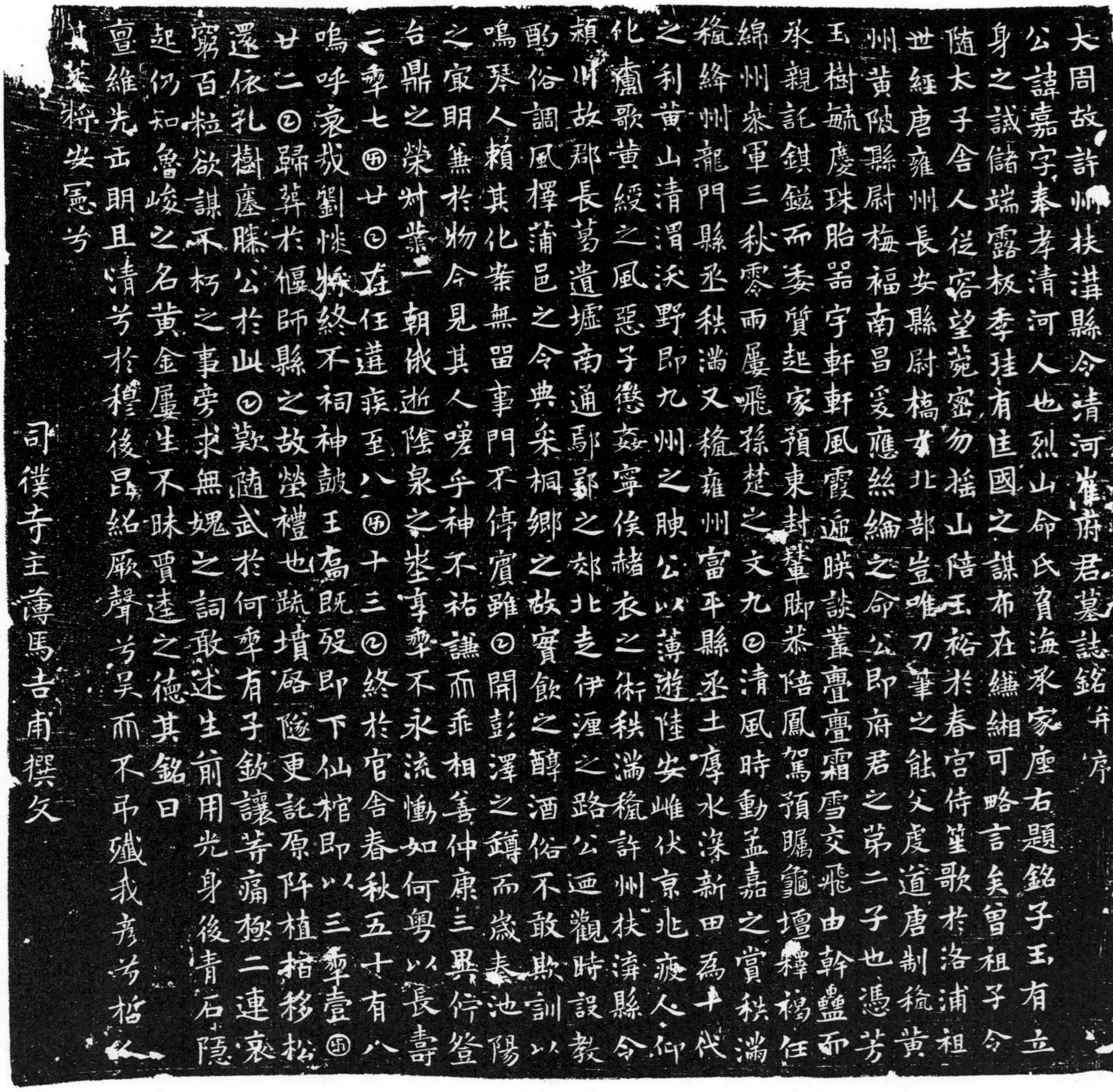

○四四　大周故許州扶溝縣令清河崔府君（嘉）墓誌銘

長壽三年（六九四）一月二十二日葬。
誌文二十六行，滿行二十六字。正書。誌長、寬均五十六厘米。馬吉甫撰。
原石藏鞏義馬氏一葦草堂。
誌蓋篆書：大周故許州扶溝縣令清河崔府君誌銘

大周故許
州扶溝縣
令清河崔
府君誌銘

大周故許州扶溝縣令清河崔府君墓誌銘并序

公諱嘉，字奉孝，清河人也。烈山命氏，負海承家。座右題銘，子玉有立身之誡；儲端露板，季珪有匡國之謀。布在縑緗，可略言矣。曾祖子令，隨太子舍人。從容望苑，密勿摇山。陪玉裕於春宫，侍笙歌於洛浦。祖世經，唐雍州長安縣尉。橋玄北部，豈唯刀筆之能。父虔道，唐制授黄州黄陂縣尉。梅福南昌，爰應綵綸之命。公即府君之第二子也。憑芳玉樹，毓慶珠胎。器宇軒軒，風霞遞映。談叢亹亹，霜雪交飛。由幹蠱而承親，託錤鎡而委質。起家預東封輦腳，恭陪鳳駕，預矚龜壇。釋褐任綿州參軍。三秋零雨，屢飛孫楚之文；九日清風，時動孟嘉之賞。秩滿，授絳州龍門縣丞。秩滿，又授雍州富平縣丞。土厚水深，新田爲十代之利；黄山清渭，沃野即九州之腴。公以薄遊陸安，雌伏京兆。疲人仰化，載歌黄綬之風；惡子懲奸，寧俟赭衣之術。秩滿，授許州扶溝縣令。潁川故郡，長葛遺墟。南通鄢郢之郊，北走伊瀍之路。公迺觀時設教，酌俗調風。擇蒲邑之令典，采桐鄉之故實。飲之醇酒，俗不敢欺。訓以鳴琴，人賴其化。案無留事，門不停賓。雖日開彭澤之罇，而歲奏池陽之最。明兼於物，今見其人。嗟乎！神不祐謙，天乖相善。仲康三異，佇登台鼎之榮；叔業一朝，俄逝陰泉之地。享年不永，流慟如何。粤以長壽二年七月廿日在任遘疾，至八月十三日終於官舍，春秋五十有八。嗚呼哀哉！劉惔將終，不祠神鼓。王喬既殁，即下仙棺。即以三年壹月廿二日歸葬於偃師縣之故塋，禮也。疏墳啓隧，更託原阡。植柏移松，還依孔樹。瘗滕公於此日，嘆隨武於何年。有子欽讓等，痛極二連，哀窮百粒。欲謀不朽之事，旁求無愧之詞。敢述生前，用光身後。青石隱起，仍知魯峻之名；黄金屢生，不昧賈逵之德。其銘曰：

亶維先正，明且清兮。於穆後昆，紹厥聲兮。昊天不吊，殲我彦兮。哲人其萎，將安憲兮。

司僕寺主簿馬吉甫撰文

○四五　朝請大夫行越州餘姚縣令竇君（孝壽）墓誌銘

延載元年（六九四）六月卒。

誌文二十三行，滿行二十三字。正書。誌長三十七・五厘米、寬三十七厘米。

誌蓋篆書：大周故竇府君墓誌銘

朝請大夫行越州餘姚縣令竇君墓誌銘并序

君諱孝壽，字遐福，扶風平陵人也。其先皇帝，其後少康。綿歷殷周，累居冠冕。洎乎少君之盛，漢代擇師。兇奴之强，燕巖勒石。曾祖榮定，隨上柱國、開府儀同三司、洛鄭等八州諸軍事、□州刺史、右武候大將軍、陳國公，尚成安郡長公主。祖抗，隨上柱國、儀同三司、幽梁等五州刺史、陳國公，唐將作大匠、判納言、左武候大將軍，贈司空，謚曰容公。並風範昂昂，神儀稟稟。行爲士則，道實人宗。信義之方，有聞於當代；忠孝之志，事極於人倫。父衍，隨駙馬都尉，尚長壽公主，唐營州都督、左右武候將軍、黔費等一十四州諸軍事、上柱國、陳國公，謚曰密。體業温裕，志尚優洽。文峰落落，武庫森森。外鎮雄藩，内惟龍闕。君即密公之第八子也。夙彰高義，幼挺生知。蘊鸞鳳之英姿，畜山河之秀氣。家禽之歲，聞詩趨鯉之庭；舞象之年，稟道祥鱣之館。屬唐朝告禪，東岳將封，預選齋郎，對策高第。授周王府參軍，累遷延州司户，峴山、餘姚二縣令。絃歌表化，巖壑從遊。風月緣情，雄詞艷發。登臨動詠，逸氣交馳。生唯五百年，集成三十卷。弓商足用，六律奔命於詞場；江漢應機，百川潮宗於筆海。情申桂友，酒泛蘭樽。豈意隙駟難留，奄從窀穸。逝川易往，遽絶生崖。以延載元年夏六月終於兹任，春秋五十有一。嗚呼哀哉，其銘曰：

赫弈簪裾，蟬聯襲慶。珪璋特達，山河交映。其一。學殫經史，詞切弓商。祥鸞表譽，馴翟馳芳。其二。丹旐易奄，厚夜難明。一銷玉樹，空餘令名。其三。野曠風慘，山空鳥哀。遽嗟滕室，長往泉臺。

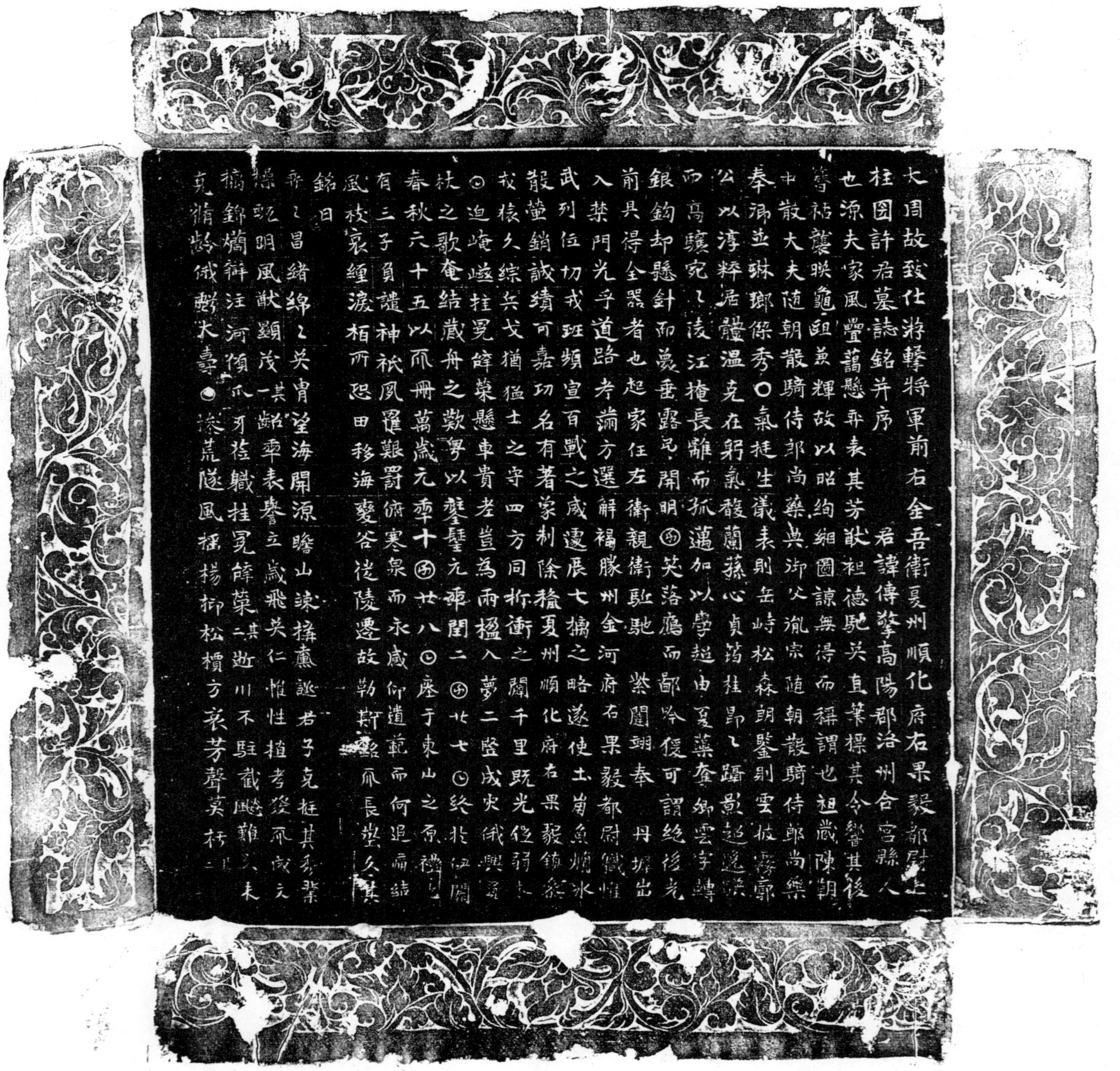

大周故致仕游擊將軍前右金吾衛夏州順化府右果毅都尉上
柱國許君墓誌銘并序　君諱傳擎高陽郡洛州合宮縣人
也源夫家風疊藹懸乎表其芳猷祖德馳英直葉標其令譽其後
簪袺襲暎龜組兼輝故以昭絢緗圖諒無得而稱謂也祖歲陳朝
中散大夫隨朝散騎侍郎尚藥典御父胤宗隨朝散騎侍郎尚藥
奉御並琳瑯傑秀〇氣挺生儀表則岳峙松森朗鑒則雲披霧廓
公以淳粹居體温克在躬氣馥蘭蓀心貞筠桂昂々躡影超逸驥
而高驤究々淺江掩長離而孤邁加以學超由夏藻奪卿雲字縛
銀鉤却懸針而褭垂露々開明月笑落鷹而鄙吟優可謂絕後光
前具得全器者也起家任左衛親衛馳驅紫闥翊奉　丹墀出
入禁門光乎道路考滿方選解褐滕州金河府右果毅都尉職惟
武列位切戎班頻宣百戰之威遠展七擒之略遂使土崩魚爛冰
散螢銷誠績可嘉功名有著冢制除授夏州順化府右果毅鎮絲
戎猿久綜兵戈猶猛士之守四方同折衝之關千里既光徑弱上
日迫崦嵫掛冕辭榮懸車貴老豈爲兩楹入夢二豎成災俄興夏
杖之歌奄結藏舟之歎粤以證聖元年閏二月廿七日終於伊闕
春秋六十五以天冊萬歲元年十月廿八日窆于東山之原禮也
有三子負譴神祇夙罹艱罰俯寒泉而永感仰遺範而何追痛結
風枝哀纏濺栢所恐田移海變谷徙陵遷故勒斯銘庶長無久其
銘曰
奕々昌緒綿々英胄望海開源瞻山竦構誕茲君子克挺其秀業
操蹈明風猷顯茂其一齡弱表譽立歲飛英仁惟性植孝發天成之
摛錦牆辯注河傾天牙挂職挂冕辭榮其二逝川不駐截飈難久未
克循齡俄歎大壽日遂荒隧風搖楊柳松櫃方哀芳聲莫朽其三

〇四六　大周故致仕游擊將軍前右金吾衛夏州順化府右果毅都尉上柱國許君（傳擎）墓誌銘

天册萬歲元年（六九五）十月二十八日葬。

誌文二十四行，滿行二十五字。正書。誌長、寬均四十四·五厘米。

原石藏洛陽李氏藏石樓。

誌蓋篆書：大周故許府君墓誌銘

大周故致仕游擊將軍前右金吾衛夏州順化府右果毅都尉上柱國許君墓誌銘并序

君諱傳擎，高陽郡洛州合宫縣人也。源夫家風疊藹，懸弈表其芳猷；祖德馳英，直筆標其令響。其後簪祜襲映，龜組兼輝。故以昭絢緗圖，諒無得而稱謂也。祖藏，陳朝中散大夫，隨朝散騎侍郎、尚藥典御。父胤宗，隨朝散騎侍郎、尚藥奉御。並琳瑯傑秀，星氣挺生。儀表則岳峙松森，朗鑒則雲披霧廓。公以淳粹居體，温克在躬。氣馥蘭蓀，心貞筠桂。昂昂躡影，超逸驥而高驤；宛宛凌江，掩長離而孤邁。加以學超由夏，藻奪卿雲。字轉銀鉤，却懸針而蔑垂露；吊開明月，笑落雁而鄙吟猨。可謂絶後光前，具得全器者也。起家任左衛親衛，驅馳　紫闥，翊奉　丹墀。出入禁門，光乎道路。考滿方選，解褐勝州金河府右果毅都尉。職惟武列，位切戎班。頻宣百戰之威，遽展七擒之略。遂使土崩魚爛，冰散螢銷。誠績可嘉，功名有著。蒙制除授夏州順化府右果毅，鎮參戎旅，久綜兵戈。猶猛士之守四方，同折衝之闢千里。既光低弱木，日迫崦嵫。挂冕辭榮，懸車貴老。豈爲兩楹入夢，二豎成灾。俄興負杖之歌，奄結藏舟之嘆。粤以證聖元年閏二月廿七日終於伊闕，春秋六十五。以天册萬歲元年十月廿八日瘞於東山之原，禮也。有三子負譴神祇，夙罹艱罰。俯寒泉而永感，仰遺範而何追。痛結風枝，哀纏淚柏。所恐田移海變，谷徙陵遷。故勒斯銘，天長地久。其銘曰：

奕奕昌緒，綿綿英胄。望海開源，瞻山竦構。載誕君子，克挺其秀。業操甄明，風猷顯茂。其一。

齠年表譽，立歲飛英。仁惟性植，孝發天成。文摛錦爛，辯注河傾。爪牙莅職，挂冕辭榮。其二。

逝川不駐，截飈難久。未克脩齡，俄虧大壽。日慘荒隧，風摇楊柳。松檟方哀，芳声莫朽。其三。

○四七　唐故洛州陽城縣主簿樊君（行恭）墓誌銘

萬歲通天二年（六九七）八月二十一日葬。誌文二十八行，滿行二十七字。正書。誌長、寬均五十八厘米。崔融撰。

唐故洛州陽城縣主簿樊君墓誌銘并序

君諱行恭，南陽新野人也。祖隨季爲河東太守，故又爲河東人。曾祖慶，周駕部中大夫、通直散騎常侍、使持節隴州諸軍事、隴州刺史、清河郡開國公。祖通，隨扶風河東二郡守，襲封清河郡公。父徹，唐汾州司兵參軍事、原州平皋同州下邽二縣令。君即下邽府君之元子。年十八，州舉進士，射策甲科，隨牒補青州壽光縣尉。歷綿州顯武、瀛州河間二縣尉。揚州江陽、荆州江陵、洛陽陽城三主簿。以唐咸亨二年正月十七日終於陽城之官舍，享年三百四十八甲子。嗚呼哀哉！昔者天命宣王，仲山父爲周補衮；龍興高祖，左丞相與漢剖符。有法度，行恩德。縣中推爲三老者，則樊重其人。正禮儀，删經傳，海内稱爲大儒者，則樊儵其人。樊曄威著於羌胡，樊英禮抗於天子。文高之重，慎於期之，然諸斯並，勒之不朽。傳之無窮，非假一二談也。若乃凌紫山，浮絳水，參晉匏而蓄寶，偶宛菊而移芳。亦猶楊氏價重於居郫，班家氣雄於赴朔。故能使光靈發洩，慶緒綿聯。人傳列侯，分茅而胙土；世掌方牧，騎馬而鋒車。我有伯侯之孫，人言仲弓之子。夫惟懷道毓德，蘊器含光。文章得乎天假，學術存乎日用。首應甲科，且□卑職。齊得十二，亦既東馳；蜀亘五千，竭來西上。渡北河而右轉，歲月維揚；岠南岳而中迴，風塵卜洛。秩輕黄綬，用薄朱鉤。有以迫其棲遑，莫能申其志力。則知謙以自牧，仁而爲貴。不干時以求進，不屈節以邀名。故歷官不遷，累薦不入。惜哉！至若射御書數之工，陰陽律曆之妙。雖復數年門客，終日府寮，孰知毛遂之賢，寧察魏舒之巧。位不充量，命也何言。夫人北平陽氏，唐幽州刺史、龍川公璩之孫。岐州司功處信之女。以咸亨五年二月廿日終於洛州弘教里之私第，春秋五十有五。嗚呼哀哉！越 大周萬歲通天二年歲次丁酉八月甲子朔廿一日甲申合葬於洛州合宫縣萬安山之南原。孤子朝散大夫、行通事舍人侃侃等，恨結終天，哀深觸地。緬懷東武之葬，遂起南陽之阡。銘曰：

傍臨嵩野，却望伊川。城闕如故，墳塋幾年。松新漏月，草短虚煙。書劍霾土，琴樽墜泉。孝子之封，名臣之墓。一銘金石，長悲霜露。

朝散大夫檢校著作□□上柱國清河崔融撰

〇四八　唐故益州綿竹縣令崔君（玄泰）墓誌銘

神功元年（六九七）十月二十二日葬。

誌文二十九行，滿行二十七字。正書。誌文長、寬均五十四厘米。

誌蓋篆書：唐故崔府君墓誌之銘

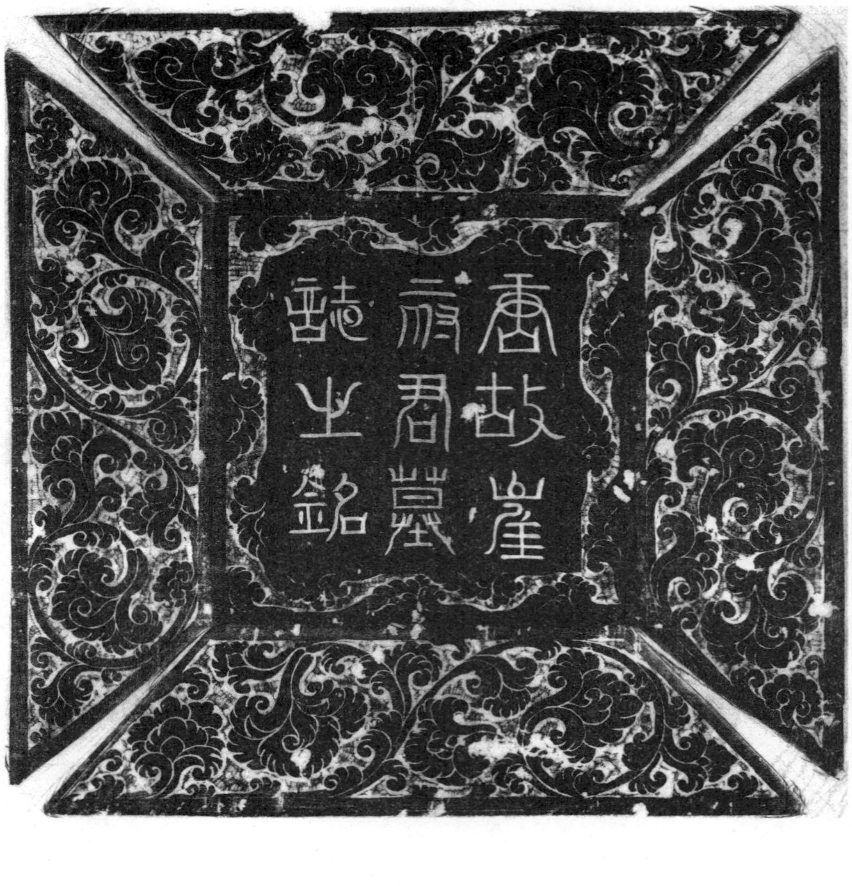

唐故益州綿竹縣令崔君墓誌銘并序

公諱玄泰，字玄泰，清河東武城人也。磻溪著匽周之績，上洛載高漢之風。亭伯道屈於長岑，季珪位跼於口尉。備諸惇史，可略而言。曾祖長謙，後魏冀州大中正、散騎常侍、聘梁使主、驃騎大將軍、南青州刺史。祖公華，北齊主客郎、宜州司馬。父大質，隨復州司兵參軍事。並儀表士林，聲動海内。公中和鍾粹，餘慶發祥。渥水呈姿，自應千里；丹山孕彩，居然五色。弱不好弄，長而博雅。言實身文，行爲士則。藉甚鄉黨，推重搢紳。俄舉進士，射策高第。解褐授益州新□縣尉。時唐文帝留心政要，以户部尚書鄭善果允若疇兹，臨遣黜陟。以公忠圄行己，清白遺家。操履殊尤，特申園薦。除雍州渭南主簿。甫職黄綬，遽維朱鉤。羅奸矯正，冰銷霧徹。尋准　制舉材堪百里，遷兖州鄒縣令。屬大總管鄖公張亮奉詞伐罪，圗轂遼陽。以公爲行軍判官，加勳上輕車都尉。遷□州平高縣令。子游絃歌，是稱前哲；孔璋書記，見重時人。兼之者公□。秩滿，隨牒授雍州長安縣丞，遷益州綿竹縣令。聲□輦轂，譽播岷邛。政化所歸，風謡載路。方冀灌壇顯用，中牟貴仕，而西□不留，東川遽閲。享年六十有四，以龍朔二年七月十日終於官舍。公操行絶人，文章動俗。風飈盈室，蘭桂芬懷。加以筮仕昇簪，效官從政。不言而化，無爲自肅。登山臨水，則琴酒留連；良談善謔，則友朋許與。昊天不吊，痛矣殲良。夫人隴西李氏，隨陽夏郡守武卿之孫，唐濟州刺史玄德之女。高門右地，天下所宗。婦德母儀，寰中獨立。鳳鳴於兆，初契臨淄之筵；龍劍斯亡，竟合延平之水。以貞觀廿年六月終於長安縣光德里第，春秋卌有二。粤以大周神功元年十月廿二日合葬於偃師縣北七里鳳停原，禮也。有子行温、行堅、行集等，並價重珪璋，識齊曾閔。慨趨庭之靡託，痛陟岵之無依。勒銘泉陰，庶久天壤。其詞曰：

烈山開緒，咨嶽疏苗。匡姬獻策，仕漢揚鑣。將軍才氣，遠薄雲宵。祖考德業，近映瓊瑶。君之誕靈，乃稱時秀。發地孤上，自天垂祐。文學淵深，道義海富。聿登宦牒，方成曾構。言求邦媛，允覿淑人。躬勤猶魯，作配方秦。聲馳九族，譽動六姻。同歸厚夜，痛此非春。鶴辨山塋，蛾結泉路。直開滕室，傍連武庫。秋葉疏晨，寒煙起暮。紀盛德之無泯，儻斯文之不蠹。

○四九　太原王君（招）墓誌

聖曆二年（六九九）八月九日葬。

誌文二十二行，滿行二十一字。隸書。誌長四十五厘米、寬四十四厘米。

班某撰。

太原王君墓誌

扶風班⊠

君諱招，字允猷，太原祁人□。其先圓靈王太子晉之後。既而乘鳧葉縣，玉京之□駕可期；哲鶴伊川，碧落之神□未遠。拾遺將參倒儹烈，竹林與梓澤連輝。代有□□，□略言矣。曾祖明，始州司馬。祖通，牛鞞令。聲雄三□，□懋一同。翊善之能，有流地望。毗贊之政，發自天□。□□李河間〔一〕之□親也。河間負譴嶲州，君因左降□□□。雖未一𨻶，終鄰八徙。恭惟詠□，亟積嘆槐。君少□□羈，長便持杖。令問令望，多藝多材。以資任安鄉主□，雖爲邑小，未盡所能。然覆逵勾稽，擒奸摘伏，亦六曹之綱紀也。旋赴西軍，效力同班超之定遠；樹勣玉門，均馬援之伏波。標功銅海，材高位下。天九有□傷逸迹，奇能亦一時之選也。嗟乎夢奠，俄次鑿巾。天不憖遺，哲幽□萼。粤以長壽二年歲次癸巳卒於汴州，春秋卌有□，□輀曉敞，圞露易晞。繐帳晨嚴，松風□勁。夫人安定皇甫氏，閨儀夙著，閫德攸歸。慶誕六男，誨逾三徙。匹韋謝之□玉，方荀賈之虎龍。豈謂積善無徵，風枝□□。青烏啓兆，白鶴來悲。粤以聖曆元年歲次戊戌卒，春秋卌有四。長子□賓等，茹荼食蓼，躃踐攀號。□自隳賜，殆□滅性。粤以大周聖曆二年歲次己亥八月壬子朔九日庚寅窆於合宮縣平樂北邙之原，禮也。風搖去翣，□擁行輀。夜□幽隧，□古於□。□題□□，□播鴻休。

〔一〕「李河間」據《舊唐書》卷八二《李義府傳》，即李義府，封河間郡公。

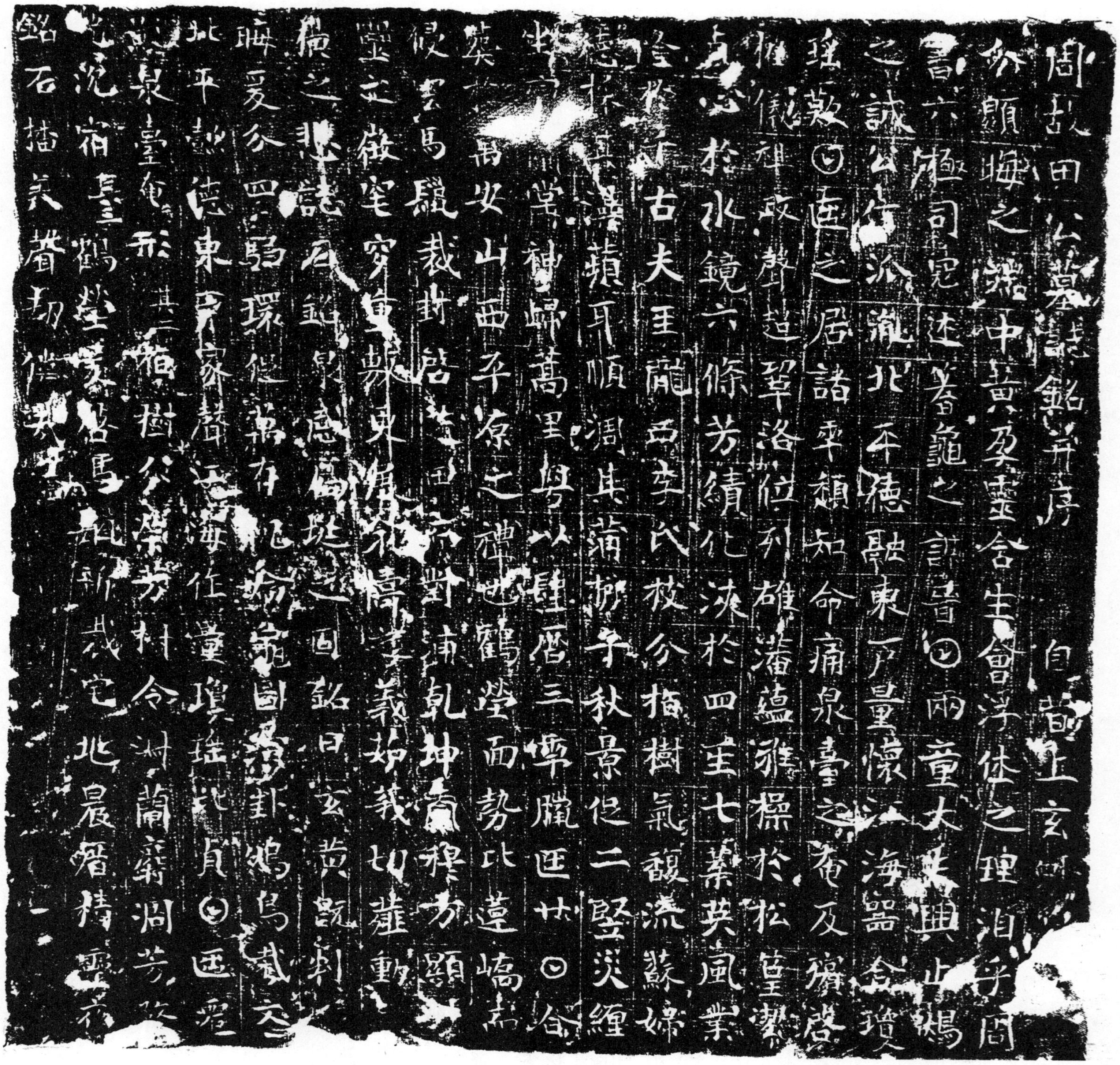

〇五〇　周故田公墓誌銘

聖曆三年（七〇〇）臘月二十日葬。

誌文十九行，滿行十九字。正書。誌長三十三・五厘米、寬三十三厘米。

周故田公墓誌銘并序

自昔上玄□□，□□分顯晦之端；中黄孕靈，含生會浮休之理。洎乎周書六極，司寇述蓍龜之謀；晉日兩童，大夫興止鵬之誡。公□派胤北平，德融東户，量懷江海，器合瓊瑶。嘆日月之居諸，年頹知命；痛泉臺之奄及，殯啓權儀。祖政，聲超鞏洛，位列雄藩，蘊雅操於松篁，潔貞心於水鏡。六條芳績，化浹於四人；七葉英風，業隆於千古。夫人隴西李氏，枝分指樹，氣馥流蘇。婦德採其藻蘋，耳順凋其蒲柳。千秋景促，二豎灾纏，坐□□堂，神歸蒿里。粤以聖曆三年臘月廿日合葬於萬安山西平原之禮也。鵠塋面勢，比蓮嶠而侵雲；馬鬣裁封，啓芝田而對浦。乾坤載穆，方顯□靈之徵；窀穸重敷，更展圂儔之義。茹莪切薤，動□横之悲；誌石銘泉，感扃埏之固。銘曰：

玄黄既判，□晦爰分。四騶環促，萬有帆淪。龜圖□卦，鵬鳥裁文。北平懿德，東户家聲。江海作量，瓊瑶比貞。日月遷影，泉臺奄形。其二。指樹分榮，芳椒令淑。蘭麝凋芳，□光沉宿。其三。鵠塋爰啓，馬鬣新裁。宅兆晨厝，精靈夜〔一〕。銘石播美，聲劫偉哉。其四。

〔一〕此處有闕字。

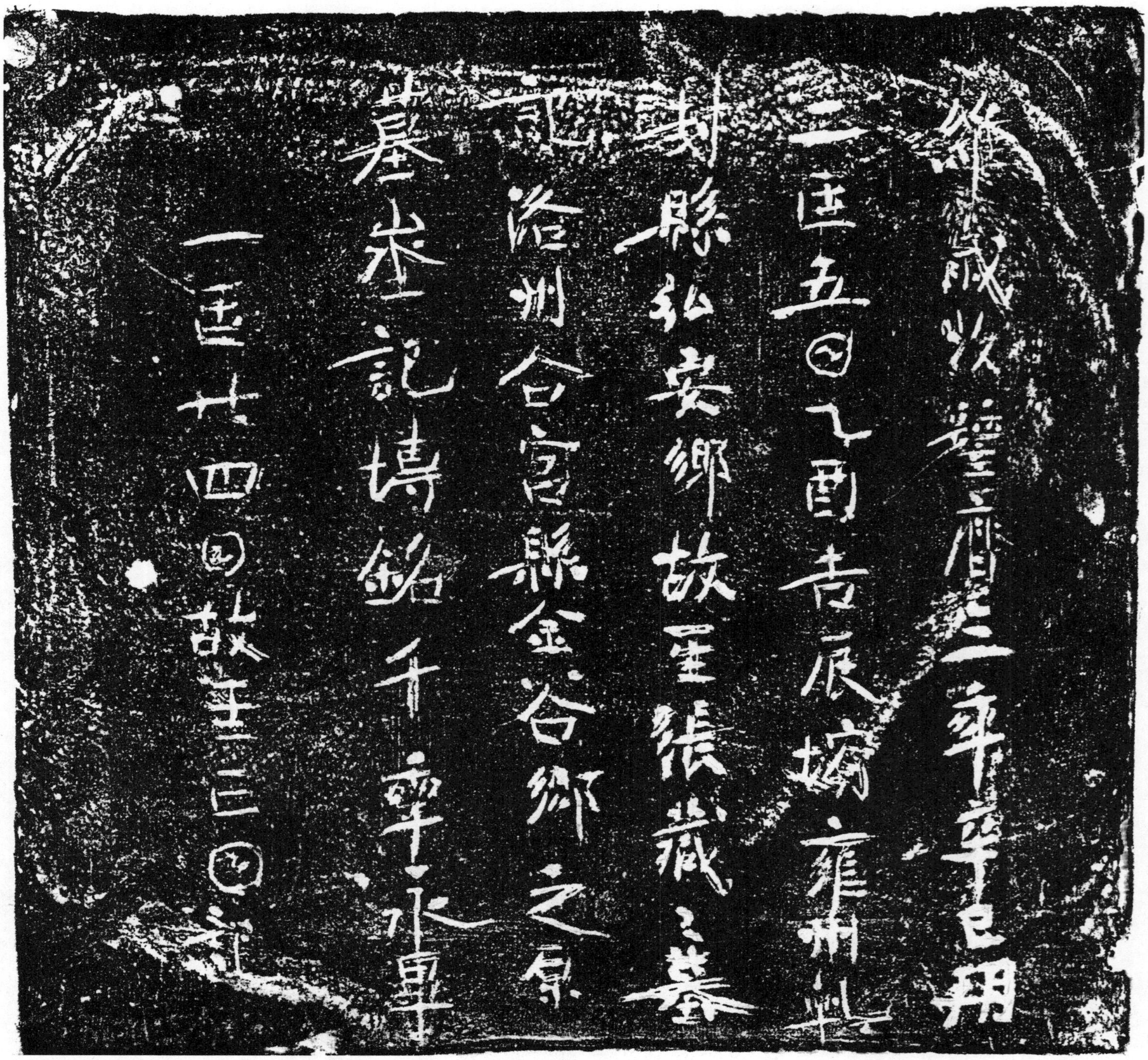

○五一　張藏藏墓記

聖曆三年（七〇〇）二月五日葬。

誌文六行，滿行十一字。正書。誌長三十三・五厘米、寬三十二厘米。

維歲次聖曆三年辛巳朔二月五日乙酉吉辰殯雍州乾封縣弘安鄉故人張藏藏墓記。洛州合宫縣金谷鄉之原，墓地記磚銘，千年永畢。

一月廿四日故人亡日記

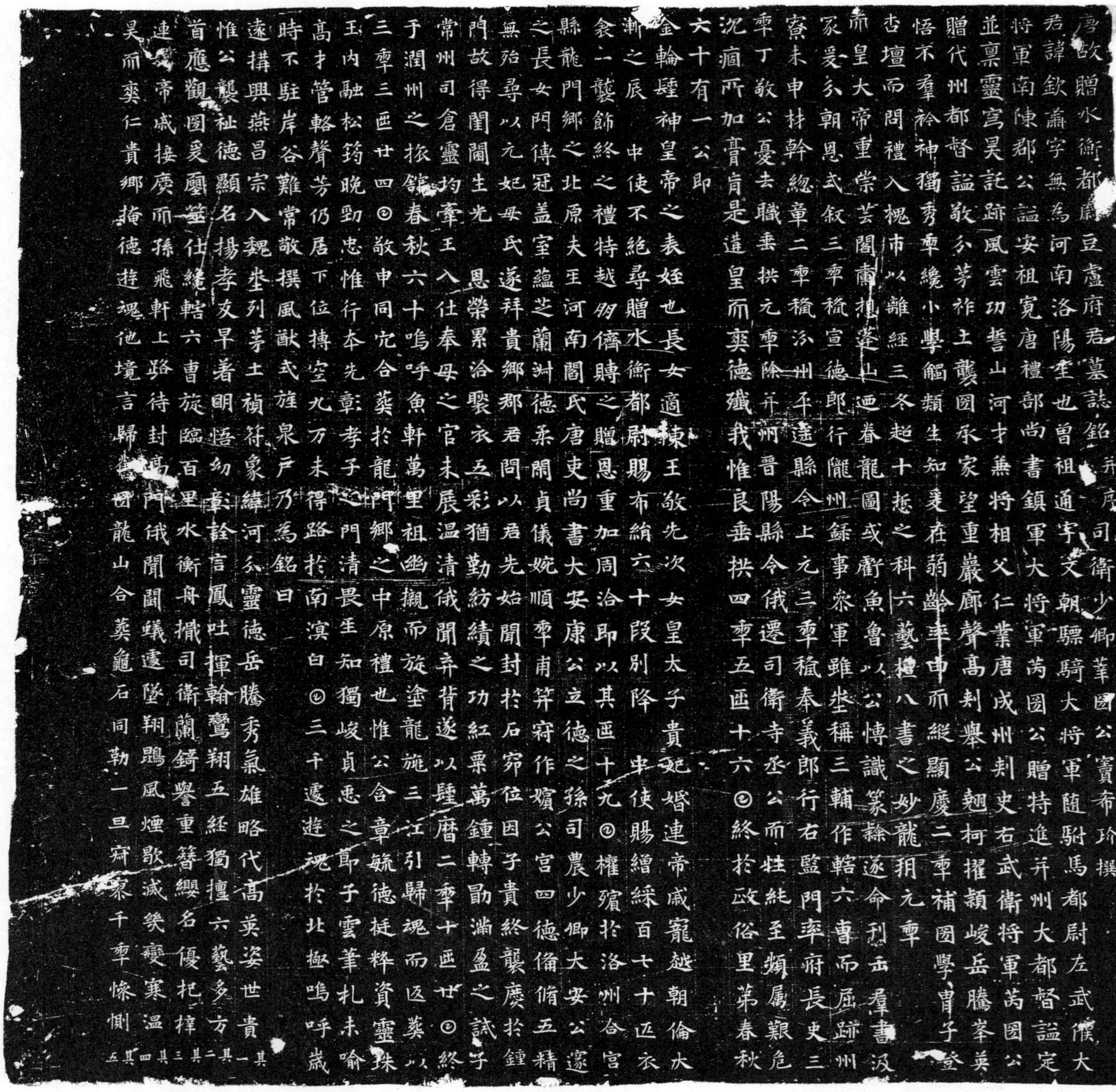

唐故贈水衡都尉豆盧府君墓誌銘并序　司衛少卿華國公竇希玠撰
君諱欽肅字無爲河南洛陽人也曾祖通字文朝驃騎大將軍隨駙馬都尉左武候大
將軍南陳郡公謚安祖寬唐禮部尚書鎮軍大將軍芮國公贈特進并州大都督謚定
並稟靈宮昊託跡風雲功誓山河才兼將相父仁業唐成州刺史右武衛將軍芮國公
贈代州都督謚敬公茅祚土襲國承家望重巖廊聲高刺舉公翹柯擢穎峻岳騰峯英
悟不羣裕神獨秀年纔小學齠齔生知爰在弱齡年甫十而縱顯慶二年補國學胄子登
杏壇而問禮入槐市以離經三冬超十哲之科六藝糟八書之妙龍朔元年
而皇大帝重崇芸閣甫摠蓬山西春龍圖或觚魚魯以公博識篆隸遂命刊正羣書汲
冢爰分朝恩式叙三年秩宣德郎行隴州録事參軍雖光稱三輔作轄六書而屈跡三州
寮未申材幹總章二年檢汾州平遥縣令上元三年檢奉義郎行右監門率府長史
年丁艱公憂去職垂拱元年除并州晉陽縣令俄遷司衛寺丞公而牲純至頻屬艱危
沈痾所加膏肓是遣皇而奕德殲我惟良垂拱四年五月十六日終於敦俗里第春秋
六十有一公即
金輪聖神皇帝之表姪也長女適秦王敬先次女皇太子貴妃婚連帝戚寵越朝倫大
漸之辰　中使不絶尋贈水衡都尉賜布絹六十段別降中使賜繒綵百七十匹衣
衾一襲飾終之禮特越彝儔賻之贈恩重加周洽即以其年十九日權殯於洛州合宮
縣龍門鄉之北原夫王河南閻氏唐吏尚書大安康公立德之孫司農少卿大安公遂
之長女門傳冠蓋室蘊芝蘭婦德柔閑貞儀婉順年甫笄而作嬪公宮四德備五精
無殆尋以元妃母氏遂拜貴鄉郡君問以君先始開封於石窌位因子貴終襲廣於鍾
門故得閨閫生光　恩榮累洽褧衣五彩猶勤紡績之功紅粟萬鍾轉勖湍盈之誡子
常州司倉靈均牽王入仕奉母之官未展温清俄聞弃背遂以聖曆二年十一月廿日終
于潤州之旅館春秋六十嗚呼魚軒萬里祖幽擸而旋塗龍旐三江引歸魂而返葬以
三年三月廿四日敬申同穴合葬於龍門鄉之中原禮也惟公含章毓德挺粹資靈珠
玉内融松筠晚勁忠惟行本孝子之門清畏王知獨峻貞恵之節子雲筆札未喩
高才管輅聲芳仍居下位搏空九万未得路於南溟白日三千遽遊魂於北極嗚呼哉
時不駐岸谷難常敬撰風猷式旌泉戶乃爲銘曰
遠構興燕昌宗入魏光列茅土禎符象緯河分靈德岳騰秀氣雄略代高英姿世貴其一
惟公襲祉德顯名揚孝友早著明悟幼彰詮言鳳吐揮翰鸞翔五經獨擅六藝多方其二
首應觀國爰齊筮仕纔轄六書旋臨百里水衡舟檝司衛蘭錡譽重簪纓名優杞梓其三
建　帝戚接庆而孫飛軒上路待封高門俄聞閻蟻遽墜翔鵾風煙歇滅綫褰寒温其四
昊而奕仁貴鄉掩德遊魂他境言歸舊田龍山合葬龜石同勒一旦窮泉千年愴惻其五

〇五二　唐故贈水衡都尉豆盧府君（欽肅）墓誌銘

聖曆三年（七〇〇）三月二十四日葬。

誌文三十一行，滿行三十三字。正書。誌長七十四厘米、寬七十三・五厘米。

竇希玠撰。

唐故贈水衡都尉豆盧府君墓誌銘并序

司衛少卿莘國公竇希玠撰

君諱欽肅，字無為，河南洛陽人也。曾祖通，宇文朝驃騎大將軍、隨駙馬都尉、左武候大將軍、南陳郡公，謚安。祖寬，唐禮部尚書、鎮軍大將軍、芮國公，贈特進、并州大都督，謚定。並稟靈穹昊，託迹風雲。功誓山河，才兼將相。父仁業，唐成州刺史、右武衛將軍、芮國公，贈代州都督，謚敬。分茅祚土，襲國承家。望重巖廊，聲高刺舉。公翹柯擢穎，峻岳騰峰。英悟不群，衿神獨秀。年纔小學，觸類生知。爰在弱齡，率由天縱。顯慶二年補國學胄子，登杏壇而問禮，入槐市以離經。三冬超十哲之科，六藝擅八書之妙。龍朔元年，　天皇大帝重崇芸閣，載想蓬山。迺眷龍圖，或虧魚魯。以公博識篆隸，遂命刊正群書。汲冢爰分，朝恩式叙。三年，授宣德郎、行隴州録事參軍。雖地稱三輔，作轄六曹。而屈迹州寮，未申材幹。總章二年，授汾州平遥縣令。上元三年，授奉義郎、行右監門率府長史。三年，丁敬公憂去職。垂拱元年，除并州晉陽縣令，俄遷司衛寺丞。公天性純至，頻屬艱危。沉痼所加，膏肓是遘。皇天爽德，殲我惟良。垂拱四年五月十六日終於政俗里第，春秋六十有一。公即　金輪聖神皇帝之表姪也。長女適陳王敬先，次女皇太子貴妃。婚連帝戚，寵越朝倫。大漸之辰，　中使不絶。尋贈水衡都尉，賜布絹六十段。別降　中使，賜繒綵百七十匹，衣衾一襲。飾終之禮，特越朋儕，賻之贈恩，重加周洽。即以其月十九日權殯於洛州合宫縣龍門鄉之北原。夫人河南閻氏，唐吏[一]尚書、大安康公立德之孫，司農少卿、大安公邃之長女。門傳冠蓋，室藴芝蘭。淑德柔閑，貞儀婉順。年甫笄冠，作嬪公宫。四德備脩，五精無殆。尋以元妃母氏遂拜貴鄉郡君。問以君先，始聞封於石窌；位因子貴，終襲慶於鍾門。故得閨閫生光，恩榮累洽。褧衣五彩，猶勤紡績之功；紅粟萬鍾，轉勖滿盈之誡。子常州司倉靈均，牽王入仕，奉母之官。未展温凊，俄聞弃背。遂以聖曆二年十月廿日終於潤州之旅館，春秋六十。嗚呼！魚軒萬里，祖幽櫬而旋塗；龍旐三江，引歸魂而返葬。以三年三月廿四日敬申同穴，合葬於龍門鄉之中原，禮也。惟公含章毓德，挺粹資靈。珠玉内融，松筠晚勁。忠惟行本，先彰孝子之門；清畏人知，獨峻貞臣之節。子雲筆札，未喻高才；管輅聲芳，仍居下位。摶空九萬，未得路於南溟；白日三千，遽遊魂於北極。嗚呼！歲時不駐，岸谷難常。敬撰風猷，式旌泉户。乃為銘曰：

遠構興燕，昌宗入魏。地列茅土，禎符象緯。河分靈德，岳騰秀氣。雄略代高，英姿世貴。其一。惟公襲祉，德顯名揚。孝友早著，明悟幼彰。詮言鳳吐，揮翰鸞翔。五經獨擅，六藝多方。其二。首應觀國，爰初筮仕。纔轄六曹，旋臨百里。水衡舟楫，司衛蘭錡。譽重簪纓，名優杞梓。其三。連□帝戚，接慶天孫。飛軒上路，待封高門。俄聞閗蟻，遽墜翔鵾。風煙歇滅，幾變寒温。其四。昊天爽仁，貴鄉掩德。遊魂他境，言歸舊國。龍山合葬，龜石同勒。一旦寂寥，千年慘惻。其五。

（一）此處疑闕「部」字。

〇五三　大周故五品孫燕國艾君（光嗣）墓誌銘

久視元年（七〇〇）五月葬。

誌文十八行，滿行十八字。正書。誌長、寬均四十七厘米。

誌蓋篆書：大唐故艾府君墓誌銘

大周故五品孫燕國艾君墓誌銘并序

君諱光嗣，字延族，燕國安次人。即牙門汪之五代孫也。原夫太守從政，方隆佐漢之基；將軍挺生，更著輔燕之績。詳諸簡牒，可略言焉。曾祖德，淶水令。司空遠望，憑寶氣而推心；夫子臨郊，聽琴聲而動色。祖劍客，襄邑令、潁州司馬。睢陽舊國，頳邑名區。始衣錦而亨鮮，遽牽絲而展驥。父敬質，魯府法曹。滿籯承訓，擢幹鄧林。揚歷昇朝，攀榮夢澤。君夙標岐嶷，早洽珪璋。淮陰市中，恥競少年之氣；平輿月下，唯聞長者之交。嗟乎！薤露易晞，草塵難駐。松茂柏悅，方期於歲寒；蕙嘆芝焚，忽纏於今古。以通天元年終於薊縣，以久視元年五月遷窆於韓城鄉之原。佳城日晚，想千載而難追；隴樹風生，臨九原而可作。銘曰：

本枝百代，寒松萬丈。慶緒氤氳，嘉聲昑響。筆海傍濬，詞峰直上。未復公侯，遽歸泉壤。青烏發兆，白鶴臨埏。佳城鬱鬱，神理綿綿。牙琴已斷，吳劍初懸。徘徊書帳，空見殘編。

〇五四　大周魏州司馬范陽盧君（璥）誌石文

久視元年（七〇〇）十月五日葬。

誌文二十八行，滿行二十九字。隸書。誌長、寬均八十九厘米。

徐彥伯撰。

大周魏州司馬范陽盧君誌石文

朝散大夫守給事中徐彦伯文

或問氏族之殊尤者，答曰：觀士譜衆矣。至若含淳曜之英，秉造化之精。龍鸞驤首，衡鉉弈世。吾見夫燕海之上有盧宗焉。君諱璥，字子瑜。十四代祖尚書府君諱植，名重漢籙。高祖徵士府君諱道亮，聲雄魏典。曾祖武陽府君諱思道，業綴隨册。祖率更府君諱赤松，速森唐誥。考湖州府君諱承禮，北地之潛鳳，南陽之卧龍。烏虖！家不乏賢，世濟其筭。方於群姓，則山嶽之嵩岱也。君克嗣永圖，邁種厥德。敷迪洪烈，光濟遠猷。履名而踐教，性達而心敏。沉吟凱風之章，餐咀闕門之訓，則無造次而怠焉。初以弘文館冑子擢甲科，授隨州司倉，又轉杭州司功。莫不藩后委政，衆寡仰式。俄膺搜薦，肅奉 帝謩。除句容令，惸鰥其蘇，豪猾惴恐。尋以内艱去職。服闋，授蘭溪令。又以湖州府君憂去職。累丁閔凶，柴毁孔棘，扶杖歐血，殆不勝喪。服闋，遷江陽令。州長以君偉謀竄智，泯誦盈口。兼令護江都縣事。寬猛惟中，政增前業，澤濡本邦，威慴鄰境。 天子負日月之扆，悦敦庬之教。遄降 璽言，載敭丕術。以尤異陟鄂令，尋加朝散大夫。悉心時政，徇圻賴勣。雖蒲密之宰，豹産之化，夫何遠歟？遷魏州司馬。端寀樹勣，冀方克乂。髫童尨叟，含訓嗞澤。猶海沂之歌王祥，耒陽之展龐統矣。於戲！皇天不惠，殲我哲人。樂旨君子，曷不眉壽？春秋六十有一，卒於官舍。公之將殁，有遺命曰：元精幽化，得之自久。若死而有知，猶吾心也。勿爲無益，以黷吾神。氣絶之後，速即歸葬，殮以時服，棺周於身，銅鐵繒彩，塗車芻靈，盡無所設。唯寫《孝經》一卷，示不忘吾本也。賢哉斯言，可謂永世灋矣。子微明、藏用等匍匐悴瘠，副膺沓欷，銜戴遺訓，奉而行之。嗚呼！孝子之事親終矣。夫人趙郡李氏，唐户部郎中行廉之長女。鍾秀秉徽，含貞抱烈。邦有其媛，家用緝熙。苕芳先秋，劍鋒終合。以庚子歲十月己酉[一]同窆於邙山之南原，禮也。君嘗撰《潤州記》及《書儀》竝行於世。稽鶩遺誥，甄綜士則，成一家之言。懿哉名速滿世，可謂殁而不朽矣。文曰：

於穆府君，承靈毓粹。如玉之剖，猶珠之媚。知微知章，克長克類。肅龔自室，景問登朝。坐翊藩部，休音孔昭。列宰於邑，俾民作謡。 天子曰俞，錫爾朱服。且有後命，副我雄牧。運促道遐，往歌來哭。旐縈河冀，輴入轘轅。山抱碑石，松橫墓門。送終維薄，考葬無煩。哀哀孝子，謹述遺言。

〔一〕庚子歲當爲武周久視元年（七〇〇），十月己酉爲十月初五日。

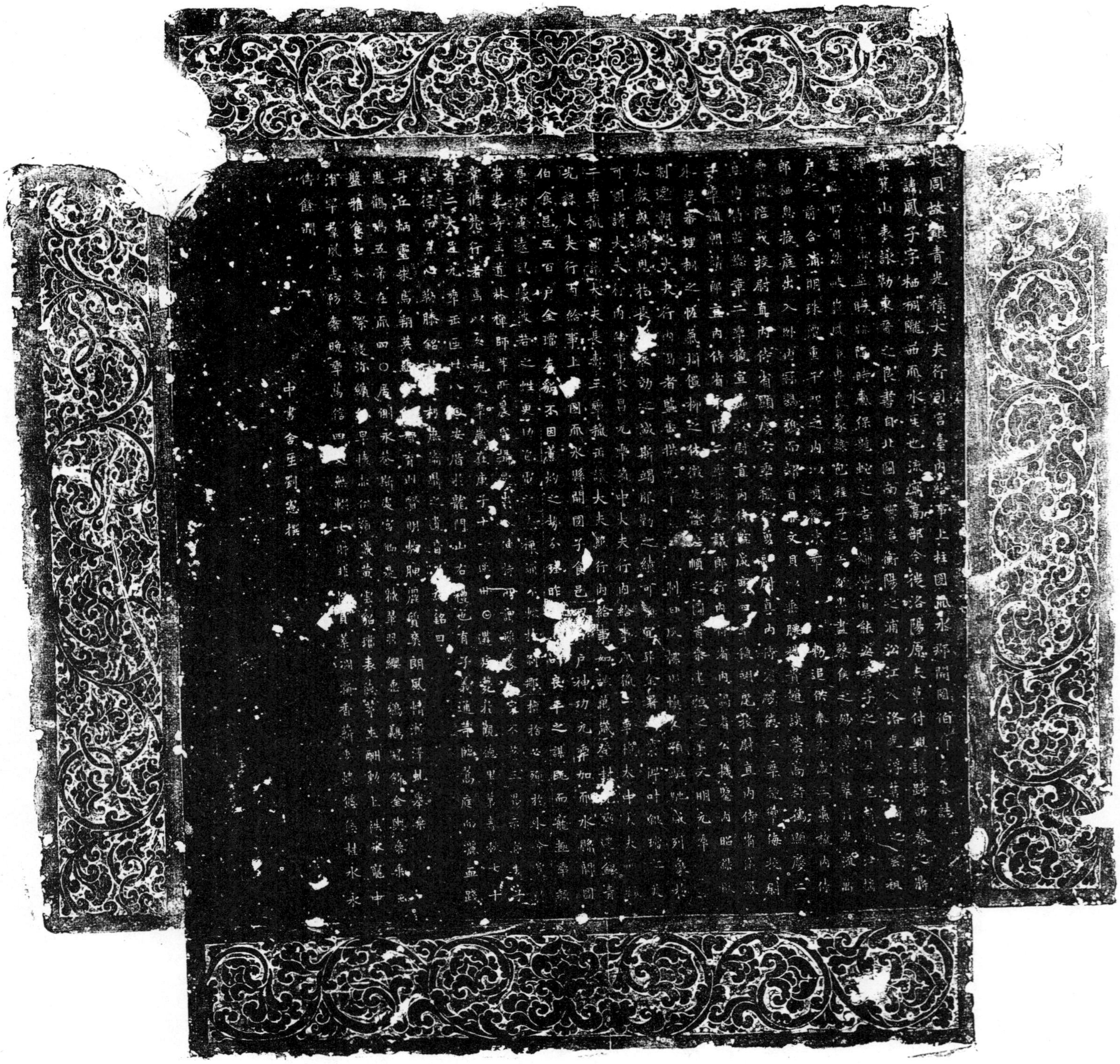

○五五　大周故銀青光禄大夫行司宫臺内給事上柱國天水郡開國伯符君（鳳子）墓誌

大足元年（七〇一）正月二十八日葬。

誌文二十八行，滿行三十二字。正書。誌長八十七厘米、寬八十六・五厘米。

劉憲撰。

誌蓋篆書：大周故符君墓誌之銘

大周故銀青光禄大夫行司宮臺内給事上柱國天水郡開國伯符君墓誌并序

公諱鳳子，字栖桐，隴西天水人也。流寓高部，今徙洛陽。原夫草付興謠，跱西秦之鼎業；箕山表詠，勒東晉之良書。自北圖南，響溢衡陽之浦；沿江入洛，光浮蒼疁之雲。祖諱□。父諱寶。並晦迹隨時，載保龍蛇之吉；潛輝懷道，能安君子之貞。公宅粹離津，摛靈婺野。自然岐嶷，夙表專良。篆隸包程子之工，紙墨盡蔡侯之妙。鬱林翠羽，光流萬户之前；合浦明珠，價重午門之内。以貞觀末年，　勑追供奉。永徽三載，授内侍郎。棲息掖庭，出入卧内。冠駿鸃而耀首，服文貝以垂腰。禮貴趙談，榮高籍孺。顯慶二年，授陪戎校尉、直内侍省。顯慶六年，授仁勇副尉、直内侍省。麟德二年，授禦侮校尉、直内侍監。總章二年，授宣節校尉、直内侍監。咸亨四年，授翊麾校尉、直内侍省。儀鳳二年，授朝請郎、直内侍省。永隆二年，授奉議郎、行内侍省内謁者。公機鑒内昭，謀猷外設，審埋桐之怪氣，辯僵柳之休徵。先懷立順之圖，首參建桓之策。文明元年，　制遷朝散大夫、行内謁者監。垂拱元年，　制曰：「夙標周慎，久預驅馳，咸列象於太微，或緣恩於長□。展效之誠斯竭，服勤之績可稱。宜昇金署□榮，俾叶銀璫之美。可朝請大夫、行内給事。」永昌元年，授中大夫、行内給事。天授二年，授太中大夫。天授二年，授通議大夫。長壽三年，授正議大夫，並行内給事如故。萬歲登封元年，遷銀青光禄大夫、行内給事、上柱國、天水縣開國子，食邑四百户。神功元年，加天水縣開國伯，食邑五百户。金璫左貂，不因薰灼之勢；分珪昨□，□叶良平之謀。既而寵極年頹，憂深慮遠，夙懷波若之性，更切泡電之危。禪誦不輟於刹那，檀捨必殫於外命。常於崇先寺主道林禪師等所晨昏攝受，出入傳持。所謂雖處居家不著三界，示有妻子常修梵行者焉。以久視元年歲在庚子十一月卅日遘疾薨於觀德里第，春秋七十有二。大足元年正月廿八日安厝於龍門山右，禮也。有子義通等，臨蒿庭而灑血，踐蓼徑而息心。勒滕銘於不朽，庶衛鼎之遺音。乃爲銘曰：

丹丘炳靈，朱鳥翔英。蘊□□智，育此賢明。敷腴麗質，爽朗風情。漸澤虬舉，乘恩鸖鳴。五帝在天，四星居側。永巷斯處，宮卿是職。翠羽纓垂，駿鸃冠飾。金輿參乘，玉盤推食。土木交際，祲沴繽紛。早懷赤伏，預識黄雲。貂璫表德，茅土酬勳。上秩承寵，中涓罕群。夙志防奢，晚年篤信。四□無輟，七財非吝。貝葉凋霜，香薪委燼。悠悠桂水，永傳餘潤。

中書舍人劉憲撰

○五六　大周故朝請大夫隨州長史上輕車都尉李府君（自勗）墓誌銘

長安二年（七〇二）五月三十日葬。

誌文三十三行，滿行三十三字。正書。誌長、寬均七十厘米。

誌蓋篆書：大周故朝請大夫隨州長史李府君墓誌

大周故朝請大夫隨州長史上輕車都尉李府君墓誌銘并序

公諱自勗，字脩己，趙郡欒城人也。長瀾遠派，因食李而疏源；開國承家，始惟桑於分晉。左車名將，柱史真人，西遊開道德之宗，東坐定興亡之術。平原君之賓客，人實英奇；趙簡子之城池，地多軒蓋。時推著姓，不亦宜乎。 曾祖聿，齊羽林監、明遠將軍、晉州長史、廣平伯。 祚放之，隨開府行參軍事，早卒。天街既列，即示軍容；時望攸歸，始參卿事。竹符匡化，政成三晉之郊；桑井呈灾，先赴九原之路。 父公淹，唐吏部員外郎、禮部右司二郎中、使持節渭建二州諸軍事、二州刺史。青蒲伏奏，仰辰象而聯暉；白茅分土，裂河山而作鎮。 公即使君之元子也。天姿卓絶，地望膏腴。豈徒州縣之勞，將復公侯之始。起家 太武皇后挽郎，解褐右虞候率府倉曹參軍、右監門府兵曹參軍。椒房晚晦，攀鳳紼於松阡；文衛晨嚴，奉魚鈐於 紫禁。調隆州蒼溪縣丞，轉鄭州密縣令。賓渝故俗，且毗銅墨之榮；虢鄶餘人，喜得絃歌之宰。除虢州弘農縣令，丁内艱去職。瞻星載赴，望境窮號，毁骨殆不勝喪，泣血幾於滅性。服闋，補太子僕寺丞，遷太府寺丞。仙騑聖皂，公孫太僕之班；九府三錢，天子内官之職。旋以清規簡帝，峻節聞天，連雲奏議之曹，列宿神仙之署。寔難其選，僉曰汝諧。擢膳部員外郎。正身而仕，直道而行。還以臺郎出補縣宰，除洛州偃師令。奉使潭衡，採金稱 旨。拜朝散大夫，授光禄寺丞。景亳湯池，沅湘楚澤，按輶軒於北渚，褫鳬舄於東周。寵錫紫泥，位參丹棘。除幽州都督府司馬，轉隨州長史。漢東隨國，復聞康樂之歌；薊北燕墟，重睹海沂之詠。幽并騎射，歸舊業於農桑；江漢黎元，不偷生於呰窳。雄豪屏氣，吏人胥悦，愛同父母，畏甚神明。由是召伯甘棠，於今勿剪；馮君大樹，竟不論功。嗚呼！方冀曳組君前，遥識尚書之履；豈謂昇簪天上，遽歸京兆之魂。以載初元年歲次己丑六月五日遘疾卒於隨州官舍，春秋七十有三。重惟硌硌神襟，森森智宇。離堅辯異，折挫談端。顧鵲迴鸞，崩騰筆抄。忠基孝緒，形見於家國；直氣鯁詞，紛綸於圖史。悽遑郡縣，從宦滯於騎牛；倚伏吉凶，傷命同乎嘆鵩。 夫人滎陽鄭氏先亡， 父龍。蓋坤儀女則，虔誠採幽澗之蘋；白日黄泉，攀折限春亭之樹。陶門獨鶴，每孤怨於琴臺；延津二龍，會雙沉於劍水。粤以大周長安二年歲次壬寅五月卅日景申合葬於邙山舊塋，禮也。營丘返葬，防山共墳，起伏崗阜之形，左右虎龍之應。森疏松檟，肅以成列，淒斷風煙，悠然遂古。嗣子隨州司法參軍全確旻穹標思，霜露凝哀，永懷遷祔之儀，敬奉鄒衢之禮。將恐地平陵谷，水淺蓬萊，紀玄猷於絶壤，圖翠琰於泉臺。銘曰：

仙雲帝族，真氣靈苗。輔嬴師漢，並禹匡堯。業隆封拜，績著宗祧。崐丘琬琰，巨壑波潮。其一。祖業無忒，家聲載揚。高門毓慶，盛德傳芳。殊姿卓犖，偉狀昂藏。討論墳典，利用賓王。其二。翊化岷峨，鳴絃虢鄶。魯恭善政，鄭僑遺愛。彈冠省闥，題輿燕代。南北東西，推遷年載。其三。單車適楚，素蓋歸周。山河迴互，人事虚浮。草短逾積，松長更幽。窮郊苦月，定不宜秋。其四。營丘返葬，防山共墳。人生到此，天道寧論。合蛟龍之二劍，下鸞鶴之雙魂。感藏舟於夜壑，刻方石於泉門。其五。

○五七　大唐故衛州新鄉縣令崔府君（岳）墓誌銘

長安三年（七〇三）二月二十八日葬。

誌文三十七行，滿行三十六字。正書。誌長七十二厘米、寬七十厘米。

某太玄撰。

誌蓋篆書：大唐故衛州新鄉縣令崔府君墓誌之銘

大唐故衛州新鄉縣令崔府君墓誌銘并序

粵若炎皇作極，姜水導其靈源；太師維垣，營丘宅其曾構。第分茅而錫社，迺自國而爲家。騆瑗價重於東都，洪贊名高於西晉。自太和撫運，人物資始。時稱鼎族，世挹卿門。載德象賢，公侯必復。 公諱岳，字固山，博陵安平人也。 曾祖纂，後魏辟太學博士、給事中、領尚書三公郎中、洛陽縣令、安平縣開國子。垂絳帳於環林，曳朱纓於瑣闥。踐文昌而起草，瀟赤縣而鳴琴。 烈祖⿰飠夬，北齊通直散騎侍郎、義陽太守。金貂入侍，已光獻納之規；銅虎分符，即重股肱之寄。 穆考世立，隨大都督、邳州長史、大理少卿。題輿底績，嘯士元於後塵；平讞銷冤，坐于公於散地。 公韞常山之精，降寶符之靈。業備生知，道幾性與。方池産玉，符彩射人；叢桂生風，芬芳襲予。參乎避席，資敬愛以揚名；鯉也趨庭，聞詩禮而貽訓。高才博學，下筆成章。曰自妙年，首膺嘉辟。以孝廉舉射册甲科。唐貞觀十五年，解褐延州臨真縣尉。尋轉益州新都尉。秩滿，補雍州新豐縣尉。沉迹下僚，頻遊劇縣。棼絲坐理，錯節洞開。捧檄隨班，代耕爲養。卑棲戢翼，寄通而已。永徽賀虜不庭，興師致討。有 敕命 公爲行軍鎧曹，投筆揮戈，克宣戎略，料敵制勝，君有力焉。凱旋，授上騎都尉。時朝議諷君爲殿中侍御史，君執性介直，知世所不容。便韜遜自免，人亦不能羈也。顯慶三年，調補衛州新鄉縣令。君隨牒下車，推恩篤俗。倉廩既實，禮節攸興。路不拾遺，耕者讓畔。俾及期月，風化大行。其年致嘉禾九莖，異畝同穎。蒼烏反哺，翔集階庭。其後復有甘露連宵，流澍卉木，犬牙外境，則所不霑。迺承以玉盤，謁 闕進獻。 恩旨褒異，賜上下考焉。雖馴雉還蝗，無以尚也。嗟乎！數奇運舛，才命難并。年未逮於庚申，夢忽徵於辰巳。以龍朔三年四月卅日終於官舍，春秋五十有三。闔境纏慕，羣吏銜冤。痛甚輟春，哀同罷市。嗚呼哀哉！惟 公敬愛冥至，忠貞暗得。閨庭雍睦，群族同炊。坐有勝賓，家無常子。雅好絲竹，託情觴詠。遒文逸興，閑王蕭然。芳樹春朝，極林泉之賞契；菊潭秋月，盡琴酒之佳遊。凡所製述，多不編次，傳諸好事，蓋數百篇。足以流播管絃，貽諸緗素矣。悲夫！屈迹下鄉，太丘之遺風可想；降行小邑，武城之餘烈在人。允所謂貞明有融，高朗令終。其爲人之師範歟！ 夫人范陽盧氏，齊給事中纂之孫也。 夫人夙禀賢明，三從有禮，年甫及字，四德來嬪。敬事舅姑，恭承君子。佩帨無替，琴瑟斯和。至若組紃澣濯之勤，蘋藻酒食之饋，莫不親運心力，躬行執持。加以鞠育孤惸，諧和戚屬。閨帷流譽，中外歸仁。有四女三男。訓誨兼至，於是七篇作誡，三徙求鄰，可謂女德母師，有才有行者也。以垂拱四年十月八日遘疾終於洛州平恩縣之客館，春秋七十有三。然昔歲云亡，闔棺異縣，並從藁葬，未安窀穸。今徙舊殯，永厝新塋。粵以長安三年龍集癸卯二月既望廿八日庚申合葬於洛州永昌縣萬安鄉偏橋村之原，禮也。嗣子巨源，陟岵屺而無追，號天地而靡訴。冀旌不朽，見託爲銘。太玄昔忝世親，早承雅眷。顧慚玉潔，竊敢冰清。仰池綍而難攀，想容衣而增慕。敢陳盛烈，永勒佳城。其銘曰：

赤精誕粹，紫臺貽祉。胙啓一匡，功高四履。軒冕遞襲，公侯疊軌。表海惟清，傳鉤未已。其一。安平開國，臺閣流芳。義陽作守，股肱惟良。大理平讞，高門載昌。乃祖乃父，爲龍爲光。其二。我有家風，世推門閥。顯允君子，含章濬發。鳳起詞條，麟探義窟。趙日披雲，黃陂鑒月。其三。署行議年，揚庭筮仕。始佐三邑，終遊百里。水入冰壺，泥從玉璽。甘露凝液，蒼烏效祉。其四。彼蒼者天，殲我明賢。迴飈促電，閱水催年。長埋謝玉，永絶游絃。輟春罷相，泣涕漣漣。其五。懿哉令淑，邦家之輝。三從有禮，百兩言歸。義諧琴瑟，德茂閨闈。魚山再見，龍劍雙飛。其六。白鶴開墳，青烏襲吉。玉棺掩隧，佳城寢日。北瞰笙歌之浦，南對神仙之室。俾盛德與清徽，宅坤元而永畢。其七。

大周長安三年歲次癸卯二月癸巳朔廿八日庚申

〇五八　大周褒州刺史故王君（瞻）墓誌銘

長安三年（七〇三）四月十八日葬。
誌文十六行，满行十七字。正書。誌長、寬均三十七厘米。
原石藏洛陽張存才唐誌精品館。
誌蓋篆書：王君誌銘

大周褒州刺史故王君墓誌銘并序

君諱瞻，字名德，望出太原，派流伊洛，譜諜詳矣，可略言焉。齊許州司馬之孫，唐楚州鹽城縣令之子。君以温恭爲基，儉讓爲德。亭亭翠柏，俄登皓鬢之秋；鬱鬱貞松，奄至駘眉之歲。去長安二年，制㘝授褒州刺史，以長安三年歲次癸卯三月壬戌朔十八日卒於私第，春秋八十有六。夫人梁氏，漢高士伯鸞之胄也。前歸厚夜，何痛如之。即以其年四月十八日合葬於龍門北平原之禮也。嗣子懷智等，號蒼穹以永别，俯寒泉而憎咽。爰勒斯銘，乃爲銘曰：

係陳仙胄，代秀芳苗。霜規迥掞，風格孤標。其一。挺兹英哲，聿光韶令。越自齠年，言行惟正。其二。桂芝延壽，嚚滓長辭。金烏曉謝，珠𡆠俄晞。其三。靈輀儼駕，祖載輕馳。嗟夫逝者，魂去何之。其四。

○五九　大周太子左春坊藥藏局丞郭君（子遠）墓誌

長安四年（七〇四）六月十八日葬。

誌文二十二行，滿行二十二字。正書。誌文長四十三・五厘米、寬四十二厘米。

誌蓋篆書：大周故郭府君墓誌銘

大周太子左春坊藥藏局丞郭君墓誌并序

君諱子遠，京兆藍田人也。夫錫土命氏，則軒轅之子孫；開國承家，乃林宗之甲胄。其後枝芳玉葉，條秀金柯。紀盛德於人倫，馳聲東國；振芳猷於稚子，揚名北晉。曾祖謙，任藍田令。銅章濟俗，職耀亨鮮。墨綬臨人，材光製錦。祖璀，□王文學。明月澄暉，侍宴西園之夜；清風蕭颯，曳裾東閣之辰。父玄素，性好琴罇，志耽墳籍。每以煙霞自許，風月相高。困事王侯，婆娑鄉曲。君總角之年，授青囊之秘奧；弱冠之歲，覽赤烏之妙籙。神農本草，探究精微。黄帝明堂，備該孔穴。諸經神咒，洞曉梵音。凡是鬼神，必能摧伏。君之藝園，遠近知聞。永昌元年，　敕追供奉。特垂　玄渙，爰降天文。授將仕郎，直殿中省尚藥局。劬勞　丹陛，綿歷□寒。侍衛　紫庭，幾移灰琯。遷朝散、行太子左春坊藥藏局丞。業盛龍樓，妙獲倉公之伎；藝優鶴禁，雅得華他[一]之術。俄而灾纏二豎，痛切兩楹。悲薤露而延悲，嘆逝川而長嘆。君春秋五十有一，卒於敦厚里之私第。以長安四年六月十八日葬於洛陽北步鄉之原，禮也。青烏卜兆，實惟河洛之郊；白鶴開塋，即是邙山之地。嗚呼哀哉！哲人謝矣，世事將捐。紀功貞石，表迹芳年。共山河而永固，與日月而長懸。乃爲銘曰：

少典之子，昌意之孫。奄辭代務，□變遊魂。人事如此，天道寧論。白楊早落，青草徒曛。雲愁列樹，月闇孤墳。一朝逝没，萬古悲君。斯人喪矣，紀德猶存。

（一）「他」當爲「佗」之訛誤。

○六〇　大唐故德州長史崔君（静）墓誌銘

神龍二年（七〇六）十月十四日葬。
誌文三十行，滿行三十字。正書。誌長、寬均五十三厘米。
盧倘撰。

大唐故德州長史崔君墓誌銘并序

君諱静，字務道，博陵安平人也。晉吏部尚書洪之十一代孫。其先虞命秩宗，周師尚甫。齊侯别子，受邑於崔。長岑累葉，揚名於漢。慶緒綿遠，光靈相屬。高祖延伯，後魏豳涇荆并四州刺史、金紫光禄大夫、左衛將軍，贈使持節車騎大將軍、儀同三司、定州刺史、司空、新豐武烈公。高勳鴻烈，祠於大烝。曾祖丘山，北齊輔國將軍、山陽郡守。緯武經邦，銘諸彝鼎。祖公逸，北齊開府參軍，隨兼泗州司馬。禮樂之器，海沂以康。父善操，隨梁郡宋城縣長。黼藻厥德，神明其政。君承代業之淳懿，禀靈和之粹精。孝友温仁，曜白華之潔；清機爽邁，賾黄中之□。博覽群籍，富梁相之五車；傍貫多才，妙楚臣之七札。隨有昏政，天下横流。迺就養閨門，客居梁郡。屬天祚有德，鼎遷於唐。九州同風，八紘頓綱。武德四年，黜陟使柳濬擬君陳州扶樂縣尉，任環又擬兼潁州汝陰縣□。貞觀三年，省授始州普安縣尉。踠驥於庭，棲鸞在枳。轉冀州司功參軍，又轉袁州録事參軍。衡巫宣績，河冀有聲。許劭則精鑒人倫，范滂迺允齊風俗。遷大理寺主簿。甄集舊章，削除苛制。將欲總于公之休稱，繼吕侯之絶業。雖義形讜言，而道屈卑位。永徽中，轉洛州司法參軍。束矢考直，鈞金議堅。克平秋憲，以佐河尹。加通直郎，行司農寺主簿。奉 敕爲河南、江南五十州造船副使。分九扈之職，正三農之賦。川交舳艫，利盡江海。龍朔二年，變革臺寺，改爲司稼寺主簿。又奉敕爲神丘道行軍騎曹參軍。三年軍還，授朝議郎，重行司稼寺主簿。雖位不充量，每恬如也。尋丁太夫人憂，凱風永慕，棘人惟欒。乾封元年，以軍功授護軍。三年，拜德州長史。化行趙服，譽滿河甸。洗塵幘以矯時，留屏星而正色。藴耆儒大雅之器，總洽聞貞固之材。方調飪實，以熙王道。而日昃之離，徂陰不借。以咸亨二年七月廿六日終於官第，春秋七十有五。夫人滎陽鄭氏，曾祖伯猷，後魏國子祭酒、壽張獻侯。祖藴，北齊陽夏郡守。父崇文， 皇朝宣城縣令。□裳代禄，閨閫嬪儀。淑行克昭，内言貽範。永淳二年二月終於河南縣脩善里。以神龍二年十月十四日合葬於偃師西廿五里邙山之陽，禮也。枕東國之煙郊，掩北原之泉穸。敢揚懿範，式刊沉石。其詞曰：

蒼兕曜武，彫龍炳文。典册垂則，戈鼎銘勳。慶靈載誕，英英冠群。瑶林比潔，蘭薄齊芬。珪璋内備，鼓鍾外聞。翹車降禮，濯纓登位。道存安卑，功宣明試。緬臨楚服，迺佐河冀。天憲是司，國刑不貳。嘉賓入幕，士元展驥。鴻儀始漸，鶴鼎方臨。夜豎驚夢，陽烏巢陰。粲彼嬪德，和如瑟琴。昭代俱謝，泉臺共沉。千秋白日，無忘德音。

右補闕范陽盧備文

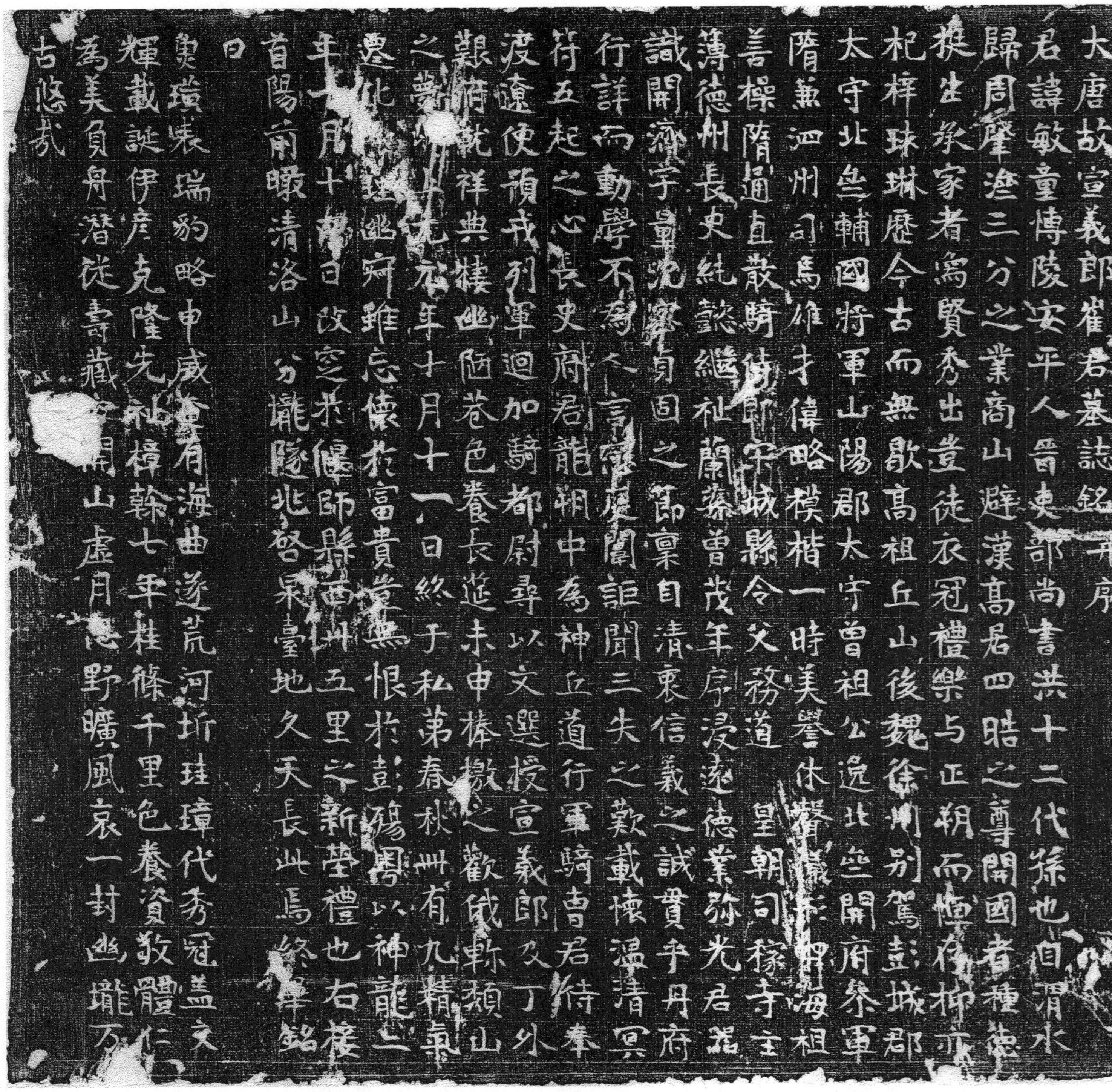

〇六一　大唐故宣義郎崔君（敏童）墓誌銘

神龍二年（七〇六）十月十四日葬。

誌文二十三行，滿行二十三字。正書。誌長、寬均四十五厘米。

誌蓋篆書：大唐故崔府君墓誌銘

大唐故宣義郎崔君墓誌銘并序

君諱敏童，博陵安平人。晉吏部尚書洪十二代孫也。自渭水歸周，肇滲三分之業；商山避漢，高居四皓之尊。開國者，種德挺生；承家者，象賢秀出。豈徒衣冠禮樂，與正朔而恒存；抑亦杞梓球琳，歷今古而無歇。高祖丘山，後魏徐州別駕、彭城郡太守，北齊輔國將軍、山陽郡太守。曾祖公逸，北齊開府參軍，隨兼泗州司馬。雄才偉略，模楷一時；美譽休聲，儀形四海。祖善操，隨通直散騎侍郎、宋城縣令。父務道，　皇朝司稼寺主簿、德州長史。純懿繼祉，蘭蓀曾茂。年序浸遠，德業彌光。君器識開濟，宇量沉密。貞固之節，稟自清衷；信義之誠，貫乎丹府。行詳而動，學不爲人。言戀庭闈，詎聞三失之歡；載懷温凊，冥符五起之心。長史府君龍朔中爲神丘道行軍騎曹。君侍奉渡遼，便預戎列。軍迴，加騎都尉。尋以文選授宣義郎。及丁外艱，俯就祥典，棲幽陋巷，色養長筵，未申捧檄之歡，俄軫頽山之夢。以上元元年十月十一日終於私第，春秋卌有九。精氣遷化，□埋幽寂。雖忘懷於富貴，豈無恨於彭殤。粤以神龍二年十月十四日改窆於偃師縣西卅五里之新塋，禮也。右接首陽，前瞰清洛。山分壟隧，兆啓泉臺。地久天長，此焉終畢。銘曰：

魚璜表瑞，豹略申威。奄有海曲，遂荒河圻。珪璋代秀，冠蓋交輝。載誕伊彥，克隆先祉。樟幹七年，桂條千里。色養資敬，體仁爲美。負舟潛徙，壽藏□開。山虚月□，野曠風哀。一封幽壟，萬古悠哉。

○六二一　大唐故正議大夫廓州刺史積石軍大使上柱國襄陵縣男王公（仲玄）墓誌銘

景龍二年（七〇八）九月一日葬。
誌文三十一行，滿行三十一字。隸書。誌長、寬均七十三厘米。
原石藏洛陽龍門博物館。
誌蓋隸書：大唐故廓州刺史襄陵縣男王公墓誌銘

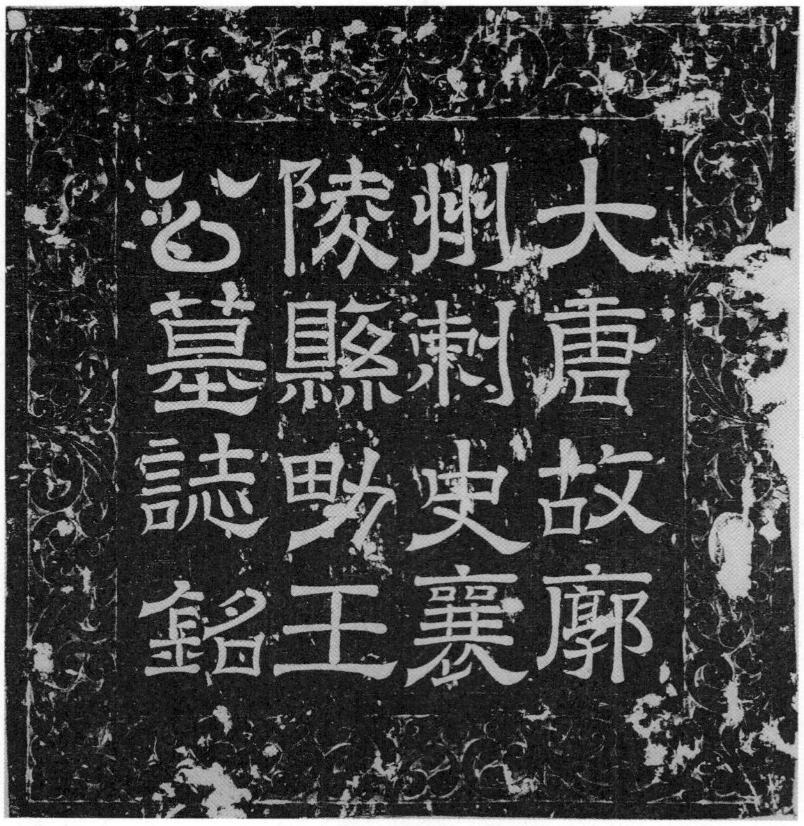

大唐故正議大夫廓州刺史積石軍大使上柱國襄陵縣男王公墓誌銘并序

公諱仲玄，字知道，琅耶臨沂人也。　曾祖仕德，隨金紫光禄大夫，萊、牟等州刺史。自兹厥後，因家於萊州黄縣。姬旦卜洛之地，肇啓仙宗；郭璞筮淮之後，克昌令族。祖幹，　皇朝使持節濰州諸軍事、濰州刺史。東萊發迹，觀逸驥之循途；北海專城，美伏熊之在軾。父弘納，泗州長史、任存道總管。屈陳蕃之雅量，俯蒞題輿；負荀彧之奇謀，還司戎律。公攢芳褒谷，孕彩琨峯。爲器則可以接神，爲材則可以隆棟。賈山之涉獵經史，不作醇儒；王濬之指畫門庭，擬容長戟。韜鈐暗達，豈獨巨源；推步自明，寧唯翼奉。起家右武衛祐川府左果毅都尉、上柱國。永隆元年，加游擊將軍，尋奉　敕充嵐州道討擊使。臨軒授鉞，　大君任切於三邊；因孤擊虚，健將智兼於七縱。其年四月廿九日，封襄陵縣開國男，食邑三百户。百揆時叙，五就寵優。周制斯皇，漢封逾重。光宅元年十一月十一日　制除右鷹揚衛翊府右郎將，尋充陽曲道副總管，賜袍帶雜綵等。路出忻、代，時逢寇賊。彼衆我寡，制勝須務於先聲。大總管淳于處平輕敵敗亡，回溪復聞於垂翅，坐此免職。尋而貶授右衛正平府折衝都尉，瓜、肅等州檢校兵馬。又於齊、濟、淄、青等八州簡募，往幽州討孫萬斬。加明威將軍，除右衛柏林府折衝都尉，仍留長上。賜錦褾袍及衣裳一副，雜綵一百五十段、金銀器十事。李忠受賜於光武，蔑以加焉；鄭吉都護於車師，豈徒然矣。聖曆三年，授太中大夫、使持節廓州諸軍事、廓州刺史，兼知積石軍使，勲封並如故。山横積石，遄驚太史之波；境雜河湟，是斷匈奴之臂。屬吐蕃賊大侵邊鄙，公當此時，親董戎麾。轉戰數日間，斬首千餘級。　恩敕賜紫袍金帶、馬五匹、雜綵二百段。尋加通議大夫，又加正議大夫，餘並如故。居州將之任，備康侯之錫。蒼松酋長，且懾遊魂；大棘荒城，不扃外户。其年請假

遷葬，百姓將士將爲改轉，相共立碑，以彰清德。葬訖有　敕，依舊赴軍州。胡虜竊懼於漢飛，士庶同忻於僭寇。名馳隴上，陳安式建於功庸；皇墜營中，武侯遂悲於永往。以神龍二年八月廿八日薨於軍府，春秋五十有八。嗚呼哀哉！即以景龍二年歲次戊申九月庚寅朔一日庚寅還葬於東都合宫縣界萬安山南之平原，禮也。八溪遥控，仍鄰九谷之隅；雙闕前披，即對三塗之險。嗣子前左領軍衛右中候量先、□□[一]等淚能痕石，情極報天。用表泉門，迺爲銘曰：

瓜瓞綿綿，周儲上仙。克昌胤嗣，載誕英賢。文史遽足，宫墻越肩。冠彈貢禹，刀致吕虔。幾歷戎禁，爰通綵旃。光光　帝錫，肅肅帷褰。境内風偃，湟中績宣。河山自兹而可誓，辰巳奄思而催年。路轉鄧鎬，塋分澗瀍。北臨梓澤，東瞰芝田。草已薙而初委露，松新栽而未聚煙。從今白日，何代三十，嗚呼哀哉。

[一] 此處四字有涂抹，後兩字無法辨識。

〇六三　大唐故游擊將軍檢校左武衛右郎將上柱國太原郭府君（思敬）墓誌銘

景龍二年（七〇八）十一月十四日葬。

誌文二十二行，滿行二十一字。正書。誌長三十六厘米、寬三十七·五厘米。

誌蓋篆書：大唐故郭府君墓誌銘

大唐故游擊將軍檢校左武衛右郎將上柱國太原郭府君墓誌銘并序

夫以命代挺生，元勳茂賞。立功展事，濟德佐時。莫不振威武於邊隅，策疇庸於廊廟，公則其人矣。公諱思敬，字懷恭，太原人也。曾祖昶，隨尚書右僕射、左光禄大夫、太□郡開國公。器宇高明，風神爽秀。文開辯囿，思發詞林。□略匡時，棟梁王室者矣。祖澄，隨蘇州長史。公操質明允，器宇淵深。森森千丈之松，汪汪萬頃之度。父琰，皇鄯州長史。公以耿介立志，仁孝在心，幹濟一時，涉兹馳譽。公幼懷英峙，少若成人。體量淹通，容貌魁傑。風猷峻舉，武毅超倫。位至左武衛右郎將。玄兔迴邈，實帶天衢；盧龍迂峻，舊稱地險。公乃親率偏俾，躬執麾鼓。乘墉拔熾，摩壘搴旗。剪豹誅豺，戰無不勝。寵加優命，屢錫榮班。因人青齊史氏，青齊縣君。以□□受質，桃李開容。六禮是閑，四德具備。何圖積善無徵，𡇒從朝露。以景龍二年十一月十四日合葬於洛州合宫縣龍門鄉决陂里之原，禮也！子正業哀纏白日，痛結黄泉。冀雕鐫於幽壤，庶貞石而長堅。乃爲銘曰：

爲龍爲光，百齡鍾美，惟公之謂。鐵石心靈，風雲意氣，志懷磊落。襟神果毅，言同珠吐，諾逾金貴。其一。百齡俄盡，一𡈁難再。地户泉深，山門雲晦。今來古往，年年代代。勒兹貞石，永存風概。其二。

〇六四　周故地官侍郎上柱國何公（彥先）墓誌銘

景龍三年（七〇九）八月十八日葬。

誌文三十行，滿行三十一字。隸書。誌長八十七・五厘米、寬八十六厘米。

蘇頲撰。

周故地官侍郎上柱國何公墓誌銘并序

給事中修文館學士武功蘇頲撰

公諱彥先，字元茂，廬江灊人也，晉徵君准十代孫。曾祖景，陳秘書郎。衣冠北徙，累遷濟南郡道守，因家於濟南之平陵。祖達，隋青州別駕。父武，唐婺州永康縣丞，追贈代州都督府長史。莫不藴其儒玄，材可鎮俗。更於夷險，位不適時。故遺風作程，令德昌緒。公始自於高邁，見奇於卓立。年十七，師事東海王義方。覃思百家，研精一紀。藏山壞壁，蠹簡漆書。陳農之所求，倚相之所讀。靡不發揮幽賾，刊正柢梧。歸東已嘆於季長，請北遽聞於仲遠。上元二年，太僕卿温翁歸准　制舉，應藻思清華，詞殫文律。公褎然祇召，首踐甲科。解褐秘書省校書郎，轉洛州陽城縣主簿。垂拱初，拜右臺監察御史，兼修文館學士，稍遷侍御史。高步石渠，仍司鐵柱。是時持獄秉憲，各爲巧詆。而公推心恕物，獨徇哀矜。因而上聞，將有大用。加朝散大夫、行天官員外郎。俄遷鳳閣舍人。伏奏丹地，司言　紫宸。揚歷二省之華，見稱一時之傑。除洛州司馬。俯擢近臣，來光亞尹。惠風所靡，期月而化。大足元年，　鑾輿之西幸也，出爲太州刺史。至則清道肅設，離宫儲峙。恭而不勞，簡而能濟。入拜天官侍郎，端清賞，舉遺材。浮華已變，畏臣源之璞玉；真實知歸，邀彥輔之明鏡。尋除地官侍郎。始敷其教，奄頓於疾。公謂命也者，審乎脩短。生也者，觀乎進退。賜來何遲，丘禱已久。嗚虖，失於交臂，全而啓足。降年六十有三，長安三年九月廿五日卒於京師宣陽里第。　冕旒悼焉，飾終加數。纓緌聞者，咨嗟失聲。咸謂公藏密之用，知微之體。嘿而識之，陽秋潛運；温其如也，禮樂自然。本以宣慈惠和成之，文行忠信宜應。匪躬論道，竭力匡時。胡寧彼天，不享昭代。至於筭皇王之理，畫軍國之宜，開四始之英，潄六經之潤者，皆見公所著《帝圖秘録》十卷、《三國戰策》十二卷、《政論》兩卷、《文集》廿卷。噫，古之謂不朽也歟。夫人河東裴氏，曾祖昂之，周洛州刺史。祖孝起，唐滄州清池縣令。父仁紹，早亡不仕。生於有德之門，嬪於君子之室。組紃酒食之訓，形於家人；螽斯鵲巢之風，洽於群族。福不爲壽，早世而亡。垂拱二年三月十四日終於東都綏福里第，春秋卌五。粤以景龍三年太歲集酉八月乙酉朔十八日壬寅合葬於洛州偃師縣石橋之東北原，禮也。山即首陽，城鄰景亳。衣衾以斂，克奉遺言。編簡或存，不忘聖道。有子監察御史鸞，宗正寺主簿鳳等，程材見偉，脩業增茂。以爲稱前人之德，莫大於揚名；詢故吏之談，所懷者知己。哀託蒙鄙，而爲銘曰：

何公堂堂，萬夫之望。才生於代，休有其光。致虛守静，直也至方。聚學辯物，宛而成章。賓國利往，升朝孔臧。入以精覈，出爲循良。官罔不乂，政無不康。歲落其實，人之云亡。冥滅墳隧，嗚虖昊蒼。笳鐸云返，松楸已行。歿而可作，久久芬芳。

○六五　大唐故隰州蒲縣令盧府君（瓚）墓誌銘

景龍四年（七一〇）三月二十八日葬。

誌文二十三行，滿行二十二字。正書。誌長、寬均四十六厘米。

誌蓋篆書：大唐故盧府君墓誌銘

大唐故隰州蒲縣令盧府君墓誌銘并序

君諱瓚，字子珪，涿郡范陽人也。因官宅土，今爲洛州永昌人焉。神農華胄，太師餘烈。□工人爵，鍾鼎山河。無得而稱，其來尚矣。曾祖彦章，隨校書郎、恒州靈壽縣丞。祖莊道，　皇朝侍御史、刑部員外郎。父玉昆，綿州昌隆縣尉、睦州桐廬縣主簿。並良玉九德，精金百鍊。履先王之要道，得君子之爲儒。委命樂天，位不充量。君器局凝峻，理識淹弘。時然後言，行滿無怨。以天授三年射策高第，尋授潞州屯留縣尉。宦無中人，從常調也。轉晉州洪洞縣主簿，仇玄蘊鸞鳳之德，梁竦勞州縣之嘆。屬　一人有命，百姓爲心。光馳衣繡之雄，式求製錦之術。言刈其楚，我實當仁。奏攝隰州蒲縣令，酆城龍劍，武邑牛刀。豪猾懾其秋霜，鰥寡愛其冬日。既而留牘公府，折轅私第。有季曰頠，莅職汝州。此軫在原之情，彼切陟岡之望。載驅其馬，言指其居。未幾爲歡，俄然遘疾。南溟海運，詎見輔仁；東岳山頹，空嗟瞰鬼。以景龍四年二月五日終於汝州郟城縣，春秋四十二。君克己復禮，立身揚名。大位未弘，中年即代。始則俶裝吉往，終以旅櫬凶歸。眇眇孤魂，悠悠長夜。有妻方震，有子猶咳。彼蒼者天，斯百其酷。即以其年三月廿八日〔一〕歸葬於緱氏縣西界平原，禮也。子白桐粤在襁褓，未知安厝，凡今所營，莫如兄弟。恐陵遷谷貿，故刊石紀銘。詞曰：

峻系於姜，亹亹湯湯。降年〔二〕不長，隕代於良。緱山之旁，卜云允臧。徒休問之無疆，見佳城之不暘。何嗟乎彼蒼。

〔一〕此處有改刻，原爲一月四日。

〔二〕「峻系」以下到此文字有改刻。

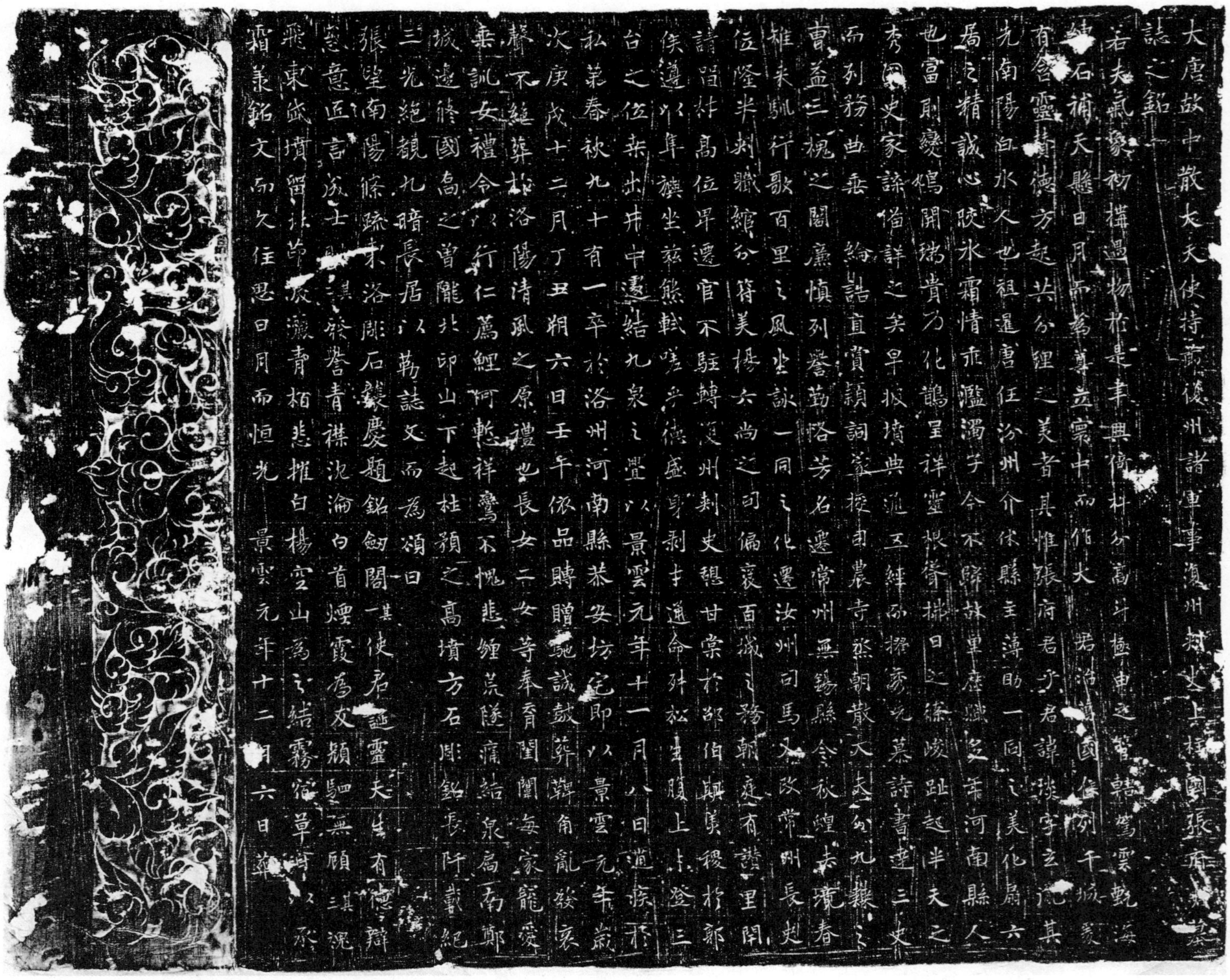

〇六六　大唐故中散大夫使持節復州諸軍事復州刺史上柱國張府君（琰）墓誌之銘

景雲元年（七一〇）十二月六日葬。

誌文二十六行，滿行二十六字。正書。誌長、寬均五十三厘米。

誌蓋正書：大唐故張府君墓誌銘

大唐故中散大夫使持節復州諸軍事復州刺史上柱國張府君墓誌之銘

若夫氣象初構，遇物於是聿興；倚杵分高，斗極由之管轄。駕雲甄海，鍊石補天。懸日月而爲尊，立寰中而作大。君治萬國，侯列千城，爰有含靈，贊德方起，共分理之美者，其惟張府君乎？君諱琰，字玄胤，其先南陽白水人也。祖暹，唐任汾州介休縣主簿。助一同之美化，扇六局之精誠。心皎冰霜，情乖濫濁。於今不歸故里，歷職多年，河南縣人也。富則變鳩開瑞，貴乃化鵲呈祥。靈根聳拂日之條，峻趾起半天之秀，國史家諜，備詳之矣。早披墳典，通五經而擢秀；先慕詩書，達三史而列務。曲垂　綸誥，直賞穎詞，蒙授司農寺丞、朝散大夫。分九棘之曹，益三槐之閣。廉慎列譽，勤恪芳名。遷常州無錫縣令，秋蝗去境，春雉來馴。行歌百里之風，坐詠一同之化。遷汝州司馬，又改常州長史。位隆半刺，職綰分符。美揚六尚之司，偏褒百城之務。朝庭有讚，里閈請留。材高位卑，遷官不駐。轉復州刺史。憩甘棠於邵伯，期美稷於郭侯。遵以隼旟，坐茲熊軾。嗟乎！德盛身剥，才通命舛。松生腹上，才登三台之位；桑出井中，遽結九泉之釁。以景雲元年十一月八日遘疾於私第，春秋九十有一，卒於洛州河南縣恭安坊宅。即以景雲元年歲次庚戌十二月丁丑朔六日壬午依品賻贈。馳誠鼓葬，鞞角亂發，哀聲不絶，葬於洛陽清風之原，禮也！長女、二女等奉育閨闈，每蒙寵愛。垂訓女禮，令以行仁。薦鯉何慚，祥鸞不愧。悲纏荒隧，痛結泉扃。南鄰城邊，修國喬之曾隴；北邙山下，起杜預之高墳。方石彫銘，長阡載紀。三光絶睹，九暗長居。以勒誌文，而爲頌曰：

張望南陽，條疏東洛。彫石襲慶，題銘劍閣。其一。使君誕靈，天生有德。辯惑意匠，言成士則。其二。發譽青襟，沉淪白首。煙霞爲友，顔駟無顧。其三。魂飛東岱，墳留北邙。淚灑青柏，悲摧白楊。空山爲之結霧，宿草自以承霜。羡銘文而久住，思日月而恒光。

景雲元年十二月六日葬

○六七　大唐故通直郎行并州陽曲縣令隴西李府君（渾金）墓誌銘

景雲元年（七一〇）十二月三十日葬。

誌文二十八行，滿行二十八字。隸書。誌長七十四厘米、寬七十三厘米。

盧若虛撰。

誌蓋篆書：大唐故李府君之誌銘

大唐故通直郎行并州陽曲縣令隴西李府君墓誌銘并序

朝議郎行洛州緱氏縣丞范陽盧若虛撰

君諱渾金，字全□，隴西姑臧人也。其先出自帝顓頊，及陶唐氏咎繇爲理。宥五宅，清三就。晝冠不犯，以授於虞。世載其庸，則有官族。盛德必嗣，懋功克昌。指李臣周，仙宗降於魁極；祚茅師趙，世禘叶於人謀。至於鴻勳美事，軒裳接武。典謨史策，披卷有之。六代祖虔，魏太尉。休其家聲，和其餁實。曾祖子譚，齊廣德將軍、秦州司馬。祖德基，皇朝雍州同官縣丞。父思貞，上騎都尉。並融心與道，故大位不躋。君體醇龢之精，蘊上德之粹。故盱覃岐嶷之質，詩書篆隸之工。天與其真，不待保傅。弱歲而孤，養於舅氏。棘心欒欒，殆不勝也。年廿一，乃求古岷嶓，訪道巴漢。行至城都，作《春江□望》詩，曰：「明發眺江濱，年華入望新。地文生草樹，天色列星辰。煙霧澄空碧，池溏變曉春。別有棲遑者，東西南北人。」時蜀中有李崇嗣、陳子昂者，並文章之伯，高視當代。見君藻翰，遂喪魄褫精，不敢舉筆。則天聞其風而悅之，追直弘文館。學士先曰：「九流紛綸，百氏雜習。」君闡其微旨，振其頹綱。刊削數周，魯亥斯辯。敕授相州安陽縣丞，仍舊直館。又遷北都清源縣丞。佑理畿甸，俗以化寧。遺愛不忘，立碑頌德。俄護壽陽縣令。惠不惠，茂不茂。刑以禮格，政以簡從。帝曰：「俞哉，優爾階秩。」正除陽曲縣令。方期補茲袞職，歸老上庠。禀命不融，春秋五十壹，以景雲元年九月十四日遘疾終於官舍。寮吏哀悼，搢紳時恫。家無餘禄，唯書法數百卷。嗚呼！可謂能以素業遺子孫矣。夫人中山張氏，右僕射行成之孫，隆山令希謇之女。承鍾鼎之胤，席柔嘉之資。惠心有孚，洵美昭鑠。天奪其壽，碧樹先秋。年四十，君前而歿。以其年十二月卅日合葬於洛陽之塋，禮也。嗣子岳，循屺岵以泣血，吟蓼莪以永慕。懼世範家風，遷於陵谷。乃鐫紀琬琰，以垂無窮。若虛忝預門閭之賓，備聞篤行。見詢以銘勒之事，安敢不作。其辭曰：

於昭茂緒，靈慶氤氳。弈世紹業，載纘其勳。爲龍爲光，允武允文。延祉積善，鍾美於君。□□惟君，含秀育德。孝友昭融，柔嘉伊則。浩氣泉鑠，玄機精默。□□□□，莫不傷惻。雲臺往履，日觀今傾。偶鶴先逝，沉龍此井，他山寂寂，□□□□。□題幽石，式寄神塋。

〇六八　張文林（伏寶）墓誌

景雲二年（七一一）二月二十七日葬。
誌文二十四行，滿行二十四字。正書。誌長、寬均五十七厘米。
司馬道撰，呂光庭書。
誌蓋篆書：大唐故張府君墓誌銘

張文林墓誌并序

太常禮生司馬道撰

雲騎尉吕光庭書

公諱伏寳，河東蒲坂人也。爾迺源分鄂邑，後漢南陽之英；才掞劍門，前晉西河之胄。公之宗族也如此。公丱歲稱奇，謇高對日。弱年表異，識達觀星。可謂天生知之，代有其人矣。去麟德元年三月七日□文林郎、吏部常選。曾未述職，忽遘沉痾。藥石靡加，彌留大漸。去麟德二年五月六日終於荆州之旅館也，時年廿有九。於時鄰絶相杵，室罷調機。老幼攀號，行路灑泣。豈不猶生也汎愛，死而追慕焉。夫人萬氏，同郡人也。含章貞潔，淑慎柔姿。三徙字孤，四德尤備。以景雲元年十月七日卒於洛陽別業，時年六十有八。臨殁遺命，謂子思明曰：「吾之孫女，先許與前許州長社吕尉息光庭爲婚，勿違吾願。」故得兆諧鳴鳳，榮美乘龍。眷姻媲於潘安，穆親同於楊肇。嗣子思明任太常太醫正。履霜露而增感，陟屺岵以纏哀。思盡採蘭，痛生吹棘。粤以大唐景雲二年歲次辛亥二月景子朔廿七日壬寅合葬，窆於伊水之曲，禮也。其地則緱山直指，子晉控鶴之川；洛水傍連，曹植驚鴻之浦。幽室既閉，亙千年而不朝；夜臺爰崇，鎮九泉而長邃。將恐碑沉澧水，岸爲谷而貿遷；桑變溟波，海成田而驟徙。於是記銘玄石，竚悲馬而再開；刻字白楸，嗟後人而勿毀。其詞曰：

邈矣遠祖，帷幄陳謨。白水開緒，黃石授符。其一。令望不替，衣冠相接。司空三台，侍中七葉。其二。偉哉我公，曾不釋褐。經史併曉，珪璋特達。其三。仰彼穹昊，何酷如之。良人斯逝，曷云其期。其四。闃寂荒阡，嶕嶢丘墓。楊悲夕風，草晞朝露。其五。寒暑往來，天地長久。一勒茲銘，千齡不朽。其六。

景雲二年二月廿七日銘

〇六九　大唐故麟遊縣令李君夫人雷氏（大娘）墓誌

景雲二年（七一一）十一月十九日葬。

誌文二十三行，滿行二十三字。正書。誌長、寬均四十三厘米。

大唐故麟遊縣令李君夫人雷氏墓誌并序

夫人諱大娘，字摩訶，馮翊人也。其先周之胤緒，且太師制禮，君子興詩。赫赫皇圖，自我西土。疏根派族，厥流萬祀。曾祖善，梁任齊州刺史。楊仁別扇，且未愧於昔賢；□伏斷緋，諒不慚於今德。祖業，隨任渠州司馬。百城雅贊，益茂甘棠。千里文毗，更哥來晚。父貞，唐任左衛長史。職臨兵禁，受委腹心。位列韜鈐，託寄機務。然知謝君望族，還生體雪之孫；班子名家，必誕吟書之女。夫人稟精岑嶽，擢粹長河。拂桃李而彌芳，踏芝蘭而更茂。且盈盈秦女，終納綵於晉家；謣謣潘生，代傳函於陽氏。□麟遊令李君，親行百兩，禮備三周。銑瑟桐琴，聲和萬歲。金花玉葉，蔭瀆兩門。夫人教軼徙居，愛隆投杼。雅閑內軌，妙簡嬪儀。豈期禍發妖蛇，灾行鬪[一]，神逃針藥，寢疾彌留。春秋九十有一，終於魯山之第。以景雲二年歲次丁亥十一月十九日移窆於洛城南七里河南縣之勝壤。龍門前枕，姬公惻影之郊；龜洛後飛，子晉吹笙之所。王陵之感，痛□慈顏。陶侃之悲，哀深罔極。嗚呼！龍輴指路，鶴旐飛雲。黃泉永閉，白日長分。泣東山之難仰，託荆琬而書芬。其詞曰：

嵦嵦崇山，滔滔德水。惟靈降福，是誕英美。月暈霞開，星姿霧起。昭昭婉順，以配君子。其一。鏘鏘兆鳳，弈弈乘龍。桃柯李族，葉茂花穠。調諧瑟面，韻合琴胸。妙行四德，雅蘊三從。其二。神道無形，幽途莫測。禍纏閨範，時傷內則。哀感風淒，悲愁雲色。玉環寶□，□□異域。其三。泉臺永夜，隴路無春，天流荼割，地掩荆珍。□□□□，□蠹草塵。仰慈芳而不及，用紀德於□珉。其四。

[一] 此處應有脫字。

○七○　大唐故昭武校尉劉府君（惟怜）墓誌銘

太極元年（七一二）五月四日葬。

誌文二十四行，滿行二十五字。正書。誌長、寬均三十五厘米。

誌蓋篆書：大唐故劉府君墓誌銘

大唐故昭武校尉劉府君墓誌銘并序

府君諱惟怜，彭城人也。頃屬　唐祚中微，周朝革命。　則天御宇，建號神都。於是秦中兆庶，咸湊洛川，今爲陸渾人也。昔□□命氏於前，斷蛇握圖於後。或三分爲主，或萬乘稱君。弈葉重□，祖宗不絶，府君即其後也。而積善在躬，行著州里，竭誠效力，軫寇獲勳。肇授昭武之榮，俄軫歸全之嘆。春秋五十四。卒於函第，大周通天元年十一月廿九日權窆於洛州河南縣龍門鄉，禮也。嗚呼哀哉！夫人弘農人也。□□之末裔，而靈源茂族，枝派悠長。乃祖乃父，至忠至孝。休譽光於家諜，淑媛誕於閨庭。年在笄初，嬪於兹室。婦言婦德，娣姒挹其風範；於沼於沚，蘋藻肅於蒸嘗。而齒邁阛衰，歸□□俗。弃捐□有，聽讀一乘。攝彼心猿，羈兹意馬。方冀託般若之舟，到涅槃之岸。靡謂五福無驗，四大舛和。針石徒加，膏肓莫愈。春秋六十六，奄從風燭，嗚呼哀哉。而棲鳳孤桐，雖復半生而半死；神龍兩劍，或前或後而相從。二子痛貫棘心，哀纏茹泣。擗地無追，號天罔極。粤以太極元年五月四日遷葬於河南縣龍門鄉之原，禮也。既而青烏卜兆，白日閉城。背雞津而崇域，面鶴嶠而修塋。庶山河而等固，與蘭菊而長[一]。飾兹琬琰，紀石勒銘，其詞曰：

唐祚中否，周朝革命。自京編都，桑梓爰定。　季稱上聖，俗曰大賢。家風祖德，嗣襲蟬聯。　府君承慶，積善在躬。榮進昭武，勳光竭志。禍召棲鵉，疴纏腠理。藥餌無愈，于嗟閱水。　夫人德芳，譽美齊姜。弘農胤裔，淑順貞良。輔仁莫驗，婦言有則。母範可稱，虔誠禮懺。肅事嘗蒸，輔仁莫驗。沉痾匪痊，□辭白日，永閉幽泉。有子二人，曰宗曰則，號慕考妣，哀哀罔極。卜宅遷厝，建域崇塋。龜洛之壤，龍鄉之坰。勒斯琬琰，紀彼徽猷。等山河之永固，與蘭菊而長秋。

[一] 從後文來看，此處漏刻「秋」字。

大唐故宣威將軍守可水州都督行左
屯衛翊府左郎將君墓誌銘
公諱承嗣蓋川人也門承閥閱積襲餘
勳遠獻丹誠久賴紫袂曾祖利爲蒙州
都督祖舞爲蒙州都督贈右武衛將軍
父壹夏可水州都督行左領軍衛翊府
中郎將公以神龍三年七月五日終以
先天二年歲次癸丑九月壬戌朔二十
四日乙酉葬於洛州河南縣伊汭鄉之
平原禮也堂弟承風堂妹居意滿等恐
陵谷推遷紀勒泉壤嗚呼哀哉銘之無
極

○七一　大唐故宣威將軍守可水州都督行左屯衛翊府左郎將君（李承嗣）墓誌銘

先天二年（七一三）九月二十四日葬。
誌文十二行，滿行十五字。正書。誌長七十三厘米、寬七十一厘米。
誌蓋篆書：大唐故李府君墓誌銘

大唐故
李府君
墓誌銘

大唐故宣威將軍守可水州都督行左屯衛翊府左郎將君墓誌銘

公諱承嗣，蓋川人也。門承閥閱，積襲餘勳，遠獻丹誠，久賴榮秩。曾祖利，烏蒙州都督。祖辯，烏蒙州都督、贈右武衛將軍。父壹夏，可水州都督、行左領軍衛翊府中郎將。公以神龍三年七月五日終，以先天二年歲次癸丑九月壬戌朔二十四日乙酉葬於洛州河南縣伊汭鄉之平原，禮也。堂弟承風，堂妹尼意滿等，恐陵谷推遷，紀勒泉壤。嗚呼哀哉！銘之無極。

〇七二　大唐朝議郎前行鄭州司兵參軍清河張休故妻范陽盧夫人墓誌銘

開元二年（七一四）六月十六日葬。

誌文二十二行，滿行二十二字。正書。誌長五十一厘米、寬四十九厘米。

誌蓋正書：大唐故盧夫人墓誌銘

大唐朝議郎前行鄭州司兵參軍清河張休故妻范陽盧夫人墓誌銘并序

原夫六義觀德，南國闡夫人之詩；八卦成形，東風開少女之位。蘋洲嗣德，掩班蔡而騰聲；桃逕揚芬，跨衡巫而演粹。英姿淑譽，母則嬪儀。四德聿脩，三星連曜。見之於盧夫人矣。夫人第十二，范陽涿人也。陳其祖業，則汗漫期於九垓；叙其勳榮，則幽燕通於四履。祖元應，唐宋州司馬。父允貞，唐濟州盧縣令。并瓌奇少對，器宇無雙。寔公侯之子孫，代鍾餘慶；爲廊廟之棟幹，必有承家。皂蓋銅章，駢蹤疊彩；朱轓竹使，比郡連州。衣冠赫弈而相繼，龍鳳差池而間出。夫人年十有九，娉於清河張氏。儷其琴瑟，逾恭節儉之心；媲彼河洲，更發關雎之詠。頌椒花於春序，銘菊蕊於秋朝。張公既隨牒滎波，夫人乃贊德從秩。言歸鞏洛，忽遘羸疴。玉釜煎香，竟闕長齡之驗；瓊田種草，終無延壽之徵。以開元二年六月十二日終於東都慈惠坊里也，春秋二十有五。潘安仁之悼亡，悲深長簟；荀奉倩之喪匹，獨見神傷。以其年六月十六日葬於洛陽感德鄉原，禮也。鶴辭吴市，嗟一去而無期；鳳别秦樓，瘞千金而幾歲。嗚呼哀哉！乃爲銘曰：

三靈多譴，五福傷年。霜摧桂苑，風落芝田。勿藥無應，居肓不痊。馬閇滕郭，鳥思荒阡。錦室韜彩，粧樓罷鉛。朝光寢杳，秋沼沉蓮。郊門一别，空傷九原。

開元二年歲次甲寅六月丁巳朔十六日壬申

○七三　大唐故濟州司法參軍事武陽郡公李府君（知古）墓誌銘

開元二年（七一四）十一月六日葬。

誌文二十行，滿行二十一字。正書。誌長、寬均四十七厘米。

賈大義撰，李叔良書。

誌蓋篆書：大唐故李府君墓誌銘

大唐故濟州司法參軍事武陽郡公李府君墓誌銘并序

夫珠玉沉潛，川岳資其光潤；賢哲傾逝，今古播其徽猷。故身没而名存焉，見之於武陽公矣。公諱知古，字如意，隴西成紀人也。長源浴日，崇構參雲。唐普州刺史、昌平公之孫。周常州刺史、武陽公之子。小學大成，依仁遊藝。任左衛翊一府翊衛，以聖曆元年襲封武陽郡開國公。調補通直郎、行濟州司法參軍事。磨礪公勤，毗赤惟之政理；歲時矜敏，守丹筆之平反。多暇則左琴右書，寡欲則尊師重德。降年不永，可爲哀哉。以大周大足元年四月十六日遘疾終於濟州之官第，春秋四十有九。夫人滎陽鄭氏，大周故朝散大夫、稷州武功縣令守珍之女也。昔年琴瑟之偶，始嗟偏喪；今夕蛟龍之會，終見同歸。以開元二年歲次甲寅十一月乙酉朔六日庚寅合葬於河南府緱氏縣通谷鄉之原，禮也。胤子日磾，右衛翊衛。嫡子惟良，襲爵武陽公。光休，吏部常選。叔良等海内忠孝，階庭蘭蕙。嘆昭途之長違，泣幽泉之永閉。其銘曰：

公侯之子，必復其始。鍾鼎之門，禮讓斯存。踐仁履義，金友玉昆。一辭纓冕，高謝籠樊。奄弃十室，長歸九原。山寒日暮，隴暗雲閣。人生至此，萬事寧論。

河南府偃師縣尉賈大義撰文

叔良書

〇七四　大唐故中散大夫宗正少卿上柱國魏縣開國子吴興姚君（景之）墓誌銘

開元三年（七一五）二月八日葬。

誌文四十行，滿行四十一字。正書。誌長、寬均八十二厘米。

成敬荷撰。

大唐故中散大夫宗正少卿上柱國魏縣開國子吴興姚君墓誌銘并序

嘗試論曰：百年嘆夫有涯，一化歸於無物。將何以聲華遺後，使萬代常行。豈越夫忠義光前，則九原可作。所以自古勝士到今，揚名莫不由運動才略，敦尚言行。則鄭公業死且不亡，臧文仲没而不朽。吾聞之永久，復見於姚府君乎。君諱景之，字元昭，吴興人也。昔放勛欽明，重華濬哲。時叙百揆，用賓四門。先是帝生於姚墟，後代姓承於嬀汭。自兹厥胤，何代無才，今可略而言矣。曾祖宣業，灼鸞鳳之彩，質五色九包；蓄鴻鶴之遠，圖一舉千里。隋拜征東將軍。喻伯寧於在昔，無愧清忠；方文遠而□今，足堪嘆息。又遷青、汾二州刺史。五符是剖，六條既頒。沐嵩雨於淄東，蔭蘇天於汾北。言稱長者，信及童兒，蓋良太守矣。祖祥，蓀蕙韶襟，松篠貞操。目不妄視，口無擇言。故得時主俞才，從人望也。特拜朝散大夫、懷州别駕。題輿長價，别乘增榮。比休徵之海沂，曾何涓滴；方士元之驥足，彼慚款段。大隋得人，於兹爲美。父善意，森森千丈，朗朗百間。程昱夕夢，嘗懷捧日之想；孔明晨坐，每聽激風之嘯。往屬隨氏失馭，群雄逐鹿。府君迺擊檝渡河，杖劍歸漢。一遇　英主，載爲謀臣。故能計成六奇，制勝千里。銀印青綬，殊其品秩。裂土封疆，異厥庸效。　皇朝拜長沙郡開國公、銀青光禄大夫，旋轉硤州刺史、嶲州都督。美化流於三硤，恩及百城；仁風被於滇池，聲超渤海。既而盛德有後，藍田産玉。迺育經國，竟興吾門者，今兵部尚書兼紫微令崇，即其子矣。四登臺省，三入掖垣。緊賴吁謨，克脩密勿。是資庭訓之名教，果成　國朝之寶臣。故得漬葉流根，加紳命秩，追贈府君幽州都督。代無與讓，時以爲榮。君即都督之愛息，令君之季弟也。克岐克嶷，惟幾惟深。芳行之美，則春蘭秋菊；俊識之餘，則明鏡利劍。幼而喪父，長於母兄。不恃無威，而忘謹願。志勤於學，言成必文。曩者　明德攝政，饑渴賢傑。旌賁異人，佇光理化。君首應嘉辟，時論僉諧。垂拱年射策擢第，尋授衛州新鄉縣尉。初對東堂之問，將騁雄飛；暫屈南昌之班，且勞雌伏。後轉河南府新安縣尉、緱氏縣主簿、河南縣尉。畿甸事殷，京輦務劇。盤根錯節，是稱利器。劈肌分理，何愧庖刀。俄拜少府監主簿、司農寺丞。掌山澤之税，司國泉之府。卑乎小藏御衣，五時遞襲。大農穀貨，千箱流衍。出任沂州長史，續授汜水縣令。任膺録衆，佐朱明之巡部；又命臨人，允青圭之厚寄。秩未滿，丁母憂去職。君心因至極，骨立荒頓。豈唯加人一等，亦既泣血三年。服闋，拜太廟令、主客郎中。既入太廟，浴蘭晨興於禋祀；又參列宿，起草朝侍於明光。且河洛爲天地之中，伊瀍卜帝王[一]之宅。户千人億，通闤帶闠。將息□埋之弊，必藉賢明之宰。遂除洛陽令，申貞幹也。夫惟此職，堆案頻繁，牒訴倥傯。君雅好習静，都不欲喧。迺辭疾去官，歸閑養性。優哉琴酒，蕭然田園。朝廷以宗籍之司，國親是重。先求彤伯之俊，竟用劉平之才。未幾，起除宗正少卿。雖順　帝之則，而非適其願。加以素尚匪懈，終事克勤。不遑芝木，遂中風露。以開元二年十一月十六日遘疾終於河南慈惠里之私第，春秋五十有二。粤以開元三年二月八日遷葬於萬安山原之禮也。惟君懷抱韶暢，容止閑華。處閨門惟孝與慈，在朋友既信且義。當其吾兄入相，鬱爲重臣。我拜列卿，榮則貴仕。知寵盛之難恃，悟軒冕之儻來。而能色無淩傲，又加禮盡冲挹。恂恂接凡，謙謙行己，若無骨矣。况人或不及，恕之以情。丘苟有過，豈憚於改。非唯古稱於衛玠，可謂今日之顔回。嗚呼！何悟彼蒼，而賦斯命。痛結埋玉，悲纏碎金。人之云亡，啜其泣矣。傷哉閲水，俄驚東逝之波；嗟夫頹山，永閟北邙之土。前臨汝海，却負河洛。冪歷松楸，蒼荒榛薄。雙表崖聳，孤墳塊若。狐兔是狎，螻蟻何親。泉窅窅而鄰鬼，風蕭蕭而愁人。上谷成敬荷，忝在中年，謬獲同歲。顧慚曲士，以膠投漆。不遺末眷，降尊就卑。用感知己，迺爲銘曰：

虞國創主，姚墟誕聖。由是子孫，因爲氏姓。三五六籍，數百千年。盛門累慶，積代象賢。降及曾高，逮乎祖父。弈葉令器，光芒映廡。東征之德，爲代所尊。盛稱名將，大化雄藩。别駕繼及，專城緊賴。陳輿既題，吕刀是佩。嘗聞匪石，迺見長沙。初感顧遇，終荷榮華。褰襜闢冕，開國承家。青田毓鶴，丹穴産鳳。果生俊楚，遂超群衆。履仁擇地，知命樂天。風情韶舉，景行華鮮。往屬旌賁，將署行年。無出右者，旋膺褒然。親老家貧，勉强州縣。佐職銅墨，流芳畿甸。洎參少府，尋遷部丞。税窮海澤，貨若丘陵。一拜持中，三善居長。吾慕龐統，君鄙尹賞。清廟佇德，仙省求良。既問每事，迺屈爲郎。暫輟神邦，又司帝族。適云中路，將初漸陸。如何摧蘭，奄然就木。平生賞笑，宿昔池臺。豈期長往，何時復來。車背國都，櫬指窀穸。喪子哲士，失我良覿。斜控伊瀨，旁鬱嵩雲。龜謀相宅，馬鬣成墳。薤歌悲送，松吹傷聞。冥然下泉，委之中野。嘆埋没兮金玉，淚潺湲兮流瀉。

〔一〕「王」字補刻在「帝」旁。

〇七五　大唐朱府君（抱貞）墓誌銘

開元三年（七一五）七月二十三日葬。

誌文二十四行，滿行二十四字。正書。誌長、寬均五十九厘米。

誌蓋篆書：大唐故朱府君墓誌銘

大唐朱府君墓誌銘并序

君諱抱貞，字懷節，會稽人也。其先宋昭公之少子，名朱勵。自後子孫因氏焉。原夫山河秀氣，漢天子之名臣；熊軾前驅，晉文帝之良牧。英髦遞代，獨擅當時。結綬通交，聯輝末裔。非夫積善餘慶，克成厥勳者哉。祖賓，隨任懷州河内縣令。器以鑒物，材堪利用。仲弓有三台之望，士元非百里之宰。面榮河之勝壤，獨坐鳴琴；乘渙汗之鴻波，貞規皎鏡。父表，唐任杭州錢唐縣丞。職光毗贊，門望清風。禄不求富，情惟恤下。君即錢唐府君之長子也。君實受異氣，禀於生知。弱而能言，早聞孝友。不狂歌以詭俗，不枉道以邀時。抱潔含貞，依仁履義。時屬稱師萬隊，有事三韓，聊申吊伐之儀，坐致凱旋之奏。君之此役，頗著崇勳，蒙授上輕車都尉。於是棲情卜築，安土敦仁，營家生産，樂天知命。室藏金穴，石崇之錦障霞開；山擅銅陵，鄧通之泉文霧委。武子之開錢埒，濬冲之筭牙籌。以君方之，彼多慚德。但以驩俁未幾，寒暑推移。天不憖留，奄然玄壤。乃以開元三年六月廿七日寢疾終於尊賢之私第，春秋六十有四。嗚呼哀哉！霞落千尋，峰摧萬仞。奈何珠玉，永瘞黄泉；痛矣荃蘭，長辭白日。聽悲簫於周勃，中外涕流；聞悽挽於田横，親朋掩泣。即以其年七月廿三日殯於北邙山平樂鄉之禮也。有子子玄、子雲等，仰攀穹昊，俯慟泉塵。敬刊貞石，輝光日新。銘曰：

猗歟命氏，川岳之精。弈葉光遠，有斯人英。昂藏挺秀，皎潔仁明。三韓背德，乃命於征。一戰而滅，論功報誠。棲情卜築，殖産方營。泉文霧散，錦障霞生。造天不祐，奄寂嘉聲。車迴橋隴，馬往滕城。蘭摧蒿里，珠殁松塋。荒郊日晚，孤岫風驚。九原深夜，千年令名。

○七六　大唐故雍州明堂縣尉贈懷州長史司馬府君（邵）墓誌銘

開元三年（七一五）十月二十□日葬。

誌文二十九行，滿行三十四字。隸書。誌長八十九厘米、寬八十八・五厘米。

誌蓋篆書：唐故司馬府君墓誌銘

大唐故雍州明堂縣尉贈懷州長史司馬府君墓誌銘并序

府君諱邵，字希奭，河内温人也。蓋高陽氏之丕緒，吾先祖曰晉王。清業浸乎邦家，洪勳序乎天地。百代必祀，其不朽乎。曾祖侃，周使持節、驃騎大將軍、開府儀同三司、兗豫二州刺史、琅邪公。典國數郡，將我六軍。德刑詳，義禮信，隱若敵國矣。祖運，隋國賓、龍泉郡丞、瑯琊公。百夫之望，三恪之奠。禄以運卑，位不充量，其時也歟。父玄祚，皇朝中書舍人、襄州道大行臺禮部侍郎、琅邪郡開國公。禮樂天秀，司言　紫宸。積德氤氲，而生府君。府君望之也儼然，即之也温，聽其言也勵。夫其貞以幹事，學以辯物。德業可以動時，文章可以經務。故能歌錫類而至於孝，稱有恪而執於忠。君親之義明，鄉黨之行達於是乎。洎乎成人之始，夬揚於王庭矣。解褐授梓州永泰縣主簿，轉芮城縣丞，擢授雍州萬年縣尉。夫州□勞人，遇與不遇也。然君子之行己也，其於必達而已。可以屈，可以伸。伸則及時，屈則有待。進不犯義，橋北部之經邦；退不毁節，梅南昌之貞隱。於戲！名匪位揚，業以道著。而我司馬公秉理而合，緬同其塵。退而記之，德有鄰矣。昔公孫弘爲□，天子之異。府君以儀鳳二年拜策，徙尉長安。歲滿，又蒞明堂。嗟乎！官亦屢徙，而不進□。則潘安仁之拙艱，邴曼客之輒免，其斯謂歟。年五十有五，不幸於壽。以調露元年六月三日終於京兆府萬年縣長興里之私第。烏虖哀哉！古之遺直，莫不流涕。惟府君有□弗專，失言勿掎。臨事以斷，見賢思齊。身安譽至，而正從矣。嘗嘆曰：「夫忿數者獄之所由生，諫拒者慮之所以塞。慢易者禮之所以失，怠惰者時之所以後。貪侈者財之所以不足，專獨者事之所以不成。傳此教也，而孚於家。」雖藏器而在身，嘗析薪而俟子。故君子知臧□之有後於魯矣。嗣子鍠，才妙識精，樹德崇懿。學通王霸，時許管樂。粉澤人極，藏太史之書；緝熙　帝道，燭名臣之奉。至長安中，歷鳳閣舍人。神龍之初，授中書侍郎，兼掌銓序。聲華碩茂，朝莫與京。　中宗孝和皇帝每多府君之翼子，恨不同時。乃下　優制，追贈懷州長史，蓋天下稱之。聞諸師曰：「立身行道，揚名於後代，以昭父母，中書極之矣。」夫人隴西李氏，汾州平遥縣尉玄茂之女也。冠族之秀，中闈之則。奉同穴之詩，從祔階之禮。以開元三年十月廿□日同窆於河南府河陽縣之嶺山南原，禮也。次子銓，正議大夫。三徙郎位，至慈州刺史。子□，頻踐府寺，至懷州司馬。咸菁菁永思，爰封爰樹。往而慕，返而疑。哀以送之，昊天罔極。雖生死義備，先人之餘行志之；而春秋祀思，孝子之事親終矣。其詞曰：

於休府君，德淳行獨。嘗至於道，而薄於禄。微以無人，不芳蘭菊。匪屑其位，而毁□叔。□□含章，白珪三復。窒欲懲忿，講信修睦。憂心殷殷，周文之郁。人也興止，我不爲讟。天若未喪，逝則何速。善人云亡，殄瘁邦國。

○七七　大唐故潤州延陵縣令司馬府君（翥）墓誌銘

開元三年（七一五）十月二十二日葬。

誌文二十七行，滿行三十四字。隸書。誌長八十七厘米、寬八十九厘米。

誌蓋篆書：唐故司馬府君墓誌銘

大唐故潤州延陵縣令司馬府君墓誌銘并序

府君諱翥，字希喬，河内温人也。肅肅我祖，底功於徐。世疇其庸，族以官著。美濟於晉，爰享天下。俾侯扞城，勳厚德浸。本枝必復，惠葉垂永。皇考侃，周兖豫二州刺史、瑯邪公。王考運，隨國賓龍泉郡丞、瑯耶公。咸戴仁抱義，含章進德。薄於從政，果不論道。考玄祚，膳部郎中、中書舍人、襄州道大行臺禮部侍郎、泰州治中、瑯邪郡開國公。司國 綸翰，潐 我帝序。府君名臣之子，積慶攸燭。倬然駿發，一日千里。長好博古，幼至於學。物莫同塵，人亦殊操。行貞於獨，聲灼於遠，故君子有黃中之目矣。以孝廉擢第，解褐授道王東閣祭酒，又轉趙掾。夫王門尚德，燕館市駿。府君以弘長名教，儀刑搢紳，不露田叔之車，嘗斞梳王之醴。江都潛感，同乎仲舒之相；公子敬愛，咸襲東平之善矣。久之，改授貝州清河縣令。入境盡美，下車孚訓。室奸崇替，聞絃歌之聲；索隱懲〔一〕，伏見神明之稱。又轉緜州萬安縣令。於時蜀門政黷，此邑人散，日日爲盜， 明制亟下。蓋貪吏之所典，汔 大君之不怡。府君以爲夫禮者事之幹，樂者德之輩，義者理之明，仁者行之本。是故教然後知困，學然後知不足，知不足故能自□，知困故能自强。吾不樹程，人曷以作。於是乎區以否臧，濟以寬猛。政既揚矣，俗知立矣。罔俟赭染之製，而革萑盗之聚矣。輶軒以聞， 天子穆然休之。遷同州白水令，以親累徙秩潤州延陵。於戲！圖俗字物，更莅同善。智殆於涯，不融於命。春秋五十有六，以垂拱三年正月十五日終於延陵縣之官舍。烏虖哀哉！惟府君清明在躬，柬裕封性。英華發於外，和順積乎中。信不輕諾，文以久敬。作吏弘之以德，折獄慎之以情。二居王寮，四爲邑宰。曳裾文雅，與鄒枚而齊烈；操刀美製，迪蒲密以聯華。悠悠入官，永休其正矣。夫人隴西李氏，寧州録事參軍嗣本之女也。貞而順，婉而章。宜家自昔，夜壑同古。粤以開元三年歲次乙卯十月己酉朔廿二日庚午同窆於河陽縣嶺山之南原，禮也。子汴州司兵璿，前越州會稽縣丞璡，汴州開封縣尉季良，前汝州梁縣尉季文等竝恭聞先訓，孝思罔極。終身銜恤，報德哀哀。匪刻匪志，曷以垂後。載樹載封，寄乎不匱。其辭曰：

府君師師，百夫之特。禮樂之秀，人倫之則。温恭惠和，沉潛剛克。匪爵而貴，貞休允塞。矧我厥祖，底功於徐。俾侯於晉，驃騎中書。高陽才子，無忝厥初。一日千里，令德之餘。在家必聞，從政彌達。清河風偃，萬安天闊。嗷嗷蜀人，如飢如渴。下車而理，操刀必割。輶軒廉俗，聲聞於 天。天子嘉止，神容穆然。寵於左翊，孰知幾先。禍福相倚，金陵不旋。善不輔兮仁莫恃。勞我生兮息以死。德既樹兮吏之紀。悠悠入官兮程罔已。人雖古兮道如始。

（一）此處有闕字。

○七八　唐故韶州録事參軍蕭府君（德珪）墓誌銘

開元五年（七一七）二月二十五日葬。

誌文二十七行，滿行二十八字。正書。誌長五十三厘米、寬五十二厘米。

鄭齊丘撰，張萬□書。

唐故韶州録事參軍蕭府君墓誌銘并序

禮部員外郎鄭齊丘撰

君諱德珪，字少遊，南蘭陵人也。漢相國何之遐裔，梁武帝衍之後苗。承派天津，連輝扶景。光華代襲，可略言焉。曾祖瑁，隨謁者、通直員外郎。祖義，太常寺卿。位列槐庭，譽流邦國。官參棘署，望重朝廷。父弘藝，生知孝悌，早擅雄才。囊括六經，牢籠百氏。屬隨室版蕩，海内崩離。暨唐祚蔚興，禮樂更始。有詔搜擇，急於求賢。時應明揚，對策高第。授太常寺奉禮郎，尋遷太子率更寺丞。既而亹起儲闈，禍連外戚。宫臣舊齒，僉從降黜。乃貶授梓州射洪縣令。至乃移風易俗之術，家給民足之方。曾不踰時，政成物肅。德教備於甿庶，嘉譽徹於　宸衷。遷拜尚書兵部員外郎。方知上應乾象，入踐華省。惟公天資岐嶷，神授仁明。孝友率由，聰敏冥賦。既凝精於翰苑，俄簉迹於衡門。聖曆二年，解褐任廣州增城縣尉。秩滿，又授韶州録事參軍。冰□□懷，松筠植操。動必由禮，口無擇言。東方朔之多才，宦不逾於執戟；管公□之特秀，位纔至於府丞。有時無命，今古攸嘆。荆吴南國，挂疏氏之簪裾；河洛東門，廣于公之第宅。雖晏嬰近市，匪求朝夕之資；潘岳面城，且樂閑居之趣。而天不與善，遘疾彌留。日甚月滋，忽焉大漸。以開元四年十一月六日終於建春里之私第，春秋六十。嗚呼哀哉！夫人陳郡謝氏，幼懷令淑，夙禀言容。爰應和鳴，調諧琴瑟。既而簫臺鳳去，見鵲巢之遂空；劍室龍飛，吟寶匣之孤響。嗣子坦，天與忠孝，至性純深。詠蓼莪之篇，崩魂扣地；想劬勞之愛，痛結終天。屺岵長悲，風枝永悃。再詢宅兆，式崇安厝。即以開元五年歲次丁巳二月壬申廿五日丙申合葬於北邙之原，禮也。恐干霄徙鎮，沃日成田。期茂範於不朽，勒貞石於窮泉。其銘曰：

自皇錫派，承國開家。茂族昌熾，冠冕繁華。猗歟後胤，代多雄俊。爰暨于曾，芳聲逾振。惟君嗣業，特禀門風。文詞簡要，符彩清通。彼蒼不仁，喪兹哲人。一朝冥寞，萬古埃塵。惜哉懿範，從此湮淪。痛矣嘉偶，沉埋尚春。平生池沼，宿昔莊臺。清芬自遠，紅粉誰開。啓彼荒墳，同兹幽户。卜其宅兆，式崇遷厝。魂歸蒿里，囚歌薤露。惟其孤子，哀纏屺岵。悠悠廣阡，飛旐翩翩。蕭蕭松柏，芒芒□田。山花間發，壠月孤懸。人代謝矣，因道奚言。

前常州參軍張萬□書記

○七九　□□□□□□□□□□□諸軍事守湖州刺史上柱國天水趙府君（慎微）墓誌銘

開元五年（七一七）八月二十三日葬。

誌文三十三行，滿行三十一字。正書。誌長六十五厘米、寬六十六厘米。

裴濯撰，裴縚書。

誌蓋篆書：大唐故趙府君墓誌銘

□□□□□□□□□□□諸軍事守湖州刺史上柱國天水趙府君墓誌銘

⧄開國男河東裴漼文

河東裴縚書

□□慎微，字□□，□□□水人也。其先出自伯益，得幸於周穆王，賜封於趙，因命□□。後趙王□□□□□國人□之共立遷兄嘉爲王。及降秦，以其子主西戎，洎□□率衆歸漢，冢□□西，故代居天水矣。邁德惟永，光啓其業。大夫之印，則無以□□。□空之第，掃以待瑤。休烈殊勳，著於典冊。討源徵古，可略而言。曾祖璉，隨漢□□□。祖素王，隨行臺司勳郎中。父延年，皇進士出身，授荊州江陵、雍州鄠縣萬□□、太府主簿、洛州司倉參軍，累遷澤州司馬。衣冠禮樂，載襲通賢。文行忠信，□□□德。君即司馬公第二子也。幼挺多聞，博涉爲裕。明詩悅禮，重道崇儒。舞象□□，□有生知之量；倚□之用，非無契神之感。動必視履，言乃存誠。鄉黨稱仁，友□歸美。覽周盤之詠，懷橘及親；見毛義之心，匪擇而仕。弱年以進士擢第，授許州葉縣尉。陟遐自邇，且贊十□之秩；筮仕安卑，寧滅三台之望。滿歲，改授太常寺太祝。屬有　制明揚，旁求俊傑。遂膺舉爾之辟，乃居褎然之首。遷洛州合宮縣尉。理劇有聲，執憲斯允。初拜右臺監察御史，俄授左臺監察御史。權豪斂手，中外憚威。繩糾非法，是稱幹蠱。府庭坐嘯，尤佇名賢。改授洛州司法參軍事，尋遷倉部員外郎。握蘭有譽，起草馳聲。未收待漏之勤，俄就長沙之屈。以公事出爲潭州司馬，又轉桂州長史。分陝雄輔，半刺務殷。匪曰至公，孰允斯寄。有　制徵拜陝州長史。俄遷均州刺史、濟州刺史，從班例也。夷落難安，蠻鄉易擾。永言綏撫，實賴仁明。乃授使持節桂州都督兼桂永等卅二州諸軍事、經略大使。公鎮静多方，威恩必洽。俗有來蘇之詠，時無猾夏之憂。南紀以寧，公之力也。奏課居最，　朝廷嘉之。乃授正議大夫，使持節湖州諸軍事、守湖州刺史，加勳上柱國，以旌善也。按節雲荒，途□桂嶺。孤舟水宿，路入蒼江。建隼崇威，化行吴會。巢鷰表釁，痛結泉門。以開元三年八月九日終於私第，春秋六十四。雖終焉已矣，大運有歸。顧生死而可齊，恨賢愚之共貫。嗚呼哀哉！夫人故南陽郡夫人潁川韓氏，内則垂訓，用光宜爾之道；中饋聿修，克廣家人□義。婉順成德，親族所欽。而降年不永，先秋早謝。以唐隆元年九月三日終於桂□官舍，春秋卌六。以開元五年歲次丁巳八月戊辰朔廿三日庚寅遷葬於伊闕縣東北廿里高原，禮也。嗣子前易州參軍宣猷，前邢州參軍宣正等，終天永慕，長懷罔極之恩；遠日增悲，更起攀援之恨。詢於匠石，用紀徽猷。吾無愧詞，乃爲銘曰：

赫赫宗周，命晉稱長。英英乃祖，從亡受賞。大夫資始，□軍載□。□土星分，庶齊天壤。其一。盛德之後，厥嗣克昌。迨公繼業，亦世彌光。匪惟□郡，抑□□郎。作鎮邊服，乃總戎章。其二。潁川令族，開邑居尊。禮縟中饋，慶洽高□。□明載穆，寵命斯存。其道光矣，奄化何言。其三。日休將裕，天喪斯文。龜謀襲吉，鳳邙□□。旌麾啓路，簫鼓□聞。偏傷古木，永對孤墳。其四。

○八○　大唐開府儀同三司梁國公姚公（崇）夫人故鄭國夫人鄭氏（嫿）墓誌銘

開元六年（七一八）十月二十五日葬。

誌文三十行，滿行三十二字。正書。誌長七十三厘米、寬七十一厘米。

大唐開府儀同三司梁國公姚公夫人故鄭國夫人鄭氏墓誌銘并序

夫咸林肸蠁，滎波流羨。東里出相，圃田生道。非徒博物之士，亦降展如之人。夫人諱嫣，字明恩，世居滎陽開封。自司徒緇衣，
教敷東國；尚書革履，聲擅南宮。賢俊磊砢而垂裕，龜蟬陸離以相燭。盛門鼎族，海内推高。曾祖善政，隋晉陵令，襲爵丹徒公。祖守元，
皇朝朝散大夫、沔州漢陽令，襲爵丹徒公。咸德可範物，位不充量。子游文學之冠，徒嘆絃哥；仲弓公卿所慚，空傳畫象。父嘉會，
皇朝邛州司户參軍。行標士林，業藴經笥。迹卑道暢，人亡譽遠。夫人漸泇清泚，幽潛雅素。爰在褓丱，夙擅聰明。閨庭謂其書生，
姻族推其女則。愛敬婉淑，因心率由。亦既有行，繼室君子。雖不逮榛脩之禮，而允備笄總之儀。盡甘旨於 先姑，竭心婦道；致謙
恭於娣姒，載穆家風。撫育偏孤，慈深己子，賙贍疏黨，情若至親。用能中表協和，遠邇欽服。後身而先物，遵禮而急義。所行可以
貽謀，出言足著良史。加以内棲無我之妙，喜慍不形；外率真素之容，塵染自落。雖寄迹寰寓，而忘心物累。初開府公作丞廷尉，爰
加朱茀，夫人始封永壽縣君，從夫貴也。後遷兵部侍郎，加太中大夫。改封滎陽郡君，昭族本也。開府公以變諧 累聖，大庇蒼生。
除兵部尚書，加銀青光禄大夫。夫人輔佐君子，亟登璜珮。猶藉郡號，改封夫人。邵伯匡周，鵲巢被於南國；蕭公翊漢，翬服盛於酇
封。追公作令樞垣，載陞金紫。書社梁國，寵盛苴茅。夫人列封鄭墟，秩加銀艾。徽章蕃庶，朝廷藉甚。出則輜軿照道，入則環琚響室。
開府公四海具瞻三十餘載，而夫人躬服澣濯，不衣華綺。甘厥蔬菲，屏絶粱肉。深忌滿盈，恒祈損退。從容之暇，常曰：「貴不如賤，
直必囹咎。」故公罷相之日，夫人喜形於顔，顧謂所親曰：「今真可相賀矣。」夫嘉言應乎千里，高行徵乎百福。豈精心苦節，神勞
不登於眉壽；將諠卑沉滓，道潔高謝於人闤。吁矣夫！開元六年歲次戊午四月廿一日以疾告終於河南詢善里之園館，春秋五十七。嗚
呼哀哉！ 皇恩軫悼，祭賵有加。以其年十月辛酉朔廿五日乙酉窆於萬安山之南原，禮也！開府公神傷寒隴，情換荒阡。松鶴先悲，
瓦雞難曙。有子太子中舍人异，尚書祠部員外郎弈。崩心泣血，菒貌欒容。思勒遺範，託題貞石。敬徵故實，敢作斯銘：

周宣母弟，俾侯於鄭。胙土傳國，高門鼎盛。識履參輿，聯徽疊慶。豈徒俊傑，爰生淑令。其一。言歸旭雁，允叶乘龍。棗脩不
及，笄縱惟恭。台鉉夫貴，山河禮容。玉珈表飾，石窌開封。其二。貴能下物，富觀所與。猗歟夫人，輶德斯舉。學包史載，言成勸沮。
度山則韓，請齊存莒。其三。徽章累盛，澣濯猶親。外匪廉物，内實推人。經行服道，宴坐棲神。溘焉委順，太素爲鄰。其四。先哲至言，
積德餘祉。豈誣昭報，誕生才子。痛有銜索，憂無見齒。孝哉揚名，蘭菊千祀。其五。

○八一　唐故都水使者沈□君（瓚）墓誌

開元六年（七一八）十一月十二日葬。

誌文二十三行，滿行二十四字。正書。誌長五十二厘米、寬五十厘米。

沈克明撰。

誌蓋篆書：大唐故沈府君墓誌銘

唐故都水使者沈□君墓誌并序

從兄陝王府兵曹參軍事克明撰

君諱瓚，字季玉，吳興武康人也。昔金天分裔，職著宣汾；姬氏開元，祚興列國。其後降封竹邑，遷居壽春。述善以讓爵爲高，鴻臚以謙辭見美，歷觀圖史，難備而稱。曾祖遵業，陳著作郎、温縣令。典文秘閣，夙傳範於前經；述職覃懷，早流芳於往册。祖悦，　皇朝黎博二州刺史、將作少匠、餘杭縣公，贈潤州刺史。刺舉六條，規模百度。慶延茅錫，德被棠陰。考巍，左千牛備身、左衛率府長史、和簡二州刺史，贈常州刺史。歷居内職，譽滿朝班；頻處外臺，聲冠嶽牧。君誕生辰象，世業箕裘。起家右千牛備身、右武威衛兵曹、僕寺丞[一]，尋　敕授朝散大夫、行符璽郎，轉太子洗馬、秘書郎、都水使者。執儀宸扆，禦寇武威。御閑服輿馬之勤，禁局受璽符之寄。由是出前驅於馳道，入緘篋於芸臺。守彼衡官，掌斯池禦。雖鴻漸于陸，未振羽儀之翰；鯤沉於海，詎展遼廓之心。嗟乎，俄興鵩入之悲，遽切鳶沉之疾。春秋卅九，以景雲元年九月十四日終於郴州義章縣。兄登州司馬琰，哀愴飛鴒，悲纏吊鶴。恐日月而無識，山谷久而有湮。以開元六年歲在敦牂十一月辛卯朔十二日遷窆於河南府龍門西原，禮也。克明忝爲昆季，志切宗祊。仰松劍而摧心，俯楹書而抆淚。迺爲銘曰：

於穆我祖，肇自金天。臺台能業，封彼汾川。實守其祀，平輿是先。爰從竹邑，遂宅何田。其一。誕生都水，世襲箕裘。掌統池澤，均輸御羞。名超後進，迹邁前脩。猗歟令德，君獨優遊。其二。臨川嘆逝，去者無歸。瞻彼雲鶴，詞於令威。千秋百歲，國是人非。壟上何有，松風日悲。其三。

[一] 此處漏刻「太」字。

唐故游擊將軍汾州靈扶府左果毅都尉李公墓誌銘并序
公諱真字守慎隴西狄道人也周有柱史夫子以之見龍漢有
將軍宛城以之輸馬貽厥之美其在茲乎曾祖湛追封蜀王祖
奉慈封渤海郡王贈右衛大將軍謚曰敬並辰象之秀河岳之
靈白茅青土列其封玉冠金璽延其寵父知本朝散大夫荊州
當陽縣令遂州司馬謂風閑士鄭言優之牛刀毗政長江屈士
元之驥足公清規日舉貞槩霜明弘禮讓以屈心踐溫恭而撿
跡三冬足用不墜於文功萬里推雄尤先於武德起家除汾州
靈扶府左果毅統曷貔之旅迹滯戎塵聽龍蛇之歌依義壤
屬載初之際前周之餘鵠鳥矛翔讒嗟盈路公桂遭誣排尋而
就問則有龍眉鶴髮青冑緇衣出境相悲攀車舉德意非有威
必伏有惠必訓之謂乎既而傷鳥巢南枕風入室顏回不幸令
也公以如意元年十月廿一日卒於河南府之私第時年卌
二歲里興哀隣機罷織即以開元六年十一月十九日葬於河
南原禮也橋玄爵酒詎異壺盈周勃吹簫豈勞曲寧知
北邨之坟真有曹檀之墓安陽之亭唯餘王喪之祀嗚呼哀哉
乃為銘曰　柱史儀道將軍代賢白茅列土紫氣纏傳
重侯疊相絕後光前遠派昌源芳傳帝葉平臺鎔寵方旌擅業
登壇炎煌瓊宛煒瞱挺茲茂緒生此偉哲月角奇星精降傑
孝親無禮忠公盡節偉哉巨量命也未俱林標百尺位屈千夫
鴻鵠未舉螻蟻先馳冥泉落鏡泥露晞珠寂寞虛莫荒凉象設
息壤龜封重埏蟻結秋色淒愴松聲斷絕不年何笑歸於此則
相州司士王玄節文　咸安縣尉馮詩徵書

〇八二　唐故游擊將軍汾州靈扶府左果毅都尉李公（真）墓誌銘

開元六年（七一八）十一月十九日葬。

誌文二十三行，滿行二十四字。隸書。誌長五十八厘米、寬五十七・五厘米

王玄節撰，馮詩徵書。

唐故游擊將軍汾州靈扶府左果毅都尉李公墓誌銘并序

公諱真，字守慎，隴西狄道人也。周有柱史，夫子以之見龍；漢偁將軍，宛城以之輪馬。貽厥之美，其在茲乎。曾祖湛，追封蜀王。祖奉慈，封渤海郡王，贈右衛大將軍，謚曰牧。並辰象之秀，河岳之靈。白茅青土列其封，玉冠金璽延其寵。父知本，朝散大夫、荆州當陽縣令、遂州司馬。調風閩土，嘆言偃之牛刀；毗政長江，屬士元之驥足。公清規日舉，貞概霜明。弘禮讓以居心，踐温恭而撿迹。三冬足用，不墜於文功；萬里推雄，尤先於武德。起家除汾州靈扶府左果毅。統虎貔之旅，迹滯戎麾；聽龍蛇之歌，欣依義壤。屬載初之際，前周之朝，鵶梟于翔，讒噬盈路。公枉遭誣構，尋而就問。則有尨眉鶴髪，青胄緇衣。出境相悲，攀車□德。豈非有□必伏，有惠必詶之謂乎。既而鵩鳥巢門，妖風入室。顔回不幸，今也云亡。以如意元年十月廿一日卒於河南府之私第，時年卅二。戚里興哀，鄰機罷織。即以開元六年十一月十九日葬於河南　原[一]，禮囮。橋玄酹酒，詎異虚盃；周勃吹簫，豈勞多曲。寧知北邙之坂，直有曹櫨之墓；安陽之亭，唯餘王夐之祀。嗚呼哀哉！乃爲銘曰：

柱史偁道，將軍代賢。白茅列土，紫氣乘僊。重侯疊相，絶後光前。遠派昌源，芳傳帝葉。平臺錫寵，分旌擅業。金璽熒煌，瑶冠煒曄。挺茲茂緒，生此儁哲。月角□奇，星精降傑。孝親極禮，忠公盡節。偉哉巨量，命也未俱。材標百尺，位屈千夫。鴻鵠未舉，螻蟻先驅。虞泉落鏡，薤露晞珠。寂寞虚奠，荒凉象設。息壤龜封，重埏蟻結。秋色淒愴，松聲斷絶。不年何哭，歸於此別。

相州司士王玄節文

成安縣尉馮待徵書

[一] 此處空兩格，未刻字。

○八三　大唐故許王第二子（李瑛）墓誌銘

開元六年（七一八）十二月一日葬。

誌文二十一行，滿行二十一字。正書。誌長四十五・五厘米、寬四十五厘米。

原石藏洛陽張存才唐誌精品館。

大唐故許王第二子墓誌銘并序

君諱瑛，字瑛，隴西狄道人也。　太宗文武聖皇帝之曾孫，　高宗天皇大帝之孫，　今上〔一〕之堂兄。贈開〔二〕儀同三司、許州刺史許王〔三〕之第二子也。粵若　我祖，昭昭　累聖。粵若　我父，赫赫維城。著明膺大角之尊，厚德居太山之位。夫所謂彈壓天地，固無得而稱焉。君稟樂善之休禎，丞〔四〕積慶之垂裕。生而曜掌，明月之出河庭；長而駭人，夜光之騰井里。奉詩禮之　嚴訓，習文武之明規。緬惟昔賢，難以取類。方將漸　天渥，被　宸私，展其英才，光乎濟美。俾元凱仰疇其圖，藩屏廓贊其能。既而　則天臨朝，　王室有否，國事遷鼎，家丁覆巢。天授中，君與諸昆八人僉被殛於舒州之地，享年廿六。嗚呼哀哉！芝庭欲秀而遽凋，蒿里有去而無返。惟夭惟枉，何酷如之。洎天復睿圖，時逾一紀。載睦餘季，光亨舊封。第十二弟衛尉卿、嗣許王瓘等痛埋玉之無追，哀陟岡之靡覿。銜哀備禮，克建丘塋。粵以開元六年歲次戊午十二月庚申朔一日庚申永遷窆於河南府龍門鄉之平原，從吉兆也。九隧相對，千秋永終。嗚呼哀哉！乃爲銘曰：

出帝城兮數里，右崇岡兮左伊水，樹蕭蕭兮墳壘壘，道路悲兮瘞王子，千古萬古哀何已。

〔一〕「今上」即玄宗李隆基。
〔二〕此處漏刻「府」字。
〔三〕「許王」即高宗第四子李素節，封許王。
〔四〕「丞」當爲「承」之訛誤。

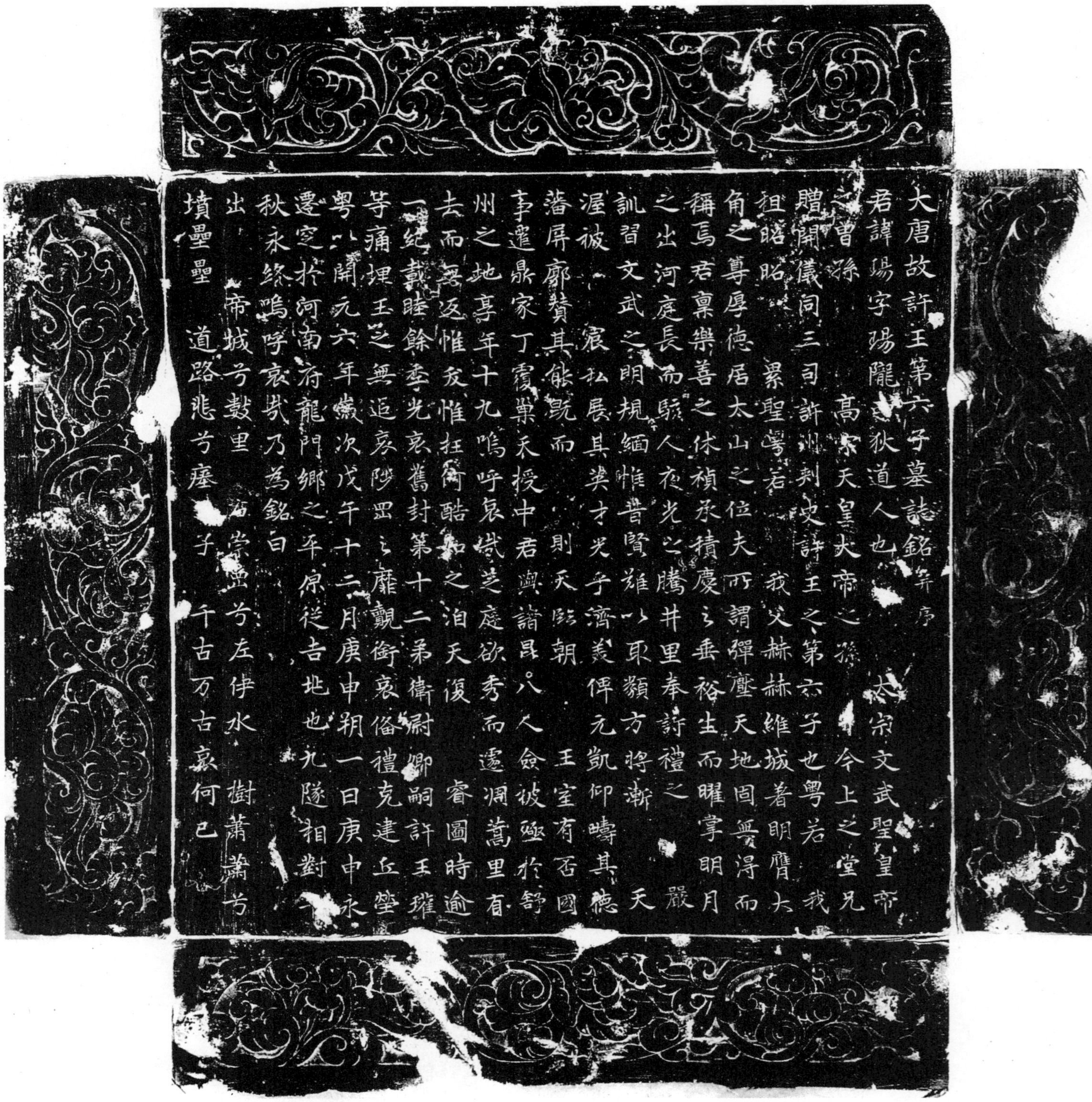

大唐故許王第六子墓誌銘并序

君諱瑒字瑒隴西狄道人也　太宗文武聖皇帝

之曾孫　高宗天皇大帝之孫　今上之堂兄

贈開府儀同三司許州刺史許王之第六子也粵若我

祖昭昭　累聖譽若　我父赫赫維城着明膺大

角之尊厚德居太山之位夫所謂彈壓天地固無得而

稱焉君禀樂善之休禎承積慶之垂裕生而曜掌明月

之出河庭長而驍人夜光之騰井里奉詩禮之　嚴

訓習文武之明規緬惟昔賢雖以取類方將漸　天

渥被　寵私展其美才光于濟美俾元凱仰疇其德

藩屏廓贊其能既而　則天臨朝　王室有否國

事遷鼎家丁震業天授中君與諸昆八人僉被徙於舒

州之地享年十九嗚呼哀哉芝庭欲秀而遽凋蕙里有

去而無返惟父惟兄酷如之泊天復　睿圖時逾

一紀載睦餘季光哀舊封第十二弟衛尉卿嗣許王瓘

等痛埋王之無追哀陟岡之靡覿銜哀备禮克建丘塋

粵以開元六年歲次戊午十二月庚申朔一日庚申永

遷窆於河南府龍門鄉之平原從吉兆也九隧相對

秋永絕嗚呼哀哉乃為銘曰

出　帝城兮數里　洛崇邱兮左伊水　樹蕭蕭兮

墳壘壘　道路悲兮塵　子　千古万古哀何已

○八四　大唐故許王第六子（李瑒）墓誌銘

開元六年（七一八）十二月一日葬。

誌文二十一行，滿行二十一字。正書。誌長四十五・五厘米、寬四十四厘米。

原石藏洛陽張存才唐誌精品館。

大唐故許王第六子墓誌銘并序

君諱瑒，字瑒，隴西狄道人也。　太宗文武聖皇帝之曾孫，　高宗天皇大帝之孫，　今上之堂兄，贈開儀同三司、許州刺史、許王之第六子也。粤若　我祖，昭昭　累聖。粤若　我父，赫赫維城。著明膺大角之尊，厚德居太山之位。夫所謂彈壓天地，固無得而稱焉。君稟樂善之休禎，承積慶之垂裕。生而曜掌，明月之出河庭；長而駭人，夜光之騰井里。奉詩禮之　嚴訓，習文武之明規。緬惟昔賢，難以取類。方將漸　天渥，被　宸私，展其英才，光乎濟美。俾元凱仰疇其德，藩屏廓贊其能。既而　則天臨朝，　王室有否。國事遷鼎，家丁覆巢。天授中，君與諸昆八人僉被殛於舒州之地，享年十九。嗚呼哀哉，芝庭欲秀而遽凋，蒿里有去而無返。惟夭惟枉，何酷如之。洎天復　睿圖，時逾一紀，載睦餘季，光哀舊封。第十二弟衛尉卿、嗣許王瓘等，痛埋玉之無追，哀陟岡之靡覿。銜哀備禮，克建丘塋。粤以開元六年歲次戊午十二月庚申朔一日庚申永遷窆於河南府龍門鄉之平原，從吉兆也。九隧相對，囝秋永終。嗚呼哀哉，乃爲銘曰：

出帝城兮數里，右崇岡兮左伊水，樹蕭蕭兮墳壘壘，道路悲兮瘞□子，千古萬古哀何已。

〇八五　大唐故許王第八子（李琛）墓誌銘

開元六年（七一八）十二月一日葬。

誌文二十一行，滿行二十一字。正書。誌長四十四厘米、寬四十三厘米。

大唐許王第八子墓志銘并序

君諱琛，字琛，隴西狄道人也。　太宗文武聖皇帝之曾孫，　高宗天皇大帝之孫，　今上之堂兄，贈開儀同三司、許州刺史、許王之第八子也。粵若　我祖，昭昭　累聖。粵若　我父，赫赫維城。著明膺大角之尊，厚德居太山之位。夫所謂彈壓天地，固無得而稱焉。君稟樂善之休禎，承積慶之垂裕。生而曜掌，明月之出河庭；長而駭人，夜光之騰井里。奉詩禮之　嚴訓，習文武之明規。緬惟昔賢，難以取類。方將漸　天渥，被　宸私。展其英才，光乎濟美。俾元凱仰疇其德，藩屏廓贊其能。既而　則天臨朝，　王室有否。國事遷鼎，家丁覆巢。天授中，君與諸昆八人僉被殛於舒州之地，享年十八。嗚呼哀哉！芝庭欲秀而遽凋，蒿里有去而無返。惟天惟枉，何酷如之。洎天復　睿圖，時逾一紀。載睦餘季，光亨舊封。第十二弟衛尉卿、嗣許王瓘等痛埋玉之無追，哀陟岡之靡覿。銜哀備禮，克建丘塋。粵以開元六年歲次戊午十二月庚申朔一日庚申永遷窆於河南府龍門鄉之平原，從吉兆也。九隧相對，千秋永終。嗚呼哀哉！乃爲銘曰：

出帝城兮數里，右崇岡兮左伊水，樹蕭蕭兮墳壘壘，道路悲兮瘞王子，千古萬古兮哀何已。

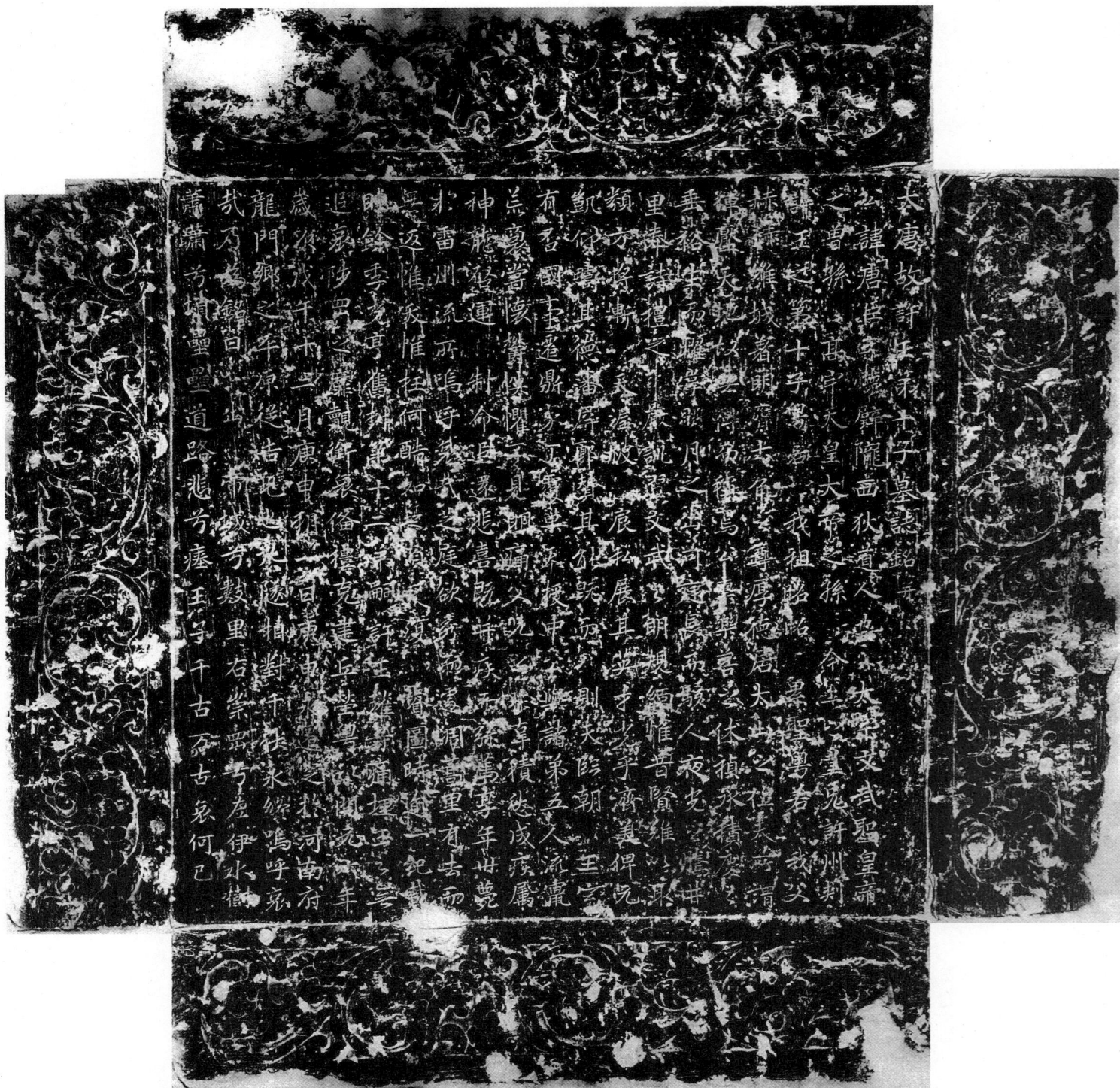

○八六　大唐故許王第十子（李唐臣）墓誌銘

開元六年（七一八）十二月一日葬。

誌文二十一行，滿行二十一字。正書。誌長四十六厘米、寬四十五厘米。

原石藏洛陽張存才唐誌精品館。

誌蓋篆書：大唐故李府君墓誌銘

大唐故許王第十子墓誌銘并序

公諱唐臣，字懷璧，隴西狄道人也。　太宗文武聖皇帝之曾孫，　高宗天皇大帝之孫，　今上之堂兄，許州刺〔一〕、許王之第十子。粤若　我祖，昭昭　累聖。粤若　我父，赫赫維城。著明膺大角之尊，厚德居太山之位。夫所謂彈壓天地，故無得而稱焉。公禀樂善之休禎，承積慶之垂裕。生而曜掌，明月之出河庭；長而駭人，夜光之騰井里。奉詩禮之　嚴訓，習文武之明規。緬惟昔賢，難以取類。方將漸　天渥，被　宸私，展其英才，光乎濟美。俾元凱仰疇其德，藩屏廓贊其能。既而　則天臨朝，　王室有否。國事遷鼎，家丁覆巢。天授中，公與諸弟五人流竄荒裔，嘗懷鬱怏，懼不見明。痛父兄之非辜，積愁成疾。屬神龍啓運，　制命追還。悲喜既并，疾而彌篤。享年卅，薨於雷州流所。嗚呼哀哉，芝庭欲秀而遽凋，蒿里有去而無返。惟夭惟枉，何酷如之。洎天復　睿圖，時逾一紀。⿴囗載⿴囗睦餘季，光亨舊封。第十二弟嗣許王瓘等，痛埋玉之無追，哀陟岡之靡覿。銜哀備禮，克建丘塋。粤以開元六年歲次戊午十二月庚申朔一日庚申永遷窆於河南府龍門鄉之平原，從吉兆也。九隧相對，千秋永終。嗚呼哀哉，乃爲銘曰：

出帝城兮數里，右崇岡兮左伊水。樹蕭蕭兮墳壘壘，道路悲兮瘞王子。千古萬古哀何已！

〔一〕此處漏刻「史」字。

〇八七　大唐故朝請郎行同州白水縣尉上輕車都尉崔君（頂）墓誌銘

開元八年（七二〇）十二月十二日葬。

誌文二十六行，滿行二十九字。正書。誌長六十三厘米、寬六十二厘米。

大唐故朝請郎行同州白水縣尉上輕車都尉崔君墓誌銘并序

君諱頂，字敬元，其先博陵安平人也，今僑居河南伊陽縣焉。若逝重爻作帝，浩汗昌源。典禮爲臣，縤繆慶緒。天長地久，海變陵移。建國開封，因邑命氏。衣冠禮樂，史諜詳焉。曾祖君洽，隨司門侍郎、散騎常侍。名以德聞，位以材授。帝命攸委，朝儀式瞻。祖曇首，武德初趙州司法參軍。貞觀五年，授萊州掖縣丞。驥騁千里，外臺有人。魚亭一同，副職多裕。父紹睿，冀州武邑縣令。灌壇化周，神避風雨。武城材屈，子嘆絃歌。君渥洼龍駒，誠當駿骨；嶧陽桐樹，即是孫枝。弱歲誦書，班孟堅之敏識；少年學劍，東方朔之藝能。茂彼天才，先光國器；乘兹地望，且衛王庭。延載元年，取父朝議大夫蔭，補左衛翊一府翊衛。分戟脩廊，神儀每肅；選文華省，英芬頓抽。神龍二年，解褐汴州雍丘縣尉。開元二年，又遷同州白水縣尉。三輔六雄，蟠根錯節。選材授職，拔器從班。然梅福高心，曾多悵恨；喬玄下位，未可縱容。君達命安時，和神樂道。簡我繁務，澄□猾人。處劇若閑，居清自逸。僚友推其幹濟，黔庶荷以仁明。河山爲四海池臺，風月是一生□結。歲不我與，名爲儻來。令終所守，勉達於邁。濯纓未幾，伏枕彌留。嗚呼哀哉！東方之鬼門非遠，西域之魂□難遇。小童不却，大夜言歸。以開元八年十一月九日終於東都正俗里第，春秋卌有八。龜兆俟期，殯於常寢。即以其年十二月十二日遷葬於河南緱氏縣高龍村之東北原先塋之東，禮也。長子伯卿、嗣子昇之等，哀纏陟岵，痛切茹荼。戀慈顔而既遠，庶芳聲而不墜。敬叙鴻猷，勒銘玄隧。其詞曰：

帝誕姜水，臣邇渭川。利代勳茂，匡時道甄。神鑒昭晰，慶緒綿聯。族望華矣，家聲穆然。其一。龍出洼池，鳳生丹穴。作玉彌潤，成珠頓潔。紱冕園心，巖廊下節。中夜先警，長空後截。其二。自近達遠，因卑就高。銓衡挹讓，州縣徒勞。六雄三輔，水局金曹。風威肅肅，海量滔滔。其三。歲月不居，河山遂往。欲静臺沼，俄驚夢想。酒影蛇來，人筵鳥上。萬化消息，一朝歆饗。其四。薤露初歇，楊風早驚。綿綿神理，鬱鬱佳城。千秋萬代，飲恨吞聲。陵移谷圓，金真石貞。其五。

開元八年歲次庚申十二月乙卯朔十二日乙丑

○八八　大唐故太中大夫使持節都督梁鳳興洋等四州諸軍事守梁州刺史上柱國南陽樊公（偘偘）墓誌銘

開元九年（七二一）二月七日葬。

誌文三十一行，滿行三十一字。正書。誌長、寬均八十七厘米。

崔尚撰，樊恒書。

大唐故太中大夫使持節都督梁鳳興洋等四州諸軍事守梁州刺史上柱國南陽樊公墓誌銘并序

朝議郎行秘書省秘書郎博陵崔尚撰

惟有唐開元七年冬十一月二十七日太中大夫、使持節都督梁等四州諸軍事、守梁州刺史、上柱國樊公薨於長安崇賢里第，享年六十有二。嗚呼哀哉！公諱偘偘，字偘，南陽人也。昔天監有周，生仲山甫。王躬是保，王命是將。詩人頌之，則我先也。厥有成績，受封於樊。族以氏焉，美世濟焉。夫其丞相武氣，謀定天下。京尹忠規，才膺帝命。大夫名節，受業者四方；特進寵榮，封侯者五國。其盛矣乎。在隋，曾祖通，以循良幹時，爲河東守。在　唐，大父徹以惠化養人，爲下邽宰。考恭，位不侔德，爲陽城主簿。休有餘祉，載生君子。仁慈特禀，敏晤夙成。五歲能誦書，舉神童高第。昔仲曜八歲通《詩》，公明九齡讀《易》。方年比義，謂古慚今。十八補館陶尉，轉部陽尉。舉賢良，入爲左羽林軍録事參軍，遷永昌尉。縣臨中土，位應甲星。雖都輦是殷，而公府惟肅。嘗因敷奏，　帝用器之。特授通事舍人，加朝散大夫，判冬官、秋官員外郎，除駕部員外郎。精簡而授，從試而遷。克嗣文高，還歸重慎。拜天官員外郎，參總選舉，允諧論望。因正人以推能，由直道而見黜，左授邛州司馬。未之官，　朝旨以蘊韜鈐之略，命爲朔方軍司馬。無何，授秦州長史。尋除幽州長史，遷□州刺史，試邛州刺史。上以宣恩致和，下以興利除害。齊都蜀郡，於今稱之。徙□州刺史，有　制爲朔方軍長史，復修前政。尋除易州刺史，兼五迴軍使。時　帝命宰臣薛訥將伐東北虜焉。申命公使持節、都督營順等十二州諸軍事、營州刺史。假金章紫綬，兼漁陽軍使。位居要衝應接焉，有功除益州大都督府司馬，兼蜀川防禦使。時南蠻、吐蕃相與爲亂，　朝廷患之。公纔及下車，擁兵而往。撫之以信，示之以威。方事乃清遐甿，其又遷使持節都督梁鳳興洋等州諸軍事、梁州刺史。政術如在邛、易等五州焉。公博極墳典，尤精詞律，有集二十卷，行之於代。秉忠貞之節，負文武之材。夙侍軒墀，亟歷臺閣。德化居方面之位，智謙參爪牙之旅。政惟有益，功乃不論。台庭以虛，逝川何速。嗚呼哀哉！夫人韋城縣君京兆韋氏，左領軍將軍懷敬之孫，同州司倉參軍知誨之女。家承朱紱之榮，人藉絳紗之業。賢明柔順，懿淑端莊。鳳皇和鳴，昔年齊偶；蛟龍中別，今日同歸。年二十八以圣曆二年十二月十六日終於東都道訓里第。嗚呼哀哉，粤以開元九年歲次辛酉二月戊寅朔七日甲申合葬於河南萬安山之南原，禮也。有子六人，一曰象，前扶風尉。二曰纘，三曰逸，四曰廣，五曰恒，六曰演等拊心擗氣，銜酸茹感，卜其宅兆，哀以送之。其銘曰：

樊公烈烈，一時俊傑。移孝爲忠，既明且哲。宜繼遠祖，袞闕斯補。正喜驅鹿，俄驚送虎。洞泉茫茫，塋樹蒼蒼。兩龍時合，千秋夜長。

男恒書時年一十六

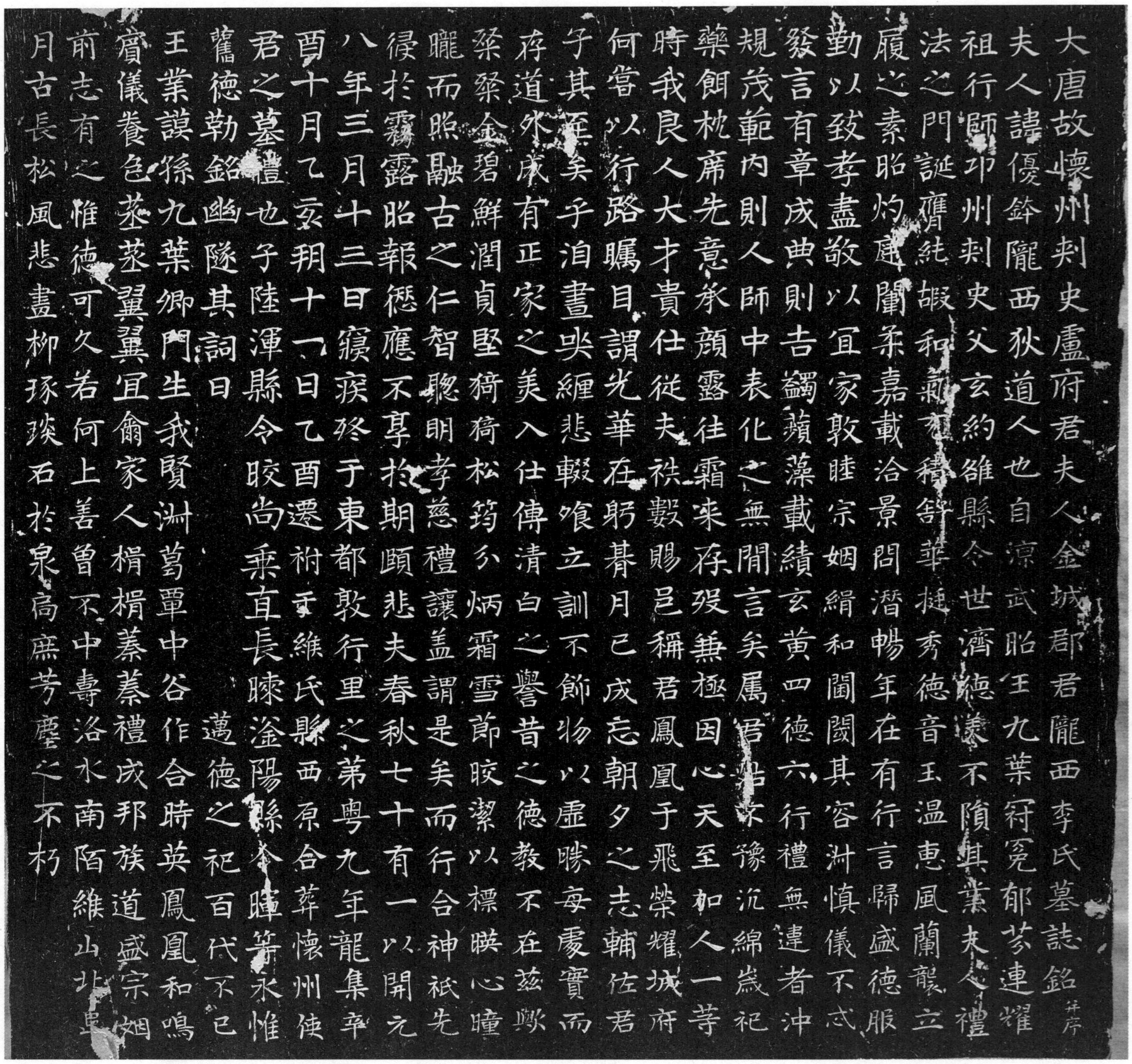

大唐故懷州刺史盧府君夫人金城郡君隴西李氏墓誌銘并序
夫人諱優鉢隴西狄道人也自涼武昭王九葉冠冕郁芬連耀
祖行師汴州刺史父玄約雒縣令世濟德業不隕其業夫人禮
法之門誕膺純嘏和氣積舒華挺秀德音玉溫惠風蘭襲立
履之素昭灼庭闈柔嘉載洽景問潛暢年在有行言歸盛德服
勤以致孝盡敬以宜家敦睦宗姻絹和閨閫其容淑慎儀不忒
發言有章成典則吉蠲蘋藻載績玄黃四德六行禮無違者沖
藥餌枕席先意承顏露往霜來存歿兼極因心天至加人一等
規茂範内則人師中表化之無間言矣屬君出宰豫沉綿歲祀
時我良人大才貴仕從夫禄數賜邑稱君鳳凰于飛榮耀城府
何嘗以行路矚目謂光華在躬朞月已成忘朝夕之志輔佐君
子其至矣乎洎晝哭緦悲輟飡立訓不飾物以虛勝每處實而
存道外成有正家之美入仕傳清白之譽昔之德教不在茲歟
粲粲金碧鮮潤貞堅猗猗松筠分炳霜雪節皎潔以標映心瞳
朧而照融古之仁智聰明孝慈禮讓蓋謂是矣而行合神祇先
侵於霧露昭報愆應不享於期頤悲夫春秋七十有一以開元
八年三月十三日寢疾終于東都敦行里之第粤九年龍集辛
酉十月乙亥朔十一日乙酉遷祔于維氏縣西原合葬懷州使
君之墓禮也子陸渾縣令晈尚乘直長暕滏陽縣令暐等永惟
鶩德勒銘幽隧其詞曰　邁德之祀百代不已
王業謨孫九葉卿門生我賢淑葛覃中谷作合時英鳳凰和鳴
賓儀養色蒸蒸翼翼宜爾家人楫楫蓁蓁禮成邦族道盛宗姻
前志有之惟德可久若何上善曾不中壽洛水南陌緱山北阜
月古長松風悲畫柳琢琰石於泉扃庶芳塵之不朽

〇八九　大唐故懷州刺史盧府君夫人金城郡君隴西李氏（優鉢）墓誌銘

開元九年（七二一）十月十一日葬。

誌文二十四行，滿行二十四字。正書。誌長六十厘米、寬五十九厘米。

大唐故懷州刺史盧府君夫人金城郡君隴西李氏墓誌銘并序

夫人諱優鉢，隴西狄道人也。自凉武昭王九葉冠冕，郁芬連耀。祖行師，邛州刺史。父玄約，雒縣令。世濟德美，不隕其業。夫人禮法之門，誕膺純嘏。和氣充積，舒華挺秀。德音玉温，惠風蘭襲。立履之素，昭灼庭闈。柔嘉載洽，景問潛暢。年在有行，言歸盛德。服勤以致孝，盡敬以宜家。敦睦宗姻，緝和閫閾。其容淑慎，儀不忒發。言有章，成典則。吉蠲蘋藻，載績玄黄。四德六行，禮無違者。冲規茂範，内則人師。中表化之，無間言矣。屬君⿴囗姑不豫，沉綿歲祀。藥餌枕席，先意承顔。露往霜來，存殁兼極。因心天至，加人一等。時我良人，大才貴士。從夫秩數，賜邑稱君。鳳凰于飛，榮耀城府。何嘗以行路矚目，謂光華在躬，期月已成，忘朝夕之志，輔佐君子，其至矣乎。

洎晝哭纏悲，輟飧立訓。不飾物以虚勝，每處實而存道。外成有正家之美，入仕傳清白之譽。昔之德教，不在兹歟。

粲粲金碧，鮮潤貞堅，猗猗松筠，分炳霜雪。節皎潔以標映，心曈曨而照融。古之仁智聰明，孝慈禮讓，蓋謂是矣。

而行合神祇，先侵於霧露；昭報愆應，不享於期頤。悲夫！春秋七十有一，以開元八年三月十三日寢疾終於東都敦行里之第。粤九年龍集辛酉十月乙亥朔十一日乙酉遷祔於緱氏縣西原，合葬懷州使君之墓，禮也。子陸渾縣令皎、尚乘直長暕、滏陽縣令暉等，永惟舊德，勒銘幽隧。其詞曰：

邁德之祀，百代不已。王業謨孫，九葉卿門。生我賢淑，葛覃中谷。作合時英，鳳凰和鳴。賓儀養色，蒸蒸翼翼。宜爾家人，楫楫蓁蓁。禮成邦族，道盛宗姻。前志有之，惟德可久。若何上善，曾不中壽。洛水南陌，緱山北阜。月古長松，風悲畫柳。琢琰石於泉扃，庶芳塵之不朽。

○九○　唐故濟州陽穀縣丞盧府君（思順）墓誌銘

開元九年（七二一）十月十一日葬。

誌文二十四行，滿行二十四字。正書。誌長、寬均四十八厘米。

唐故濟州陽穀縣丞盧府君墓誌銘并序

公諱思順，字公子，涿郡范陽人也。自吕望封齊，高奚食菜，代有著姓，鬱爲世家。曾祖懷仁，神農郡守。祖彦卿， 皇朝東宫學士。父方壽，并州榆次縣丞。並龍躍鳳鳴，川渟岳峙。故鄉尚在，已表德於先賢；盛業必傳，載流芳於後葉。公榆次府君第三子也。生而聰明，幼挺岐嶷。强學以待問，脩辭以立誠。口無擇言，行有餘力。解褐任鄆州壽張縣丞，轉濟州陽穀縣丞。久棲卑位，頻佐列蕃，梁竦既嘆於勞人，趙温豈安於雌伏。方當振刷雲翮，騰摩天階。未矯南圖之翰，遽戢西崦之晷。道之不行，子罕言命。以大足元年七月七日遘疾終於鄭州中牟縣之别業。春秋六十有七。夫人清河崔氏，齊開府參軍晏之孫， 皇海州懷仁主簿公瑶之女。禀柔嘉之德，生禮義之門。輔佐君子，載宜家室。道悠運促，物在人非。以久視元年六月十日終於鄭州中牟縣之私第，享年五十有□。有子長曰曦，前太子校書。次曰履謙，前淄州參軍。陟岵無依，昊天罔極。仲由之禄，恨不逮於榮親；高柴之心，□空存於泣血。宅遷東土，兆在西階。雖異反周之文，允得合□之義。即以開元九年十月十一日合葬於河南府緱氏縣通谷鄉□平原，禮也。不還謂達，何必首丘。有德是傳，式兹銘石。詞曰：

□穆我祖，累載徽猷。既分四嶽，復建營丘。家因避難，德表封圀。□兹弈葉，世濟其休。其一。倬彼君子，黄中通理。德以象賢，學而成□。言行無擇，詞華獨美。施於有政，轡之柔矣。其二。囝成九德，□重□傾。始屈卑位，翻摧令名。風吟薤曲，月照松塋。一絶龍影，長悲鳳聲。其三。且有如賓，作嬪世哲。昔悲異壤，今則同穴。馬援早孤，高柴泣血。白日長閉，幽泉永□。其四。

大唐故絳州司馬弘農楊府君墓誌銘

○九一　大唐故絳州司馬弘農楊府君（欣時）墓誌銘

開元九年（七二一）十月十一日葬。誌文二十九行，滿行二十九字。正書。誌長、寬均六十五厘米。魏啓心撰。

大唐故絳州司馬弘農楊府君墓誌銘

朝議郎前行京兆府司録參軍鉅鹿魏啓心撰

君諱欣時，字守節，弘農華陰人也。周宣王之崇建藩屏，尚父居食菜之尊；晉武公之封殖本枝，伯喬籍分茅之寵。西京丞相，秘昌邑之深謀；東漢司徒，進樊豐之讜議。榮高八座，瑶居法斗之官；禮極三珪，阜有象河之秩。故得四□作相，焕傳玄之文；五蹈台階，光蔡邕之述。人物之盛，史牒囘詳。公即北齊左衛將軍，兼吏部尚書、侍中、司空公津之曾孫。隨長安縣尉、□州圜安縣令、贈汾州刺史行表之季孫。 皇朝殿中侍御史、懷州司馬、考功郎中、澤州刺史、臨汾縣開國男季昭之子。門傳棨戟，世濟英賢。廊廟之藎臣， 國朝之奇寶。或銜珠從武，或賜劍題名。入帝幄而喉舌是司，協乾光而水土咸理。罻羅稱其妙選，桴鼓因而不鳴。繡服增華，緹軒在御。三臺護□，雅譽擅於彌綸；九牧分符，寵洎於存没。公積中和之氣，含上德之姿。城府凝深，使候清遠。玉山吐耀，瓊樹無塵。峰仞莫究其端倪，波瀾不知其遠邇。解褐授汝州參軍，换陜州參軍、蒲州司倉、同州司法。汝海曹陽，堯都禹甸。屢詠清池之什，再紆命士之班。屬咨岳求賢，輶軒牓道。應譽擅襲，黄舉及第。 敕授秘書郎。崑玉騰芳，楚材殊用。太康下制，荀良預方伯之賢；永平求士，班固踐鉛黄之列。較於其美，義實兼優。無何，又除詹事府丞、絳州司馬。漢之長信，聿膺儲宷；晉之故絳，光佐元寮。糾逷而綱領必存，綏輯而甿黎有詠。天厚其德，謂享期頣。神何不臧，奄傷殂没。三公未作，晉后惜其名臣；九言可思，趙簡爲之流涕。以開元九年正月六日遘疾終於絳州官舍。即以開元九年十月十一日遷窆於伊洛原，禮也。公履仁蹈義，懷瑾握瑜。幼則有成，長而不遺。觀《禮》得之别，觀《樂》得之和。觀《書》得之恒，觀《詩》得之厚。故能積學潤己，呈才莅官。其在内也，參多士之名；其在外也，有循吏之稱。嗟乎！隨武不作，吾誰與歸。子皮云亡，人無爲善。嗣子有隣等執玉居喪，茹荼增酷。往兮若慕，幾深孺子之悲；没有餘芳，願紀先人之德。不才見託，敢勒銘云：

在周命氏，居晉爲侯。赤泉霞艳，朱轂川流。展矣君子，家聲聿脩。純嘏因錫，德義蒙求。器惟瑚璉，驥則驊騮。參卿位簿，主諾才優。出司玉府，入侍銅樓。題輿命舉，巨室悲周。王孫野外，杜預山頭。日昏池篓，風急松楸。泉門一閉，茂範空留。

○九二　大唐正議大夫使持節鄂州諸軍事上柱國行鄂州刺史趙公（玄本）墓誌銘

開元十年（七二二）七月十六日葬。

誌文二十六行，滿行二十六字。正書。誌長、寬均四十五·五厘米。

大唐正議大夫使持節鄂州諸軍事上柱國行鄂州刺史趙公墓誌銘并序

乾坤覆載，陰陽遞遷，日月居諸，春秋交謝。知幹運之旋極，公理其端；識造化之無窮，公乎靡恨。生靈易往，死魄難追，忽而有終，人多噫曰。公姓趙，天水人也，諱玄本，字玄本。祖秘，銀青光禄大夫，隨行蘭州刺史。英靈獨秀，卓爾孤巒。父德，朝請大夫，唐行豪州司馬。懷金韞玉，吐納文章。職踐題輿，兼承半刺。公策名登仕，積有歲年。陳力效官，每樹聲績。弱冠之歲，再討遼蕃，重立奇功，是其忠也。國以有功必賞，授以朝散大夫、上柱國，官以當州司馬。尋加中大夫，除商、代二州司馬。往以犬戎作梗，獯鬻屢侵，　制以梁王三思爲其元帥，　則天大聖皇后表公忠列，召預軍謀。帷幄運籌，有同於韓信；攻城野戰，得效於子房。七擒七縱之能，九攻九拒之術。公之少擅，早習兵文，討歷諸蕃卅餘載，加階授職一十二正。公盡忠竭力，特　敕賞雲麾將軍，授右領軍翊府中郎將。公行表温良，藝優文武。入侍軒禁，宿衛鷹楊。兼東都　皇城留守，聯綿四年，勤誠苦節之勞，加以鄂州刺史。公德行清勤，官無内顧。百城留令譽之教，六條敷政化之儀。露冕湘川，郡有來蘇之詠；褰帷夏口，人豐五袴之資。貞操當衆，難奪其志。博以經傳，盡以陰陽。自開元初，識其靈運，知時變之歲，而求退官，登日修之年。俄而遘疾，以開元十年閏五月十九日終於洛陽縣毓德坊之里第也，春秋九十有一。二男先喪，長懷子夏之悲；孤孫一人，有同元伯之痛。莫不悲感行路，慟切友朋。朝野咸嗟，官贈粟帛。朱軒駟馬，烈駕於前；鐃鼓金鉦，設儀於後。卜其宅兆，安厝大營，即以其年七月十六日葬於營内。號天叩地，擗踊於前，哀哀之悲，獨其孫也。泉門永隔，柩往魂歸。幽壤無明，薤歌長送。生靈有感，蒿徑無追。嗚呼哀哉，乃爲銘曰：

於穆我公，爲天之秀兮。德崇□邁，爲地之靈兮。剛剋智勇爲　國之忠兮。柔和仁順，爲家之理兮。公乎命矣，壽福之慶兮。公乎榮矣，授禄之極兮。

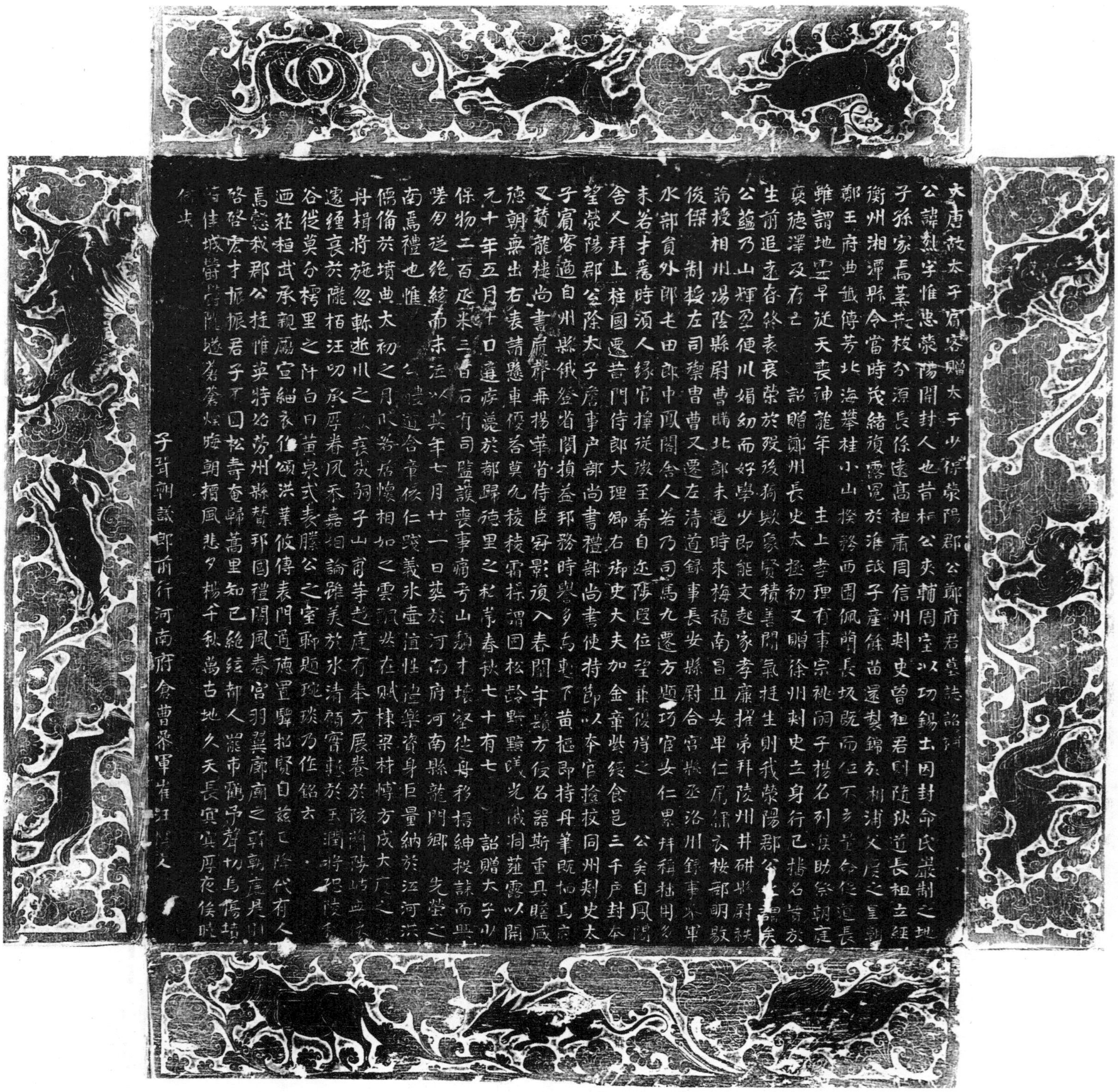

〇九三 大唐故太子賓客贈太子少保滎陽郡公鄭府君（烈）墓誌銘

開元十年（七二二）七月二十一日葬。

誌文三十二行，滿行三十一字。正書。誌長、寬均七十三厘米。

崔汪撰。

誌蓋篆書：唐贈少保鄭府君誌銘

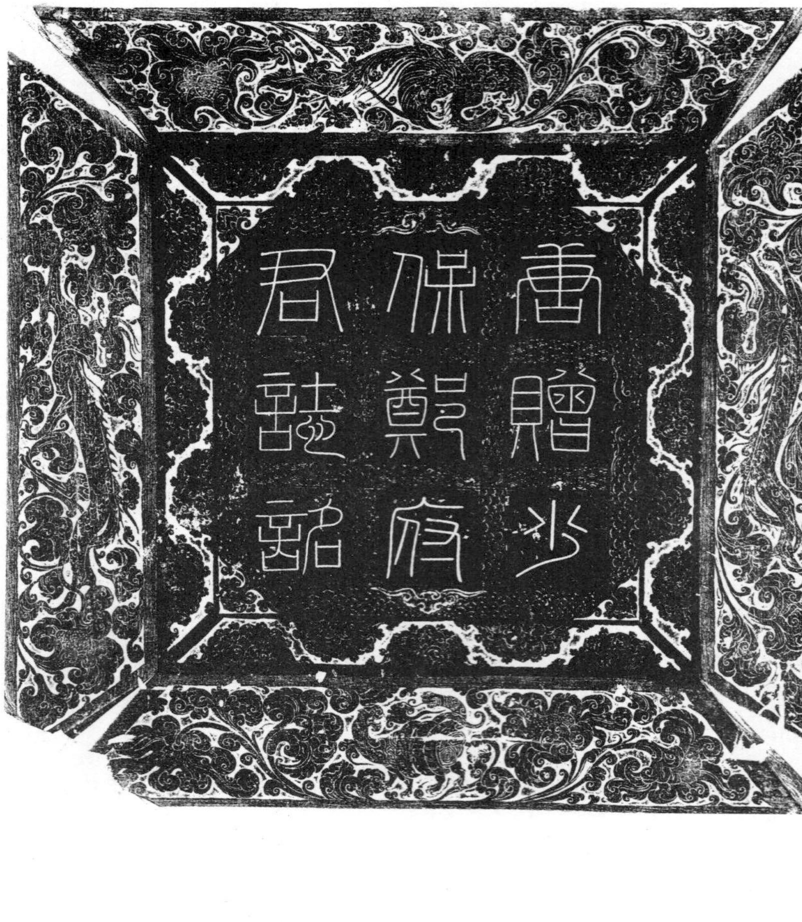

大唐故太子賓客贈太子少保滎陽郡公鄭府君墓誌銘并序

公諱烈，字惟忠，滎陽開封人也。昔桓公夾輔周室，以功錫土，因封命氏。巖制之地，子孫家焉。葉散枝分，源長係遠。高祖肅，周信州刺史。曾祖君則，隨狄道長。祖立經，衡州湘潭縣令。當時茂緒，復露冕於淮氓；子産餘苗，還製錦於湘浦。父慶之，皇朝鄭王府典籤。傳芳北海，攀桂小山。揆務西園，佩蘭長坂。既而位不充量，命促道長。雖謂地靈，早從天喪。神龍年，　主上孝理，有事宗祧。嗣子揚名，列侯助祭。朝庭褒德，澤及存亡。　詔贈鄭州長史。太極初，又贈徐州刺史。立身行己，播名實於生前；追遠慎終，表哀榮於殁後。猗歟象賢積善，間氣挺生，則我滎陽郡公之謂矣。公蘊乃山輝，孕便川媚。幼而好學，少即能文。起家孝廉擢弟，拜陵州井陘縣尉。秩滿，授相州湯陰縣尉。曹瞞北部，未遇時來；梅福南昌，且安卑位。屬繡衣按部，明揚俊傑。　制授左司禦胄曹，又遷左清道録事、長安縣尉、合宮縣丞、洛州録事參軍、水部員外郎、屯田郎中、鳳閣舍人。若乃司馬九遷，方題巧宦；安仁累拜，稱拙用多。未若才爲時須，人緣官擇。從微至著，自邇陟遐。位望兼優，得之　公矣。自鳳閣舍人拜上柱國，遷黄門侍郎、大理卿、右御史大夫，加金章紫綬，食邑三千户，封本望滎陽郡公。除太子詹事、户部尚書、禮部尚書、使持節，以本官檢校同州刺史、太子賓客。適自州縣，俄登省閣。損益邦務，時譽多焉。暫下黄樞，即持丹筆。既棲烏府，又贊龍樓。尚書履聲，再揚華省；侍臣冠影，復入春闈。年鬢方侵，名器斯重。具瞻盛德，朝無出右。表請懸車，優答莫允。稜稜霜操，謂固松齡；黯黯曦光，俄凋薤露。以開元十年五月十日遘疾薨於都歸德里之私第，春秋七十有七。　詔贈太子少保，物二百匹，米三百石，有司監護喪事。痛乎！山頹木壞，壑徙舟移。搢紳投誄而興嗟，朋從絶絃而未泣。以其年七月廿一日葬於河南府河南縣龍門鄉　先塋之南焉，禮也。惟　公體道含章，依仁踐義。冰壺植性，禮樂資身。巨量納於江河，洪儒備於墳典。太初之月，皎若居懷；相如之雲，飄然在賦。棟梁材博，方成大厦之資；舟楫將施，忽軫逝川之嘆。哀哉！嗣子山甫等，趨庭有奉，方展養於陔蘭；陟岵無依，遽纏哀於隴柏。汪叨承厚眷，夙忝嘉姻。論雖美於冰清，顧實慚於玉潤。將恐陵移谷徙，莫分樗里之阡；白日黄泉，式表滕公之室。聊題琬琰，乃作銘云：

洒祚桓武，承親勵宣。緇衣作頌，洪業攸傳。表門通德，置驛招賢。自兹已降，代有人焉。懿我郡公，挺惟英特。始勞州縣，贊邦國〔一〕。禮閣風〔二〕，春宫羽翼。廊廟之幹，朝庭是則。啓啓宏才，振振君子。不固松壽，奄歸蒿里。知己絶絃，都人罷市。鶴吊聲切，烏傷墳峙。佳城鬱鬱，隴隧蒼蒼。煙晦朝槚，風悲夕楊。千秋萬古，地久天長。冥冥厚夜，俟曉何央。

子婿朝議郎前行河南府倉曹參軍崔汪撰文

〔一〕此處疑闕字。
〔二〕此處疑闕字。

〇九四 大唐故滁州司倉參軍盧府君（崇恪）墓誌銘

開元十一年（七二三）二月十三日葬。

誌文二十行，滿行十九字。正書。誌長、寬均四十七·五厘米。

誌蓋隸書：大唐故盧府君墓誌銘

大唐故滁州司倉參軍盧府君墓誌銘并序

嗚呼！才實徒秀，竟非九遷之日；生也無涯，莫逮百齡之分。使璋綬棲遑而勿用，志事睽憒而長往。不其悲夫，代有其人，於盧府君見之矣。府君諱崇恪，字光濟，范陽人也。家聲祖德，閥閱世系。天下稱首，復何言哉。君稟累仁之□，□積慶之後。誕靈孕懿，龍章鳳姿。弱年警發，即談墳史。抑揚風規，顧眄儔輩。前言往行，則衮衮可聽。造幽入微，則時時絶倒。發迹河朔，知名京師。當謂謁金門，拜紫闕。一日千里，三公九卿。而天衢未亨，宦途多蹇。顔回陋巷，簞食屢空。始以常調，授滁州司倉參軍，不擇官也。僶俛終秩，聯翩歸路。不逮雲從，忽嬰風疾。閉扃瀍洛，蓋十許年。灾恙莫瘳，以開元九年九月一日奄捐館舍，春秋五十有五。夫人南陽張府君之季女也。齊大是偶，宋子于歸。宜其室家，溘盡風燭。春秋五十，以開元十一年二月十三日合葬於河南府河南縣梓澤鄉平原，同穴之義也。盛德必紀，乃爲銘云：

積慶合和降龍章，宜家作配鳴鳳翔，雙來雙往□穹蒼。

〇九五　唐故銀青光祿大夫并州大都督府長史攝御史大夫贈吏部尚書齊國公博陵崔公（日用）墓誌銘

開元十一年（七二三）二月十三日葬。

誌文二十八行，滿行三十二字。隸書。誌長七十六厘米、寬七十五厘米。

許景先撰，郭謙光書。

唐故銀青光禄大夫并州大都督府長史攝御史大夫贈吏部尚書齊國公博陵崔公墓誌銘并序

朝散大夫守中書舍人高陽許景先撰

國子監丞郭謙光書

其先博陵人也。昔太岳佐禹理洪，厥有庸德。暨太師蕑商亮武，受茲錫胙。惟穆伯食采於崔，世作卿士，克生齊公。協贊中興，以佐文命。勛藏　太廟，功格　皇天。蓋美善先積，有自來矣。公諱日用，字日用。自元子開國，至於濟州府君。世無違德，承累葉之茷茂，受自然之淑靈。神秀瓌傑，英峙朗邁。深則洞徹，隱括同乎體道；明必先識，玄鑒合乎知機。忠肅恭懿，聰明博達。述作成不刊之文，觀象究研賾之奥。博涉群藝，旁通憲法。故弱冠有成，卓然見公輔之望。初舉孝廉甲科。發迹二尉也，幹立其事。創位準繩也，剛厲其忠。朝廷知其能，是以頻繁省闥，典綜樞揆。故俾率其屬，簡稽舊章，以亞於夏卿。式遏寇虐，四方取則，以命於京尹。五品未訓，袞職有闕，以登於三事。下人罔乂，亮采惠疇，以咨於九牧。緝諧邦典，以統百官，用升於太宰。一心事主卅餘年，忠亮簡於　聖朝，周密冠於庶績。至若當仁守正，權不能移。杖信全忠，義不可奪。普思〔一〕之構邪也，秉直以摧奸；韋氏之擅政也，竭身以奉主。嘉謀盡於左右，大節定於存亡。故理濟而道昌，功成而事著。及天衢開泰，寰宇再清。慶協天人，懂宣　社稷。封其茅土，載以旂裳，允矣。公之在冢宰也，嘗奏封禪書，陳以盛德之事。後之從朝覲也，嘗賦五君詠，叙以君臣之際。　明詔優答，錫以繒綵。皆體茲至公，茂昭前訓。太原舊國，地鄰戎馬。出車之命，允咨重臣，於是　制公董之。貞厲足以威暴，簡正足以矯邪。禁不用刑，勸不行賞。寇盜息於坰牧，争訟止於官曹。開元十年入奏，嬰勤成疾。中使三復，恩賜綢繆。疾間請還，　上顧留者久之。因命升殿，備陳弘益。始則楚庚致請，終以城郢爲言。曾不憖遺，俾屏昌化。至郡旬日薨，享年五十。　聖朝軫悼，　詔贈吏部尚書，穀帛皆二百。明年，遷祔邙山舊塋，從古制也。歷官凡廿三，有文集十六卷。公經緯樞極，翊贊中外。屯險不易其操，明智以保其身。舉善勸能，愛賢好士。可謂江海之量，混納衆流者矣。嗣子啓之等，克奉遺訓，靡所冥哀。將圖鼎銘，式揚先德。相國燕公，文章宰匠，廊廟宗臣。撰無愧之詞，成希代之典。至於忠公政事，世德叙官。已載於豐碑，或陳於　詔策。誌茲神道，故不備存。詞曰：

於皇懿德，膺期佐主。秉茲時文，克踵前武。八命九牧，一登元輔。澤潤下人，勛在王府。將致堯舜，紹迹山甫。天不憖遺，命也斯阻。行以謚表，名由德揚。保茲明喆，休有烈光。臧孫之後，餘慶克昌。

開元十一年歲在癸亥二月丁酉朔十三日己酉封

〔一〕「普思」即中宗時秘書監鄭普思。

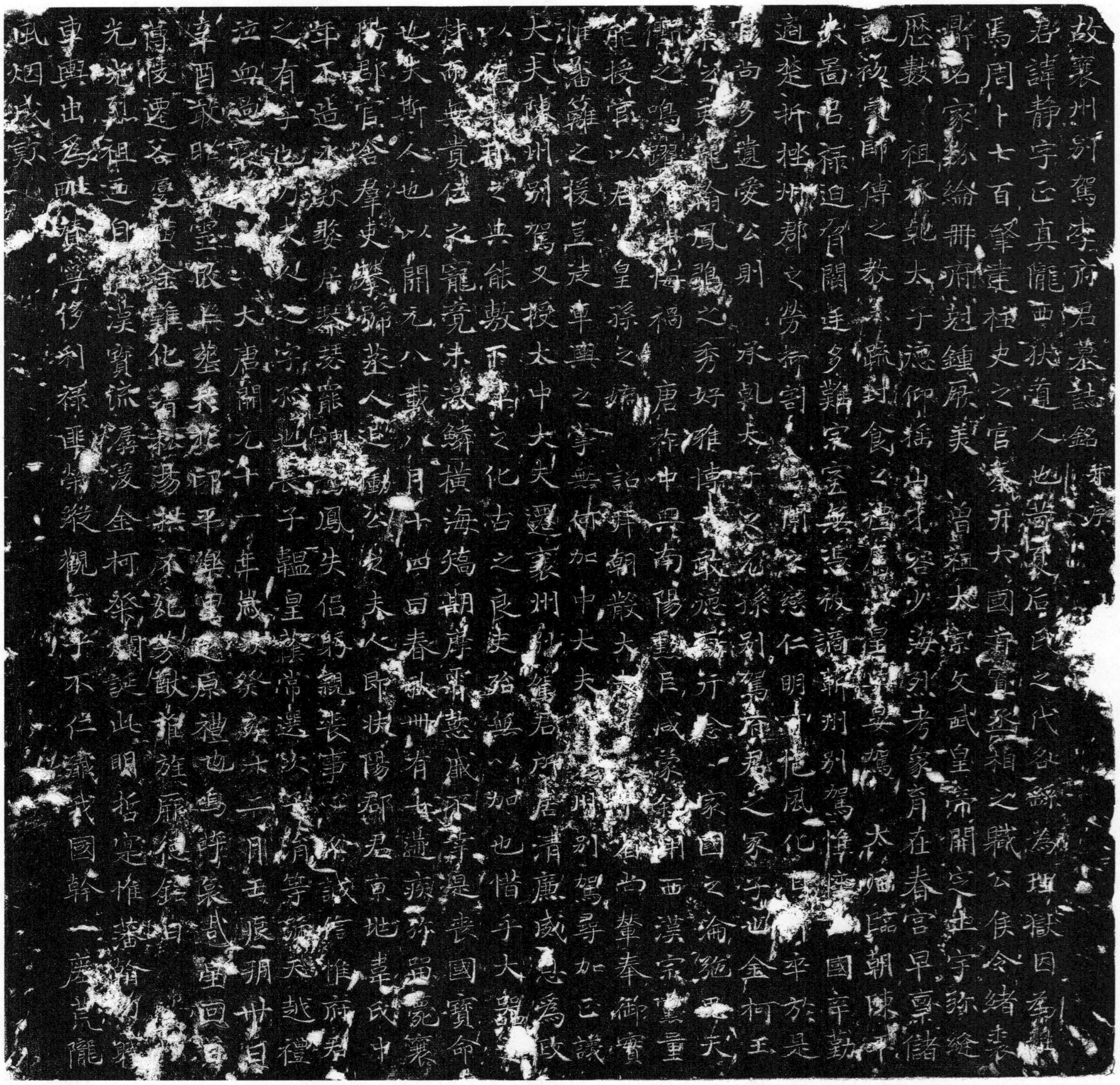

○九六　故襄州別駕李府君（静）墓誌銘

開元十一年（七二三）十二月三十日葬。

誌文二十六行，滿行二十六字。正書。誌長六十厘米、寬五十九厘米。

故襄州別駕李府君墓誌銘并序

君諱静，字正真，隴西狄道人也。昔夏后氏之代，咎繇爲理獄，因爲姓焉。周卜七百，肇建柱史之官；秦并六國，首置丞相之職。公侯令緒，裘鼎名家。紛綸册府，剋鍾厥美。曾祖太宗文武皇帝，開定土宇，彌縫歷數。祖承乾太子，德仰摇山，才容少海。烈考象，育在春宫，早禀儲□。初蒙師傅之教，□疏封食之禮。屬　皇輿晏駕，　太后臨朝。陳平失圖，吕禄迫脅。闕廷多難，宗室無憑。被謫蘄州别駕。憔悴□國，辛勤適楚，折挫州郡之勞，抑割　宫闈之戀。仁明可悒，風化日□，卒於是官，尚多遺愛。公則　承乾太子之元孫，别駕府君之冢子也。金柯玉葉之英，龍翰鳳雛之秀。好雅博古，敢德勵行。念　家國之淪弛，思天衢之鳴躍。人神悔禍，　唐祚中興。南陽勲臣，咸蒙叙用；西漢宗黨，量能授官。以君　皇孫之嫡，　詔拜朝散大夫，守殿中省尚輦奉御。實惟藩籬之援，豈徒車輿之掌。無何，加中大夫、□□州别駕。尋加正議大夫、陳州别駕。又授太中大夫，遷襄州别駕。君所居清廉，威恩爲政。以佐興邦之典，能敷下車之化。古之良吏，殆無以加也。惜乎大器之材，而無貴位之寵。竟未激鱗横海，矯期摩霄，懿戚不幸，是喪國寶。命也夫！斯人也。以開元八載八月十四日，春秋卌有七，遘疾彌留，薨襄陽郡官舍。群吏攀號，蒸人追慟。公之夫人，即扶陽郡君京兆韋氏，中年不造，永嘆嫠居。琴瑟罷調，鸞鳳失侣。躬親喪事，心必誠信。惟府君之有子也，乃夫人之字孤也。長子韞，皇蔭常選。次子涓等，號天越禮，泣血過哀，□□　大唐開元十一年歲次癸亥十二月壬辰朔卅日辛酉，敢昭□靈，改卜葬於北邙平樂里之原，禮也。嗚呼哀哉！星回日薄，陵遷谷變，黄金難化，青松易拱。不紀芳猷〔一〕，誰旌厥德。銘曰：

光光烈祖，迺自□漢。寶流潺湲，金柯粲爛。誕此明哲，寔惟蕃翰。□職車輿，出爲毗贊。寧侈利禄，匪榮縱觀。天乎不仁，殲我國幹。一瘞荒隴，風煙感嘆。

〔一〕從「歲次」以下到此處文字均有改刻。

○九七　大唐故陳州司馬鄧府君（淦）墓誌銘

開元十二年（七二四）閏十二月十一日葬。

誌文二十六行，滿行二十八字。正書。誌長、寬均五十八・五厘米。某儇撰。

誌蓋篆書：大唐故鄧府君墓誌銘

大唐故陳州司馬鄧府君墓誌銘并序

夫孝爲德本者，揚名於後代也；中爲物表者，建功於當時也。是以德業咸茂，功名相輝。誕光時雄，克纂先烈。祈天地之齊固，非金石之不可致也。公諱淦，南陽人。自鄧祁侯後得姓，代爲南陽著族。胄愛華暐，子孫昌播久矣。誓之山河，紀以文物者，嗣不絶矣。二十一代祖禹，漢太傅、高密元侯。高祖禮，梁建威將軍、南陽太守，襲封新野侯。曾祖彪，皇開府儀同三司、太子左庶子、右領軍大將軍、營州總管、冀魏二州刺史、臨川郡開國公。祖弘政，隨左千牛，皇通議大夫、新野侯。父惲，皇兵部侍郎、殿中監、并州長史、京兆大尹、尚書左右丞、營繕大匠、金紫光禄大夫、刑部尚書、淮陽郡開國男，食邑三百户。或高縱鳳池，坐焚香於南省；或載馳熊軾，列剖符於西鎬。家典聿脩，餘慶兹襲。公至性謹達，秉心塞淵。長而兼全，幼而該古。孝友允備，貞義克宣。實士林之耿光，亦君子之宗匠也。然以德不求備，能則有專。子稱才難，公則盡善。年十三，以門蔭補弘文生。十六，授太子内直丞，累遷魏、蜀州掾。政出時彦，聲震帝聰。尋昇進杭州餘杭令。去煩蠲苛，鼎新革故。塞黎庶望，樹德政碑，亦灌壇、魯恭之亞。尋遷河南府永寧縣令，别 敕唐州司馬。光佐之美，千里是恭；題輿之化，百姓胥悦。州將奇而舉之曰：立身公清，爲政簡肅，有字人之術，懷憂國之心。帝曰：「俞，允哉！」授陳州司馬。疢篤疾，居無何，天不憖遺，奄見薨落。開元十二歲終本官於公第。春秋四十有六。嗣子瓌，衆妙之族，盡爲友朋。仰所天而無階，考趨庭以作則。泣血相對，茹荼哀哀。咨爰啓謀，宅兆允吉。葬於首陽之原，禮也。惟公天才孔昭，雅趣弘博。貞以謀始，令而圖終。青松既彫，明鏡亦碎。豈百身之能贖，蓋千古之不朽也。僨猥見吹薦，謬爲斯文。殊未足光，贊厥休也。其詞曰：

永不可諼兮有斐君子，彼蒼不仁兮殲我吉士，長别蘭室兮永歸蒿里。身既殁兮名猶存，嗟天道兮復寧論。青松彫兮明鏡昏，揖餘芳兮垂裕後昆。

夫人安定皇甫氏同此禮也。

開元十二年歲次甲子閏十二月景辰朔十一日景寅

〇九八　朝散大夫行吉州太和縣令李府君墓誌銘

開元十三年（七二五）四月七日葬。

誌文二十三行，滿行二十三字。正書。誌長、寬均四十一厘米。

朝散大夫行吉州太和縣令李府君墓誌銘并序

粤導鴻源，承茂緒者，抑有衆矣。惡比夫窅然，真仙下偶人世。揚言成化，指樹開宗者乎。君之得姓，履霜於是。厥後枝分橘徙，角立傑出。或以威略而龍光宇内。或以學行而凱悌時人。如是者豈可勝數。君即趙郡贊皇人也。□祖因官而寓於冀州，今爲鹿城人也。曾祖暹，朝散大夫、越州司馬。祖玠，朝散大夫、易州長史。父果，趙州平棘縣令。並特達英偉，瑰琦秀發。以幹決之用，而題輿郡丞。以字化之能，而操刀邑□。政聲滿於人口，令問存乎史詞。君即平棘府君第二子也。藴價藏用，懷素抱直。懼暴名之不履，因漸陸之方行。遂從左衛翊衛，解褐揚州海陵尉，换陝州陝縣尉。梅侯之南昌，曹□之北部，適可儔也。遷左鷹衛倉曹參軍。有　制褒錫，除太原縣丞。俾展化於陳倉，將收效於山邑。又授冀州司兵參軍。無何，改吉州太和縣令，　制加朝散大夫。所居則理，何適不臧。□翟來馴，無驚製錦之羽；翔鸞下降，將應絃歌之聲。過其境而咸稱厥善，至是邦而必聞乎政。嗚呼，享年不永，開元十三載歲在乙丑三月四日終於洛城東別業，春秋七十有八。其年四月七日權殯於洛城東北五里平陰鄉之原，禮也。嗣子前代州崞縣尉羽賓，號不絶聲，毁殆滅姓〔一〕。以爲旌往行，示將來。縱溟海成田，佳城見日。昭然不朽，非石如何。銘曰：

聖德厚兮懿緒昌，深源不涸兮派彌長。簪組重疊兮焯輝光，誕生君兮寔賢哲。知止恥兮忌盈缺，薄取位兮繼先裔。洛陽北陌連邙山，縞駟送君居其間，吁嗟君兮何時還。歲深唯有松蕭颸，春來應見鳥綿蠻。

〔一〕「姓」當爲「性」之誤。

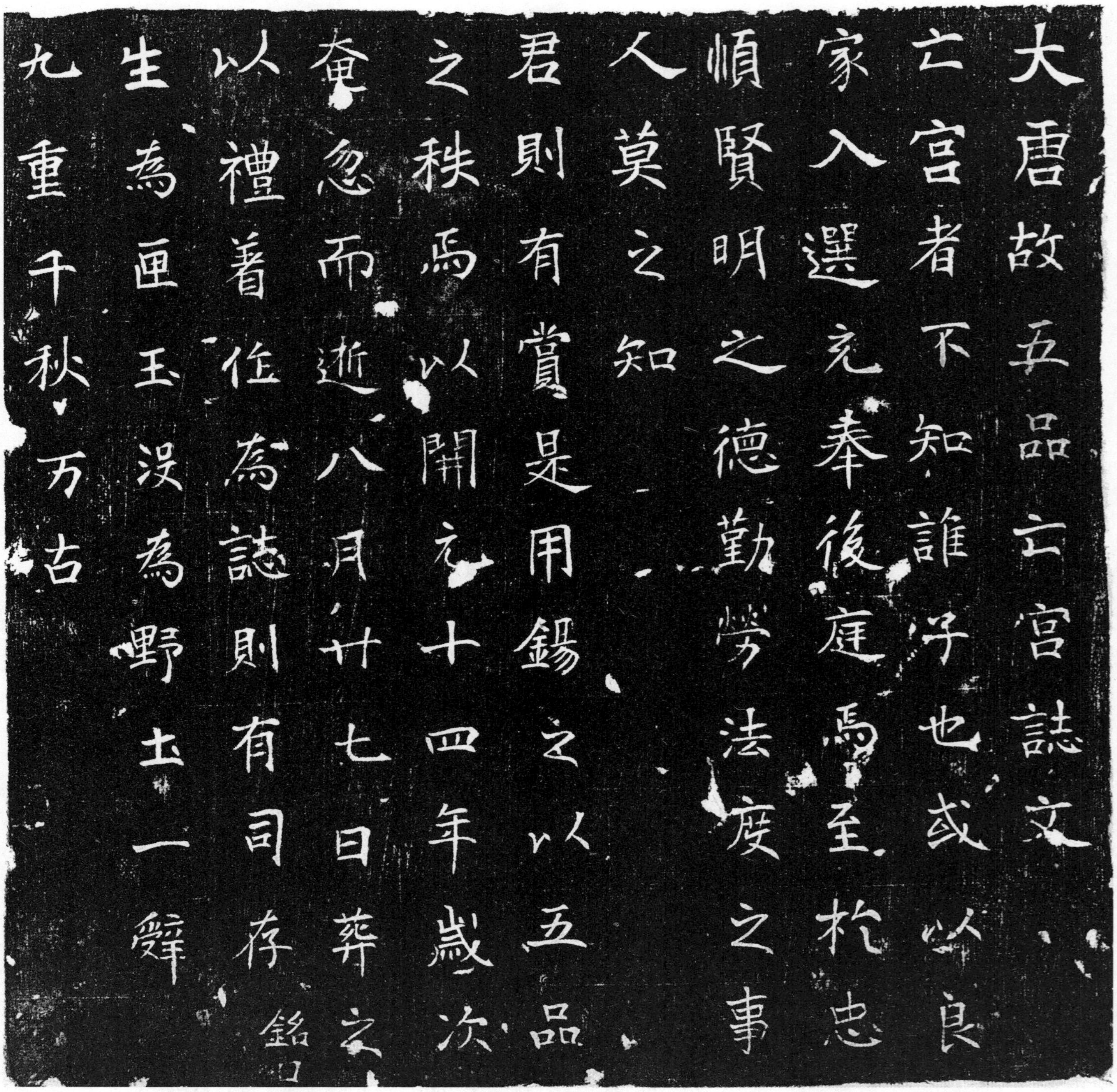
大唐故五品亡宮誌文
亡宮者不知誰子也或以良
家入選充奉後庭焉至於忠
順賢明之德勤勞法度之事
人莫之知
君則有賞是用錫之以五品
之秩焉以開元十四年歲次
奄忽而逝八月廿七日葬之
以禮着位爲誌則有司存銘曰
生爲匣玉没爲野土一辭
九重千秋万古

〇九九　大唐故五品亡宮誌文

開元十四年（七二六）八月二十七日葬。
誌文十一行，滿行十一字。正書。誌長、寬均三十六厘米。

大唐故五品亡宫誌文

亡宫者，不知誰子也。或以良家入選，充奉後庭焉。至於忠順賢明之德，勤勞法度之事，人莫之知，　君則有賞。是用錫之以五品之秩焉。以開元十四年歲次奄忽而逝，八月廿七日葬之以禮，著作爲誌，則有司存。銘曰：

生爲匣玉，没爲野土，一辭　九重，千秋萬古。

一〇〇 柴憲墓誌銘

開元十四年（七二六）十一月十六日葬。

誌文二十四行，滿行二十五字。隸書。誌長七十三厘米、寬七十二・五厘米。

唐銀青光禄大夫□□□□□□□□□□□□□□銘并序〔一〕

公諱憲，字令將，平陽臨海人。□□□□□□□□□□□□□爲氏，洎七葉有漢大將軍棘蒲侯□□□□□□□□□□□平陽侯，子孫家焉。祖遠，雄武多大略，徵晉昌令。不□□□□□□高量。系辭辟命，没謚真隱先生。積德未享，是用有後。公□□□□氣，降虛明之神。清暢倏理，夷雅閑秀。詞學優深，操行無玷。□□□□，不徇速達。年卅，鄉貢進士，對策上第。其年解褐滎澤主簿，□□師尉、明堂尉、閿鄉令。秩滿，受　詔關內覆囚。旋拜右臺殿中侍御史，轉庫部、吏部二員外郎。丁內艱，哀毀過禮。服闋，除禮部、刑功二郎中。遷給事中、中書舍人，策勛上柱國。除大理少卿，出爲□州刺史。復大理少卿，遷工部侍郎。又出爲兗州都督，入拜衛尉少卿。復工部侍郎，又出爲蒲州刺史。入拜太子右庶子，遷太子賓客，累加封嶽陽縣開國伯，食邑五百户。凡所歷官，咸著成績。皆任實以祐物，不激譽而干進。休名自著，僉舉允諧。喪仲弟哀感成疾，以開元十三年九月廿五日薨於東都審教里第，春秋七十八。以開元十四年歲次景寅十一月乙亥朔十六日庚寅葬於偃師縣龍池鄉之北原祔　先塋，禮也。惟公宅乎中庸，樂在名教。體忘悔吝，德全終始者，朝廷壹人而已。又嘗著《中道》《通教》二論，註《周易》，撰《三傳通誌》廿卷，集《內經藥類》四卷，合《新舊本草》十卷，並行於代。噫！可謂立德立言，没而不朽者矣。嗣子長安縣尉少儀等，孝思純至，永懷揚名。乃刊石勒銘，以誌幽宅。其辭曰：

盛德之後兮寔生哲人，文義博暢兮志業清純。孚政光國兮懋寵榮親，立言不朽兮全道歸真。

〔一〕該墓誌爲洛陽清代出土的唐墓誌，原藏洛陽偃師縣學明倫堂，目前下落不明。墓誌無首題，右下部缺損，故姓氏不明。該墓誌最早收入畢沅《中州金石記》卷二，由於編者將墓誌主姓氏誤爲陳氏，故定名爲《陳憲墓誌銘》。此後該墓誌又收入《金石萃編》卷七七、《全唐文》卷九九五。此據筆者收藏清末舊拓本。該家族墓誌近年來在洛陽多有出土。《大唐西市博物館藏墓誌》一五五《柴朗及夫人楊氏墓誌》記載：「父遠，隋上大將軍，皇朝樂昌令。」柴朗去世後，「執友等考行易名，謚曰：真隱先生。」誌載其長子令將。墓誌內容與傳世《陳憲墓誌銘》內容基本一致，則此墓誌誌主應爲柴憲。另《洛陽流散唐代墓誌彙編》一一一《柴晦墓誌》，記載與兩誌內容一致。誌主爲柴朗次子，柴憲之弟。本書一九四《柴閱墓誌》，誌主爲柴憲之孫。

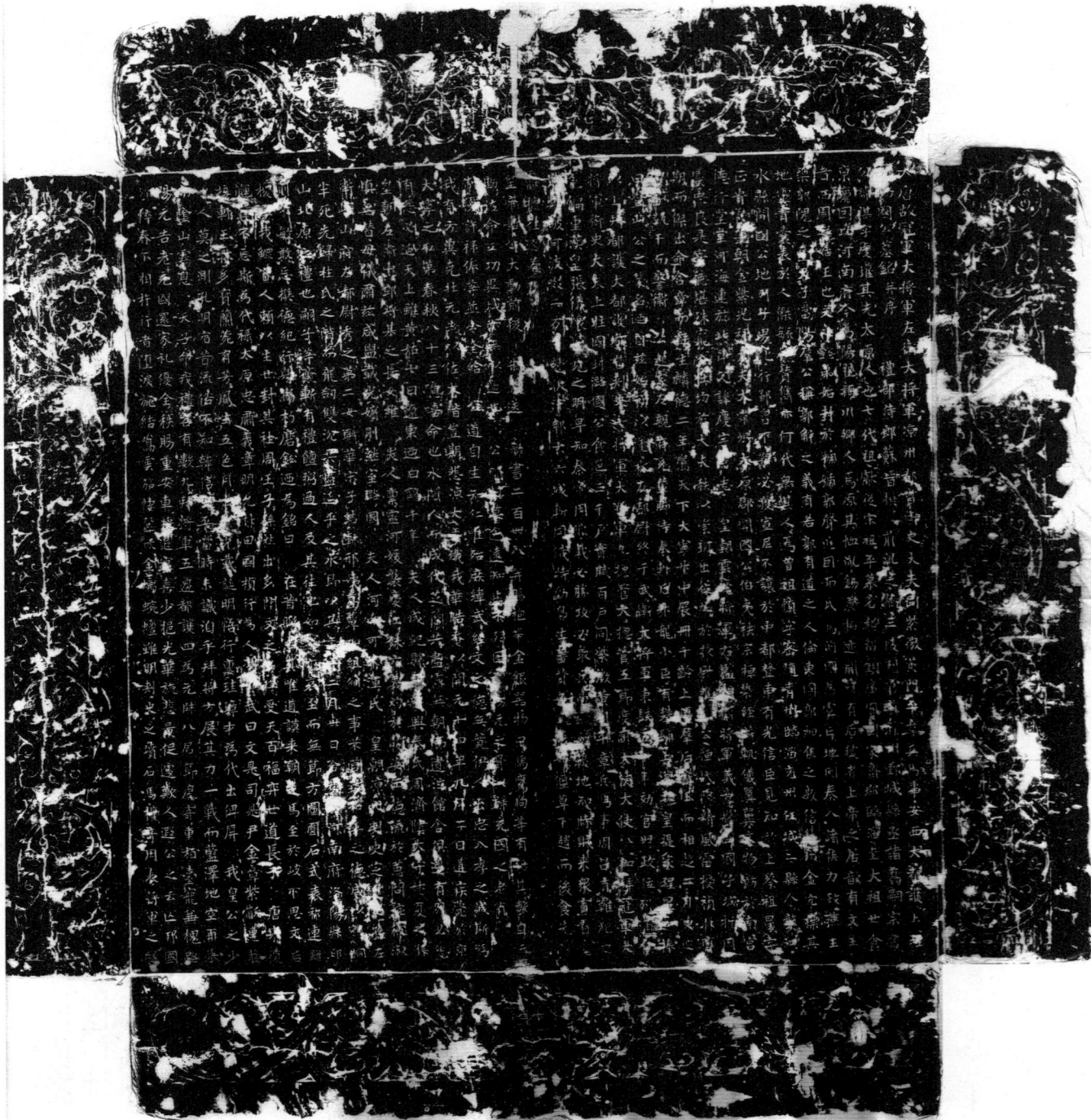

一〇一　大唐故冠軍大將軍左衛大將軍涼州都督御史大夫同紫微黃門平章兵馬事安西大都護上柱國潞國公（郭虔瓘）墓銘

開元十四年（七二六）十二月三十日葬。

誌文三十八行，滿行三十八字。正書。誌長七十三厘米、寬七十二・五厘米。

蘇晉撰，諸葛嗣宗書。

誌蓋正書：左衛大將軍御史大夫潞國公郭府君銘

原石藏洛陽龍門博物館。

大唐故冠軍大將軍左衛大將軍凉州都督御史大夫同紫微黄門平章兵馬事安西大都護上柱國潞國公墓銘并序

禮部侍郎蘇晉撰

前乾定橋三陵判官前濮州鄄城縣丞諸葛嗣宗書

公諱湛，字虔瓘，其先太原人也。七代祖獻，從宋祖平慕容超，留鎮廣固，因家齊郡臨淄。至大祖世食京廩，因比河南府，今爲陽翟潁川鄉人焉。原其恤胤錫羨，拓迹開統。有后稷者，上帝之居歆。有文王者，西周之始王也。文之懿弟，始封於虢，虢郭聲近，因而氏焉。洎國爲虞亡，地因秦入。諸侯力政，燕王築郭隗之臺；天子當陽，羣公稱郭解之義。有若郭有道之人倫東國，郭細侯之敦信并州。金穴標其地靈，青囊表於人傑。毓德贊儁，亦何代無其人焉。曾祖慎，字密，隨青州臨淄、兖州任城二縣令，襲泗水縣開國公。地列子男，化行鄒魯。下韝必獲，宣尼不讓於中都；登車有光，信臣見知於上蔡。祖晟，字正貴。 聖朝金紫光禄大夫、太常卿、太原郡開國公。伯夷秩宗，桓榮經術。軌儀翼翼，文物飭於南宮；德行堂堂，河海連於北斗。父諱慶，字□志。 皇朝雲麾將軍、右監門衛將軍、義章縣開國子。城柝用虞，忠良是寄。德堪殊寵，入仕均於大夫；秩以崇班，出從加於校尉。維 公恒代降精，風雷授禎。材膺期而傑出，命含章而挺生。麟德二年，屬天下大寧，升中展册。千齡上慶，群后會玉而相趨；二月東巡，□□執干而警衛。 公起家左親府，充輦脚侍奉。軒后升龍，小臣有攀髯上漢；魏皇提象，程昱迺捧日登山。公之策名，迺自兹始。初以瀵水左都尉，終於武衛大將軍。束髮五田年，効官卌政，位列通侯以上。拜都護、大都護、都督、刺史七，將軍、大將軍九，總管、大總管五，節度副大使、大使八。加拜冠軍大將軍、御史大夫、上柱國，封潞國公，食邑三千户，實賦百户，同紫微黄門平章兵馬事。周昌有難犯之色，偏重漢皇；張儀懷獨見之明，早知秦帝。用能戰必勝，攻必取。兵過□□，鼰地知時。賊來衆寡，看塵□數。破阿波啜二萬帳，剋拔汗那十六城。斬同俄特勤，梟吐蕃贊普。□□如偃草，下趙而後食。先程獻捷，往返若□。 皇帝嘉公大勳，前後 制便送 敕書二百卌八，并賜袍帶、金銀器物、口馬鷹狗等，有倍其數。自元勳佐命，立功異域，亦無以過也。 公以日暮途遠，知止不殆。固□□元之骨，以歸充國之老。 有制優許，禄俸等並令全給。公道自生知，仁唯殆庶。緯武經文之德，無競伊人；出忠入孝之誠，斯爲我有。方冀克壯元老，以佐太階。豈期悲凉大年，殲我華皓。奄以開元十四年九月二日遘疾薨於京大寧之私第，春秋八十三。噫嘻命也！水閲人而成代，芝蘭共盡；露無朝而遺泣，館舍俱遷。有別必怨，有怨必延。天上雖黄姑七日，遼東迺白鶴千年。 夫人成紀縣□新興秦氏，周濟陰太守叔夏之孫， 皇朝左衛中郎將基之長女。維 夫人稟靈河媛，襲慶江姝。六義灼於莪姿，四德流於蕙問。婉彼淑慎，無替母儀。肅茲咸盥，載光嬪則。繼室潞國 夫人河南可朱渾氏， 皇朝凉州刺史定□之孫，左衛□山府左都尉秀之第二女。聯華宋子，結軫邢姨。葛覃□組紃之事，芣苢致和平之德。咸以鵷桐半死，先歸杜氏之階；而龍劍雙沉，共盡延平之水。即以其年十二月卅日合葬□河南府洛陽縣邙山北原之禮也。嗣子等齊斬有禮，饘粥過人。及其往也如□，亦哀至而無節。方圖圓石，式表祁連，雖則不敏，敢忘撰德紀行歟。搦朽磨鉛，迺爲銘曰：

在昔瞻□，其唯道謨。來朝□馬，至於岐下。思文后稷，□我鰥寡。人賴以生，世封其社。周王子孫，姓出多門。文之□穆，受天百福。弈世道長，于唐來復。闢□不忘，斯爲代禄。太原忠肅，義章明允。材曰國楨，行爲人□。□武曰文，是司是尹。金章紫黻，連華接軫。王□多寶，蘭苑有芳。鳳生五色，月出□光。載誕明悟，行稟珪璋。才爲代出，俾屏 我皇。公之少□，人莫之測。孔明宿昔，流俗不知。韓信□平，當時未識。洎乎拜將，方展其力。一戰而藍澤地空，再舉而陰山霧息。天子命我，禮容有數。九拜將軍，五遷都護。四爲元帥，八居節度。寄重柏臺，寵兼槐路。陽元告老，充國還家。禮優全秩，賜重安車。將追宴喜，少挹光華。旋悲景促，遽嘆人遐。公之云亡，邦國殄悴。春不相杵，行者墮淚。旐結嵩雲，笳悽壟吹。金螭蜿蟺，雖明刺史之墳；石馬權奇，用表將軍之隧。

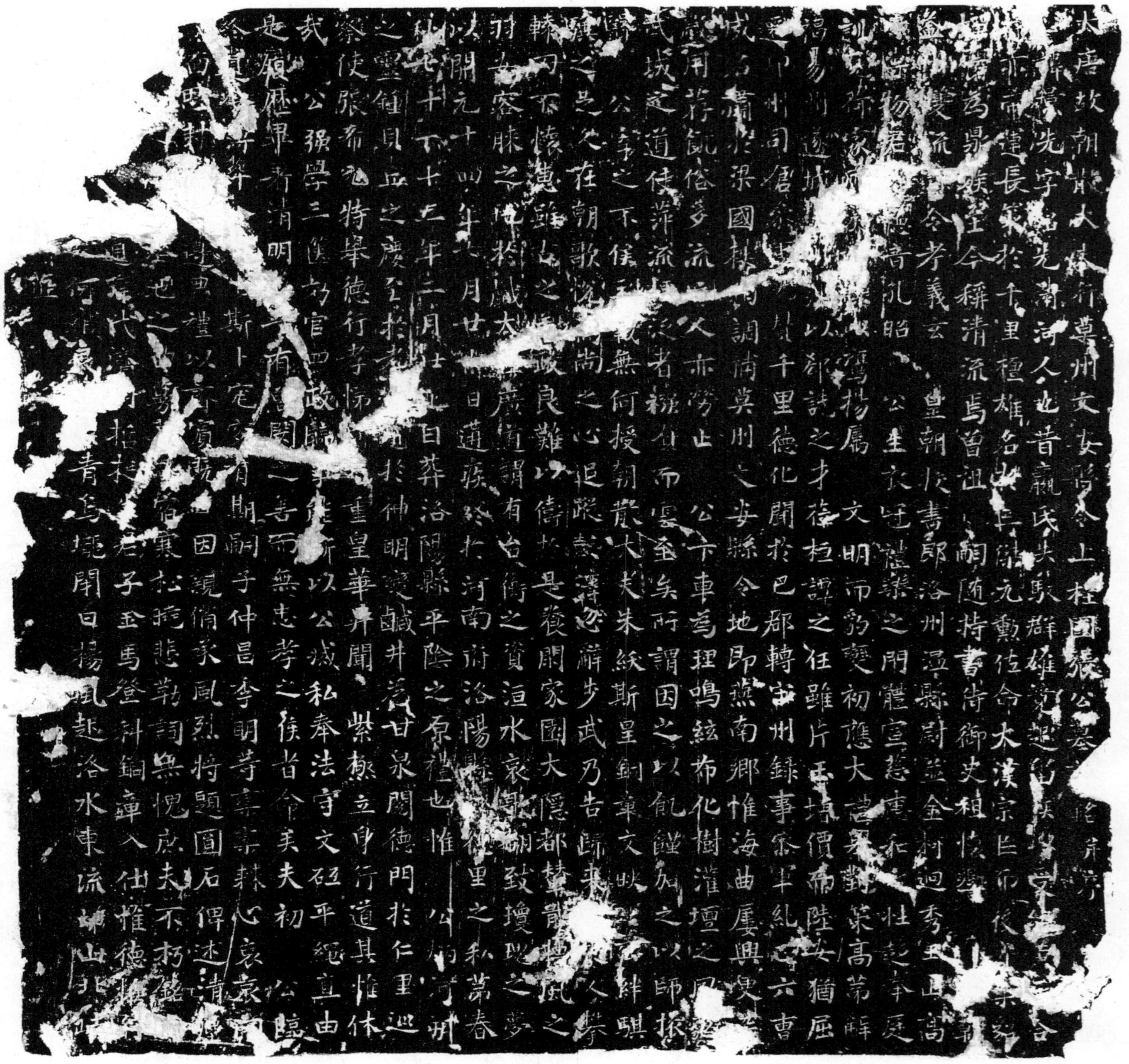

一〇二　大唐故朝散大夫行莫州文安縣令上柱國張公（景先）墓誌銘

開元十五年（七二七）二月二十□日葬。

誌文二十八行，滿行二十八字。正書。誌長、寬均五十厘米。

齊賓或某齊賓撰。

大唐故朝散大夫行莫州文安縣令上柱國張公墓誌銘并序

公諱景先，字紹先，清河人也。昔嬴氏失馭，群雄競起。留侯□受□黄石合□赤帝。運長策於千里，擅雄名於三傑。元勲佐
命，大漢宗臣。而後弈葉貂蟬，鬱爲鼎族，至今稱清流焉。曾祖　嗣，隨持書侍御史。祖懷嚮，　皇朝益州雙流縣令。考義玄，
皇朝校書郎、洛州温縣尉。並金柯迥秀，玉山高□。博物君□，德音孔昭。　公生衣冠禮樂之門，體宣慈惠和之性。趨奉庭訓，
克荷家□。□□□以鷹揚，屬　文明而豹變。初應大禮舉，對策高第。解褐易州遂城□□□。以郄詵之才，莅桓譚之任。雖片玉
增價，而陸安猶屈。遷邛州司倉參軍，□贊千里，德化聞於巴郡。轉宋州録事參軍，糾正六曹，威名肅於梁國。秩滿，調補莫州
文安縣令。地即燕南，鄉惟海曲。屢興更□，歲用荐飢，俗多流□，人亦勞止。　公下車爲理，鳴絃布化。樹灌壇之□，習武城
之道。使萍流□泛者，襁負而雲至矣。所謂因之以饑饉，加之以師旅。翳　公宰之，不俟三載。無何，授朝散大夫。朱紱斯皇，
銅章交映。□□絆騏驥之足，久在朝歌；悦圖尚之心，追蹤彭澤。忽辭步武，乃告歸來。□□人攀轅，罔不懷惠。雖古之国政，
良難以儔。於是養閑家園，大隱都輦。戢摶風之羽，安容膝之地。於戲！太□廣道，謂有台衡之資；洹水哀歌，□致瓊瑰之夢。
以開元十四年七月廿□日遘疾終於河南府洛陽縣□德里之私第，春秋七十一。十五年二月廿□日葬洛陽縣平陰之原，禮也。惟
公炳河朔之靈，鍾貝丘之慶。至於孝□□於神明，變鹹井爲甘泉，閱德門於仁里。巡察使張希元特舉德行孝悌□。□重皇華，昇
聞　紫極。立身行道，其惟休哉。　公强學三篋，效官四政。臨事能斷，以公滅私。奉法守文，砥平繩直。由是履歷畢著，清明
□□。有曾閔之善，而無忠孝之侯者，命矣夫。初，　公臨終遺令薄葬，□□□斯卜，窀穸有期。嗣子仲昌、季明等，欒欒棘心，
哀哀□□。緬思封□，□遵典禮。以齊賓既□因親，備承風烈。將題圓石，俾述清塵。□□□□□，□□池之曲。蔓草□宿，寒
松曉悲。勒詞無愧，庶夫不朽。銘曰：

□□□□，□□通理。代濟□哲，挺生君子。金馬登科，銅章入仕。惟德惟行，□□□□。□□□何，殲良□□。青烏壠閉，
白楊風起。洛水東流，邙山北峙。□□□□，□□□茔。

一〇三　有唐平原夫人（裴友直妻）墓誌銘

開元十五年（七二七）二月二十九日葬。

誌文二十四行，滿行字數不等。正書兼行意。誌長四十六厘米、寬四十三厘米。

呂向撰，宋儋書。

誌蓋篆書：大唐裴府君妻封墓誌

有唐平原夫人墓誌銘并序

著作郎吕向撰

夫人渤海封氏，平原蓨人，先太府卿裴府君友直之妻也。析姓於姜，爲師於黄，侯夏殷之間，卿春秋之際。後歷代列國，爲清族貴家焉。曾曰君夷，隨任城縣令。祖曰道弘，　皇襄州刺史。父曰踐福，又黄州刺史。三代繼體，一致用心。仕終於臨人，政成以推主。門庭漫其流祉，息女翩而分慶。故夫人實以淑聞，必配肖士。而府君果於良願，竟獲宜家。蓋德爲母儀，行爲女師。達禮之精，明詩之情。隨内外之職，穆姻親之好。是佐是成，以大以久。初封安德縣君，次爲平原郡君，後加□郡夫人。惟婦之榮，增夫之貴。澤浹九族，光燭四鄰。自其喪所天，銜恤有年。餘誄惠之能，作訓軻之妙。且著未亡之稱，每有待終之旨。常曰：「吾性略近俗，事存遠風。後起孤墳，無循合葬。」死果不昧，則亦未孤。神其或祇，徒爲是合。后媧塊於河流，帝娥潔於湘上。固有以爾。享年五十有七，粤開元十四年八月十七日遇疾薨於河南陸渾山舍，十五年二月廿九日葬於河南縣萬安山之北原，從諸緒言，赴以古禮矣。凡所生二子：季儒者，頃則不幸；季廉者，今也居憂。前夫人鄭四子：相州司馬孟堅，符寶郎伯義，益府參軍仲謂，仙州司倉叔莊等慈教久被，恩撫深及。厲之爲人，浸以成器。聚眡不知兩母，遍察其猶一男。訓誘之理日尊，純至之情彌大。感崩慕□哀送，慟行旅及吊賓。銘曰：

累德自久，生此淑明。敷柔情□禮爲常，動有典則□達識。相待以敬，共理移官是所難，均養之仁，首時齊古□而睹。陋凡慕遠，始於幽心承遺音，特築孤塋，終夫高致咸墮淚。

宋儋書

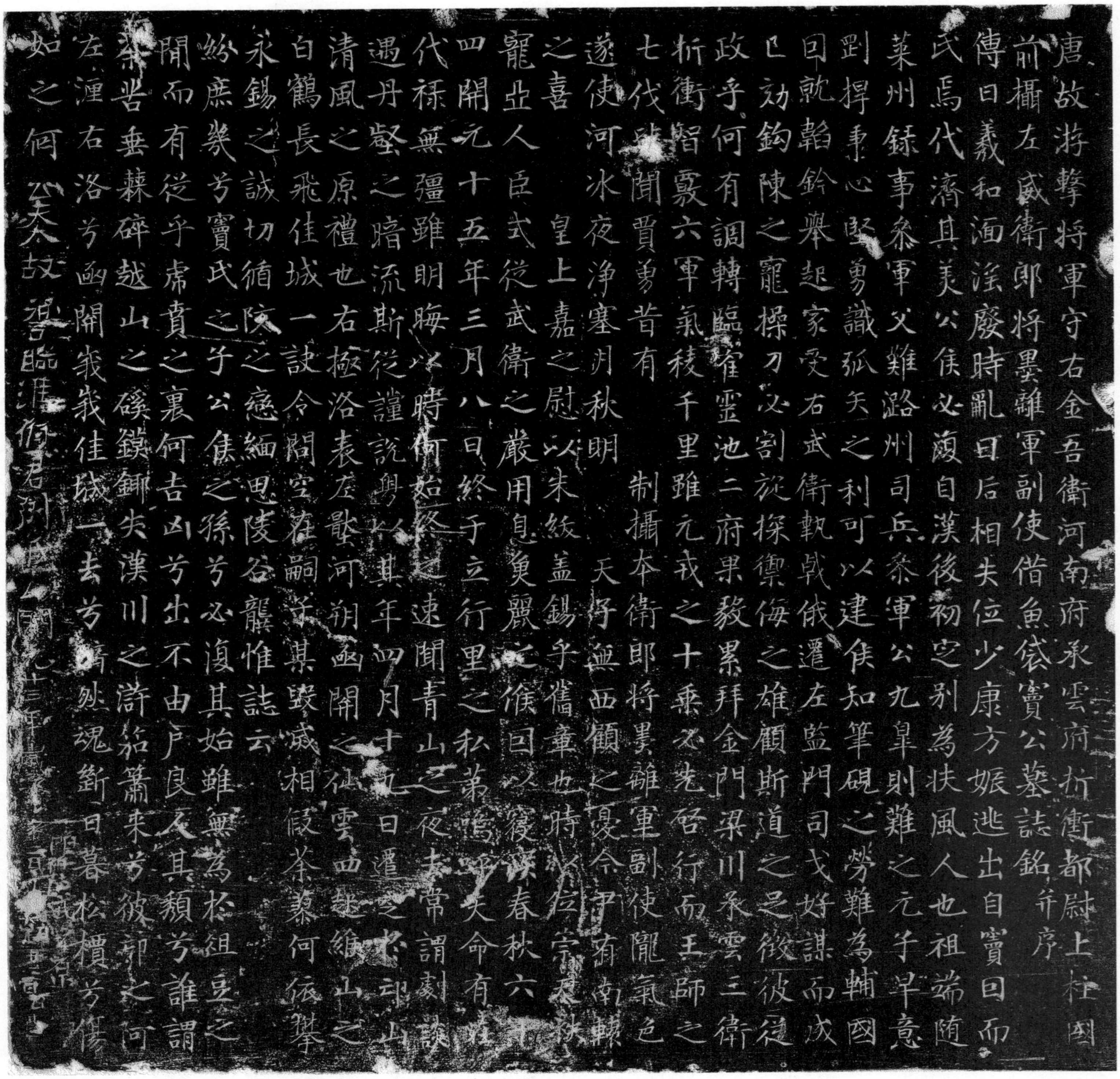

一〇四　唐故游擊將軍守右金吾衛河南府承雲府折衝都尉上柱國前攝左威衛郎將墨離軍副使借魚袋竇公（九臯）墓誌銘

開元十五年（七二七）四月十九日葬。

誌文二十五行，滿行二十四字。正書。誌長、寬均五十六厘米。

誌蓋篆書：大唐故竇府君墓誌銘

唐故游擊將軍守右金吾衛河南府承雲府折衝都尉上柱國前攝左威衛郎將墨離軍副使借魚袋竇公墓誌銘并序

傳曰：「羲和湎淫，廢時亂日。后相失位，少康方娠。逃出自竇，因而氏焉。」代濟其美，公侯必復。自漢後初定，別爲扶風人也。祖端，隨萊州録事參軍。父難，潞州司兵參軍。公九臯，則難之元子。早意剛捍，秉心堅勇。識弧矢之利，可以建侯；知筆硯之勞，難爲輔國。因就韜鈐舉，起家受右武衛執戟。俄遷左監門司戈。好謀而成，已効鉤陳之寵；操刀必割，旋探禦侮之雄。顧斯道之足徵，彼從政乎何有。調轉臨霍、靈池二府果毅。累拜金門、梁川、承雲三衛折衝。智覈六軍，氣稜千里。雖元戎之十乘，必先啓行；而王師之七伐，□聞賈勇。昔有　制攝本衛郎將、墨離軍副使。隴氣色〔一〕，遂使河冰夜凈，塞月秋明。天子無西顧之憂，令尹有南轅之喜。　皇上嘉之，慰以朱紱，蓋錫乎舊章也。時以位崇天秩，寵亞人臣。式從武衛之嚴，用息魚麗之候。因以寢疾，春秋六十四。開元十五年三月八日終於立行里之私第。嗚呼！天命有在，代禄無疆。雖明晦以時，何始終之速。聞青山之夜去，常謂劇談；遇丹壑之暗流，斯從讜説。粤以其年四月十九日遷窆於邙山清風之原，禮也。右極洛表，左壓河朔。函關之仙雲四起，緱山之白鶴長飛。佳城一訣，令問空在。嗣子某，毁滅相假，荼蓼何依。攀永錫之誠，切循陔之戀。緬思陵谷，襲惟誌云：

紛庶幾兮竇氏之子，公侯之孫兮必復其始。雖無爲於俎豆之間，而有從乎虎賁之裏。何吉凶兮出不由户，良人其頹兮誰謂荼苦。垂棘碎越山之磎，鏌鋣失漢川之滸。笳蕭來兮彼邙之阿。左瀍右洛兮函關峨峨。佳城一去兮□然魂斷，日暮松櫝兮傷如之何。

公夫人故□臨淮縣君□氏以開元十三年歲次□□二月□□朔廿三日乙酉□祔□武之原。〔二〕

〔一〕此處疑闕字。

〔二〕此行字體與前面不同，當爲後刻。

一〇五　大唐故龍興觀主寇尊師（知古）墓誌銘

開元十五年（七二七）四月二十五日葬。

誌文十九行，滿行十八字。正書。誌長、寬均五十・五厘米。

原石藏洛陽張存才唐誌精品館。

誌蓋正書：唐故龍興觀主寇尊師墓誌銘

大唐故龍興觀主寇尊師墓誌銘并序

尊師諱知古，字知古，上谷□平人。後漢執吾金〔一〕、雍奴威侯□十六代孫也。五代祖祖臘，後魏河内太守，因家焉。曾祖遠，北齊州主簿。祖緩，隨揚州蘭陵令。父同，散員郎。尊師生於貞觀之末，度於乾封之際。玄標自奇，真契冥得。若性道之會，名實所歸。皆合之於天理，藏之於日用，非積學所鑽仰也。尊師七代叔祖謙之，後魏之世，隱居成道。雖家業頗傳，而門人或廢。至師嗣其曾構，成其曠迹，蓋練求之要，斯有類歟。嗚呼！涉於有者，返於無形。於動者休於止，尸解之義，其在於兹。春秋七十有九，開元十五年太歲丁卯四月癸卯朔廿二日甲子歸神於本觀之齋室。越三日丁卯，卜葬於河南縣龍門鄉之平原。姪密、弟子承宗等，感哀送之無及，成飾終於故事。乃刻下泉，圖徽石誌。其詞曰：

時惟仙師兮負名實，□永世兮天道質，老聃死兮桑扈卒，形雖離兮神且一，于嗟卜居兮留此室。

〔一〕「執吾金」應爲「執金吾」之誤。

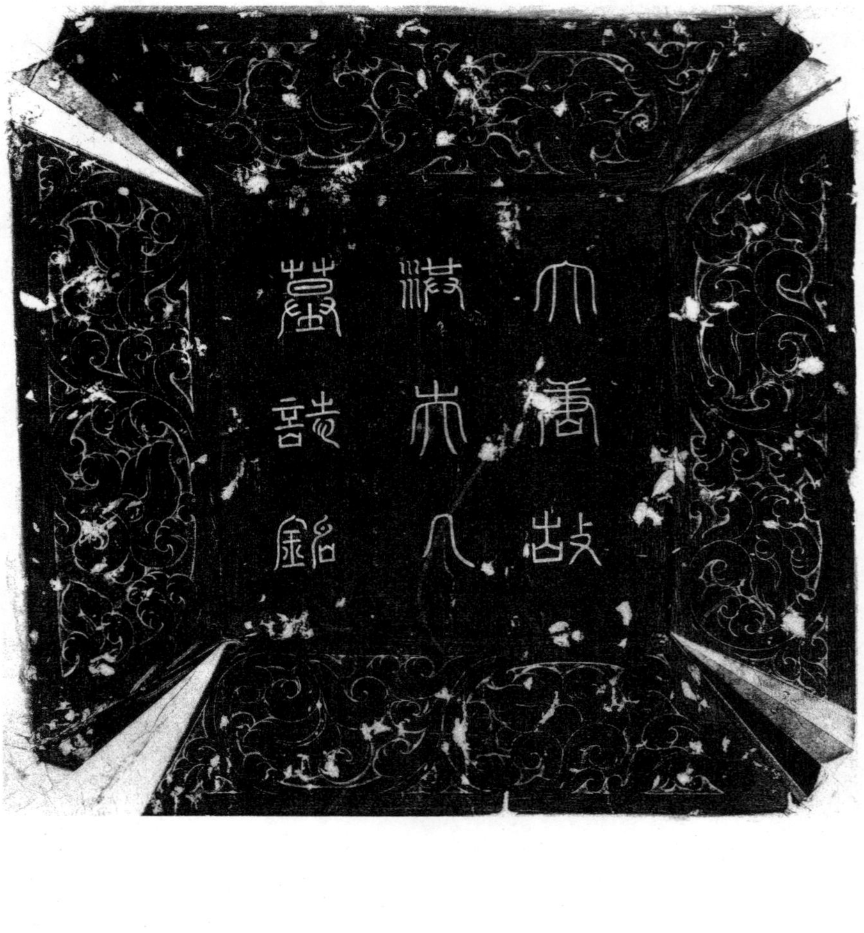

一〇六　大唐前撫州南城縣主簿孫君故夫人洪氏（蘭）墓誌

開元十五年（七二七）閏九月十七日葬。
誌文二十一行，滿行二十二字。正書。誌長、寬均四十七厘米。
孙宰撰。
誌蓋篆書：大唐故洪夫人墓誌銘

大唐前撫州南城縣主簿孫君故夫人洪氏墓誌

嗣子宰書耶文

夫人諱蘭，字茂芳，宣城人也。世裔江吳，家傳章組。　祖粲，隨開府儀同、奉信員外郎、越州都督。　父順，唐虢州湖城縣令，轉雍州涇陽縣令。　兄子輿，唐自左拾遺累遷左臺侍御史、起居舍人。　夫人珠星授祉，寶月垂休。性與謙冲，神資端謹。何彼襛矣，夙茂徽華；葛之覃兮，早施榮曜。陽雍娉〔一〕，懷璧種而來迎；温嶠願婚，捧玉臺而自送。年甫卅，歸於我氏。閨風有禮，閫教無違。婦則載光，坤儀重振。而蕣華猶盛，霜露俄淩。以開元十五年三月十五日寢疾終於臨川郡官舍。孫君痛甚傷神，哀逾扣缶。空閨嘆逝，秋風起孫楚之悲；長簟虛神，明月動潘郎之思。異類相感，嘆池上之鴛鴦；同病相憐，慭鏡前之鸞鳥。逶迤素舸，渡廣陵之煙水；搖裔綵旒，下洛陽之阡陌。以開元十五年閏九月十七日窆於北邙之原，禮也。瞻繐帷而虛設，對綺帳而空懸。淒淒原野之氣，蒼蒼松柏之煙。地户開兮竟無日，泉門閉兮知幾年。嗚呼哀哉，乃爲銘曰：

星河降祉，誕此賢姬。夭桃夏首，襛李春時。恭惟捧輿，肅事齊眉。粢盛是主，筐筥是司。其一。婉兹令匹，宜其家室。凝華淑慎，含章貞吉。霜露有侵，神仙無術。芙蓉落照，長梁掩日。其二。原野悲哉，心傷已摧。凌波永去，行雲不來。煙光夕冷，松聲夜哀。流風蕩雪，何時更迴。

〔一〕此處當有闕字。

一〇七 大唐故壽州壽春縣令崔府君（行模）墓誌銘

開元十五年（七二七）十月十四日葬。

誌文二十五行，滿行二十五字。正書。誌長、寬均五十七厘米。

大唐故壽[州][壽]春縣令崔府君墓誌銘[并]序

君諱行模，字仁則，博陵人也。粵若鼻祖分官，紹炎農之遠系；承家命氏，光齊邑之初謀。嬋嫣華宗，卓犖邦彥。俊烈邁前史，清芬流後昆。葳蕤紛綸，日新多士矣。　曾祖長瑜，後魏揚州別駕、浮陽郡守。祖子博，隨民部侍郎、泗州刺史。　父元平，　皇朝監察御史、蘇州司馬。皆以黄裳元吉之姿，素履幽貞之操。或三臺作則，或九牧爲綱。威攝友朋，榮兼中外。　公依仁志道，進德脩業。中倫中慮，多見多聞。早歲以郡舉孝廉，對策高第。解褐授鄧王府典籤、洛州參軍。從容曳裾，忼慨長揖，朝廷器之。秩滿，稍遷左領軍衛胄曹參軍、洛陽縣丞。文衛事嚴，京邦務劇。懸其明鏡，屢照而不疲；挺其干將，立斷而無滯。屬朝廷妙選良宰，屈　公爲揚州高郵縣令。全耳目，平心氣，不下堂而理矣。然而康史魚之行，抗展禽之節。愛人如子，奉公無私。謬以小知之瑕，累乎□受之器。轉授壽州壽春縣令。嗟乎！朗璞蔽於塵垢，逸驥疲於曲艱。未終留犢之年，俄興問鵩之嘆。謫居不樂，美疹彌留。春秋七十有四，終於壽春之官舍。烏呼哀哉！夫人范陽盧氏，樂壽縣令同德之女也。肅穆中饋，淑慎内言，德盛宜家，義深偕老。春秋八十有九終於私第。嗚呼哀哉！嗣子七人：愼、恪、亶、愷、悌、裴九、愔等，往以歲非亨吉，禮從權殯。今筮叶休貞，追遷同穴。孝孫前澤州司功參軍知古、晉州洪洞縣尉奂炅等，永慕聿□，情深幹蠱。荷開地之餘慶，感趨庭之遺憂。經始新營，奉成先□。以開元十五年歲次丁卯十月己巳朔十四日壬午合葬於□□之北原，禮也。將恐代祀綿邈，陵谷遷移，是用封樹，記時勒銘。其詞曰：

面三川兮陟□邙，憑九原兮卜浮崗。宣備物兮歸壽堂，勒貞石兮流聲芳。

一〇八　大唐故朝議大夫行左司郎中上柱國夏侯府君（宜）墓誌銘

開元十六年（七二八）七月二十六日葬。

誌文二十三行，滿行二十三字。正書。誌長、寬均四十三厘米。

大唐故朝議大夫行左司郎中上柱國夏侯府君墓誌銘并序

君諱宜，字宜，譙郡人。夫命氏庀族，代濟其美，史諜詳焉。曾祖志，隨大將軍、脩武縣開國伯，承家貴矣。祖盛，隨鄭州氾水縣令。父靈運，　皇朝洛陽縣尉。君明經擢第，調補許州葉縣尉，歷懷州河内縣尉，累雍州三原尉，昇長安尉。投刃皆虛，在邦必達。夫猶數邑之理，推是中京之光。　敕授監察御史裹行，踰年即真。無何，進殿内。榮繡章，凛清霜。朝屏族談，路傳莫止。丁艱，哀毁踰制。喪畢復職，尋加朝散大夫，俄遷侍御史。朱紱斯皇，臺端是秉。數月，拜尚書駕部員外郎，轉金部郎中。累以爲稱，又轉左司郎中。時開元丁卯歲，　天子幸鎬京，總綰留省，政訟簡息，勤視勞生。明年移疾，士流醫術走望馳禱者甚懇。以七月十日甲辰而終，春秋六十有四。廿六日庚寅，遷窆於洛陽東原，禮也。君繼公侯之胤，有生知之學。事親竭力，奉君致身。榮兼邑里，澤及□族。高門納慶，種德謀孫。宜其道濟蒼生，等惟嵩而作輔；如何位終郎署，仰列宿而沉光。嗚呼哀哉！嗣子拯等，泣血絶漿，加凡一等。迫先遠之兆，議陵谷之遷。假余斯文，唯無愧色爾。

嵩岳峙，洛川澄，山原誕漫多丘陵。人生千古誰不死，所惜夫君道可稱。塗山之英，間氣之精。節概霜勁，風神月明。敦孝以奉養，勤學以立名。三臺職望，列宿官榮。始看珮玉，旋聞泣瓊。朝廷揖讓，里閈逢迎。一歸冥漠，無復平生。白楊玄壟，過者傷情。

開元十六年七月廿六日殯

一〇九　故常州義興縣尉戴公（永定）墓誌銘

開元十七年（七二九）葬。

誌文二十行，滿行二十字。正書。誌長、寬均三十五・五厘米

誌蓋篆書：大唐故戴府君墓誌銘

故常州義興縣尉戴公墓誌銘并序

公諱永定，字從心，吴國樂安郡人也。明德聰慧，聞一知十。宇内圖籍，莫不畢該。魏之陳琳、晉之裴秀，豈可同年而語矣。公幼而孝友，長而惠和。郡辟孝廉，太常擢第。有　王佐之寶器，有經國之宏才。聲動寰中，爲代所重。銓綜之急，妙選於公。爲吏晉陵，一郡稱最。潔已勵俗，正身率下。明察以斷，忠信以寬。政迺不煩，詞尚簡□。清廉獨守，財産屢空。時論不以脂膏見歎，州將不以屬官相待。强不暴弱，賤不失宜。一邑甿黎，緊公是賴。何然修文宫館，百神欽其所能；談論佳城，萬鬼稱其奥府。觀其鳳藻，潘陸無以擬其文；視其鸞飛，鍾張曷以過其妙。胡嗟及矣，迺臨東岱之山；無所不之，寧遊藁里之域。粤以開十有六祀孟秋□六辰終於公館。春秋卌有一，以開十七載葬於洛陽之平原，禮也。緱山白鶴，嘆城郭之有非；□渚玄龜，□川原之體勢。嗟乎！飛鳧已遠，空埋葉令之魂；逸馬無追，有啓藤公之室。類淳于之愛女，空有緹縈；同鄧侯之少男，高天不問。嗚呼哀哉！迺爲銘曰：

飄風□兮埃塵飛，□紛去兮無復歸。端容麗藻兮何適，空餘霜露兮霑□。

一一〇　故朝議郎行司農寺大和監仇府君（師）墓誌銘

開元十八年（七三〇）十月二十一日葬。
誌文二十行，滿行二十字。正書。誌長、寬均三十九・五厘米。
誌蓋篆書：大唐故仇府君墓誌銘

故朝議郎行司農寺大和監仇府君墓誌銘并序

府君諱師，字仁慶，南安郡人也。因官徙居，今爲京兆人焉。靈源遠派，枝系相襲，備在圖史，固難詳載。曾祖那，養高不仕。祖孝成，將士〔一〕郎。父欽，皇朝左衛兵曹參軍。公承累葉之崇構，纂靈根而穎祉。言有物而行有恒，德無瑕而義不疚。弱冠從宦，拜虔州南安縣尉。秩滿，轉司農寺大和監。冰清在己，僚友仰其孤標；斷割居心，職司推其幹蠱。將謂皇天是輔，克躋大位。何知神道奪鑒，奄歸窮壤。春秋五十有九，以開元九年四月一日寢疾卒於汴州開封縣望仙里之私第。嗚呼哀哉！斯人也亡，實謂萎哲。國乏棟梁之用，家失亢宗之賢。以開元十八年九月九日遷神於洛陽國門東之別業，以其年十月廿一日葬於北邙之原，禮也。黄腸既襲，玄堂永瘞。昆友惴惴，臨穴而悲號；嗣子哀哀，掐膺而擗摽。猶恐歲月滋久，山谷有遷，遂題方石，式旌不朽。其詞曰：

脩短之分兮素定，積仁累德兮不延。嗟嗟之子兮明哲，反墜魄以無年。吾知夫造物之混茫，窮其迹兮玄之又玄。九原之上兮古不可作，風流豪翰兮秘此窮泉。

〔一〕「士」當爲「仕」之誤。

一一一　唐故魏州刺史金城公尹府君（元綷）神道誌銘

開元十八年（七三〇）十一月十日葬。

誌文三十三行，滿行三十四字。隸書。誌長、寬均七十三厘米。

李邕撰。

原石藏洛陽齊氏尚德堂。

誌蓋篆書：大唐故尹府君墓誌銘

唐故魏州刺史金城公尹府君神道誌銘并序

江夏李邕撰

粵若衣冠一門，長源者人所景慕；禮樂百代，盛業者時之孔休。矧乎兼包大名，易置安地，海變不吝，天迴無虞。後其身而俯就東藩，葆其光而高謝北寺。智哉！以免仁爲克終者，非君子其孰能臻兹。府君諱元綷，字亶，天水人也。其先出自黄帝之胤，姞族之後。因官命氏，地高太古之姓；翼帝爲師，材秀獻臣之傑。至若周登卿士，漢榮司徒，蜀執金吾，凉拜祭酒，代有其人矣。　曾祖軌府君，魏侍御史，周春官府典祠大夫、文谷鄉男，隨鉅鹿太守、揚州長史、上蒙縣開國公，食邑一千户。　祖勢殷府君，周宋王府功曹，隨晉陽宫總監，　皇朝銀青光〔一〕大夫、齊王府長史、大將軍、長樂郡開國公，食邑二千户。考仁德府君，　皇朝吴王府户曹參軍。莫不休有令名，大起前烈。邁種謀翼，壹體同符。府君和氣内充，淳行外發。懿文典學，自孝安仁。守信若時，檢操如石。貴不易友，才不惰人。言稱其長，居得其厚。惟清惟静，至公至忠。雌黄於心，故口輔無擇；苦藥於性，故儀形有恒。正色足以視師，全樸足以鎮物。弱冠以大父勲補右千牛，轉汾州司户，遷通事舍人，歷城門郎、絳州司馬、鄭州長史、豪州刺史。或門蔭信臣，倚劍昇殿。或音容推轂，發號代天。或貳職聲聞，鴻漸于陸。或連率課最，鹿夾於車。未幾，除乾封令。百川朝海，九土賓王。貿首争名，醜抵從利。府君直道蔽獄，明鏡得情。巷無大誰之人，時有小康之頌。二載，擢大理少卿。平刑要囚，高門納駟。清議所許，冢司攸屬。府君以　本朝多難，閏位崇奸。詠禄仕之詩，追亢宗之誡。三諫懼及，一麾遂行，出拜宜州刺史。府君以政殷軍役，地密畿甸，請辭大郡，别讓通賢。　恩命固違，傳置遄邁。下車隨手，撤屏張目。幼艾以勸，人吏有孚。封金城縣男，遷魏州刺史。理化均昔，退謝如初。雖材富國楨，而代屯天步。寇恂仍借，黄霸終徵。未輔鼎鉉，已遷舟壑。嗚呼！以延載元年六月十七日薨於洛陽樂城里之私第，時春秋六十有六。士林挺秀，倏殄飄零。河裏遺風，颯然蕭索。　恩敕賵贈，官造靈轝，家口給傳乘發遺。以開元十八年歲次庚午十一月十日卜邃於邙山之塋，禮也。夫人河東裴氏，　皇朝魏州貴鄉縣令義賓之息女也。淑問照宣，賢才博總。規矩以禮，龔慈以誠。爲婦事姑，爲嫂事叔。孝備兩族，義高六姻。晚悟性源，彌入佛慧。遺言别葬，屬心一歸。胤子仙州司馬子羽、澧州刺史子産等，皆義方禀彝，名教爲樂。追攀桐柏，大樹墳塋。違命則泣血未遑，依命則號天不忍。梗概同域，綿連異封。新意得於孝心，宿圖成於妙覺。事光白日，悲深黄壤。其詞曰：

太古崇闈，膏腴聳幹。師堯翼周，牧秦仕漢。軌物赫弈，衣冠照爛。挺秀才彦，振起時楨。自家形國，孝立忠成。退身有檢，全族無傾。河内就徵，洛陽卧疾。福履何在，慶膺攸失。大澤藏山，佳城閉日。宜家令淑，有聲慈孝。討論墳典，因依釋教。别葬奉遺，同域投予。哀哀門子，蕭蕭柏林。迴遑泣血，進退崩心。天經罔極，地義何深。

大唐開元十八年庚午歲十一月十日葬於北邙禮也

〔一〕此處漏刻「禄」字。

一二二　大唐故右衛長史范府君（臣）墓誌銘

開元十八年（七三〇）十二月十六日葬。

誌文二十五行，滿行二十五字。正書。誌長五十四厘米、寬五十三厘米。

大唐故右衛長史范府君墓誌銘并序

君諱臣，字堯臣，先馮翊人也。昔范蠡居越，勾踐啓其霸圖；范睢入秦，昭王授其相印。由是家聲肦響，代禄蟬聯，詳諸簡牘，可得言矣。高祖曄，隨復州刺史、開國伯。曾祖世恭，皇散騎常侍。父智常，皇右衛中郎、上柱國。並夙招人譽，早縻天爵。出分銅竹，允寄專城之居；入耀貂璫，還奉夾輿之任。君率性剛毅，執心貞慤。形神端嶷，挺不可犯之容；器宇縱横，懷未易知之量。進德脩業，常閱禮以聞詩；束髮彈冠，乃陳力而就列。起家左翊，選授陳州南頓縣丞。忠以奉國，早勤周衛之任；禄以代耕，勉蒞徒勞之職。尋轉豳州録事參軍。玉潔冰清，令望每馳於上國；繩愆糾謬，霜風自肅於外臺。又轉陝王府户曹參軍。無何，遷右衛長史。天人之邸，曳彼長裾；將軍之司，策其高足。搏扶摇以撫翼，始振雲鵬；企崦嵫以希光，遄流隙駟。以開元十五年六月一日終於私第。君敏於從政，善與人交。進多利用之才，退有計然之術。故得譽流卿相，資巨程羅。綺紈被於僮僕，華彩生於里閈。吾與其進，每見賢而思齊；神則不欺，何惟德之無輔。夫人南陽樊氏，職脩蘋藻，禮備閫帷。行且移天，敬仲有和鳴之兆；殁則同穴，文公用合葬之儀。以開元十八年十二月十六日合葬於河南縣萬安山之南原，禮也。公之昔日，嘗經此山。目其川原，愛其形勝。乃飭臯子，塋措於斯。以爲得萬安之美名，成百代之嘉兆。長子晉客，前任永嘉府左果毅、游擊將軍、上柱國。次子賓客等，遵承理，無改之道克崇；毁瘠因心，罔極之哀兹篤。既而青烏啓卜，白日開城。懼藏舟之有遷，庶勒石而無沫。銘曰：

高門弈世，令問不□。盛德逮君，芳聲載美。陳力就列，陟遐自邇。□□□□，俄悲閱水。萬事蕭颯，有年已矣。脩隴崔嵬，平原涵迤。白日將□，寒飆忽起。嗚呼哀哉，人生到此。

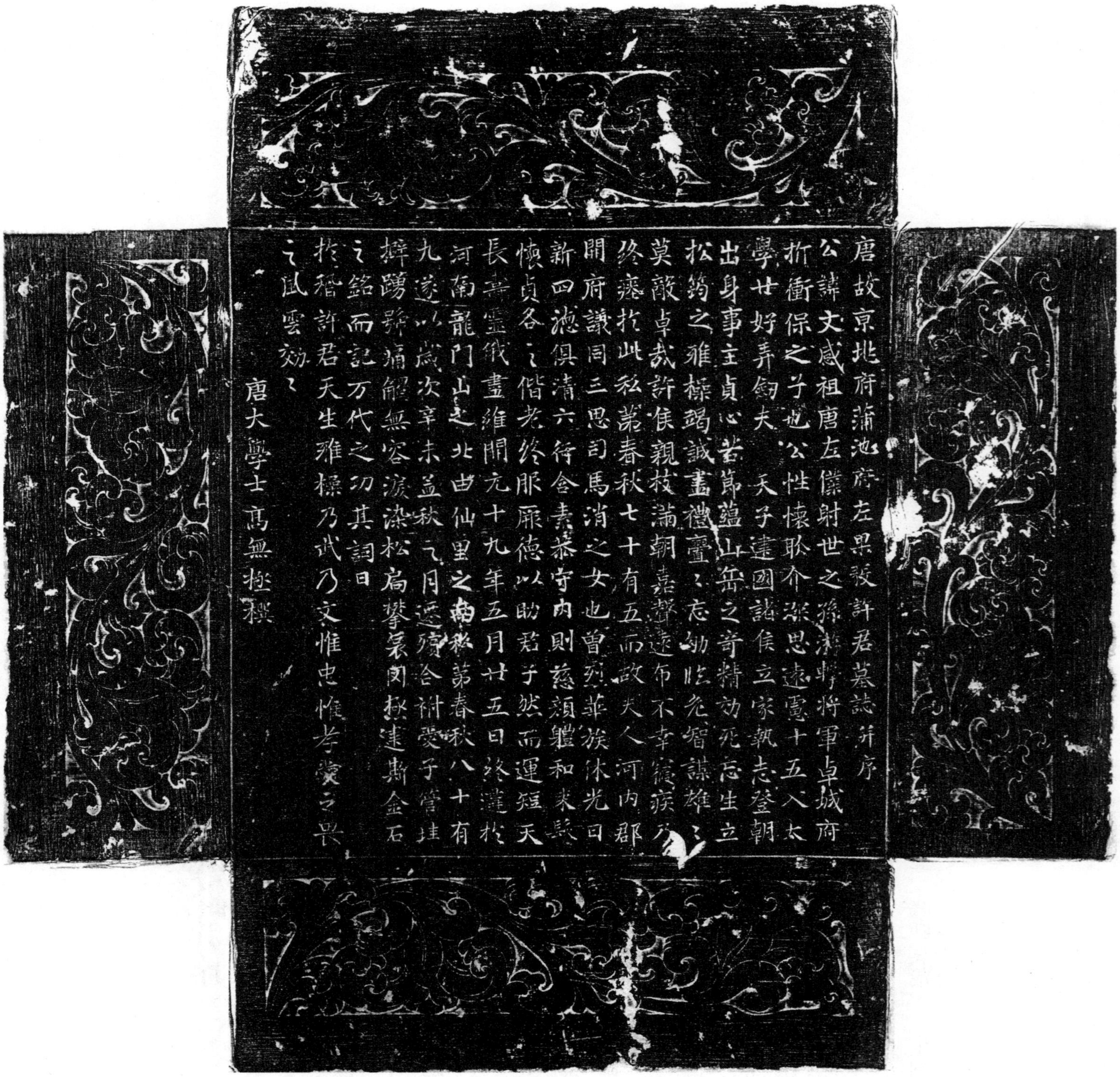

一一三　唐故京兆府蒲池府左果毅許君（文感）墓誌

開元十九年（七三一）八月葬。

誌文十九行，滿行十九字。正書。誌長三十五・五厘米、寬三十六厘米。

高無極撰。

誌蓋篆書：大唐故許府君墓誌銘

唐故京兆府蒲池府左果毅許君墓誌并序

唐大學士高無極撰

公諱文感，祖唐左僕射世之孫，游擊將軍、卓城府折衝保之子也。公性懷耿介，深思遠慮。十五入太學，廿好弄劍。夫　天子建國，諸侯立家。執志登朝，出身事主。貞心苦節，藴山岳之奇精；效死忘生，立松筠之雅操。竭誠盡禮，亹亹忘劬，臨危智謀，雄雄莫敵。卓哉許侯，親枝滿朝。嘉聲遠布，不幸寢疾。乃終瘞於此私第，春秋七十有五。而故夫人河内郡開府議同三思〔一〕司馬消之女也。曾烈華族，休光日新。四德俱清，六行含素。恭守内則，慈顔體和。束髮懷貞，各之偕老。終服厥德，以助君子。然而運短天長，壽靈俄盡。維開元十九年五月廿五日終遘於河南龍門山之北由仙里之南私第，春秋八十有九。遂以歲次辛未孟秋之月，遷殯合祔。愛子管珪，擗踴號，痛觸無容，淚染松扃，攀哀罔極。建斯金石之銘，而記萬代之功。其詞曰：

於稽許君，天生雅操。乃武乃文，惟忠惟孝。愛之畏之，風雲效效。

〔一〕「議」「思」應爲「儀」「司」之訛誤。

一一四　大唐故河南府緱氏縣尉賈府君（蓁）墓石記

開元十九年（七三一）九月二十七日葬。

誌文十五行，滿行十六字。正書。誌長、寬均三十厘米。

誌蓋正書：大唐故賈府君墓誌銘

大唐故河南府緱氏縣尉賈府君墓石記

君諱蓁，字蔚之，長樂廣川人。曾祖廉，隨將作少匠。祖筠，洛州司兵參軍。考道，洛州伊闕縣令。君則伊闕府君第四子。弱冠補宋州楚丘尉，轉號州閿鄉尉。又授河南府緱氏尉。君秉節守義，歷官清苦。雖三佐於邑而家産屢空。以開元十九年秋九月十五日寢疾終於河南集賢里之私第，春秋五十有六。旋用其月廿七日權窆於洛陽縣感德鄉伊河北原，禮也。嗣子聃丘等，攀擗泣血，殞身何代。孀妻尹氏，煢居疚懷，撫孤號絶。請勒嘉石，以誌銘云：

洛南伊北，路左城東。家國之寶，閟此泉穹。高節斯殄，强學斯空。名與實兮俱盡，松與草兮徒豐。

唐故朝散大夫兖州方與縣令封君墓誌銘

一一五　唐故朝散大夫兖州方與縣令封君（璠）墓誌銘

開元十九年（七三一）十一月二十一日葬。

誌文二十二行，滿行字數不等。正書。誌長五十九厘米、寬五十八厘米。

原石藏北京北庵劉氏。

唐故朝散大夫兗州方與縣令封君墓誌銘并序

公諱璠，字千里，渤海人也。其本姜姓，在昔中葉，子牙秉德，武王咨焉。勝殷佐周，成命錫土。奄有四履，乃營於齊。厥後因封，以德命肇。有封姓粤稽古，頤典墳。洎昊穹生人，歷選世輔。懿德弘濟，樹徽王家。有功於人，類用昌衍。故公弈葉重光，世載其焕。茂勳烈德，啓記而存。曾祖德輿，隨扶風郡南由令。祖安壽，皇中大夫、豪湖二州刺史。父玄景，朝請大夫、瀛洲博野縣令。公即博野君之冢子。生而含章，長而岐嶷。膺皇靈之粹姿，炳端融之上德。夫其温潤足以覆物，剛毅足以矯邪，莊敬足以立儀，廉直足以資信。若此四德者，天縱於君也。至夫觸性成藝，豈一物而不知；沿情披文，雖百家而盡覽。弱冠以清地侍翊出身，調補雅州參軍事。以府君時爲閬中宰，公念温清阻長，故求莅此職，非其材也。復調瀘府兵曹參軍，委命從下，不割其高。時屬荆蠻亂常，作寇南海。公受任偏督，度瀘乘瘴。而流影射沙，行暉病蠱。公調以齊物，節之涼温。乘養廝徒，全旅而反。及摧兇制敵，閭落乂寧，皆公之料勝也。在任丁府君憂。見星而奔，三年泣血。終服，調轉婺州司功參軍。吴風剽輕，不敦於學。公歲奬以道，賦登於科。又補汾州録事參軍，綱轄庶曹，糾弼千里。人用昭明，府庭允清。而群邪撓權，有鼻爲醜。遂表公爲司兵參軍，衆攸不直，尋調兗州方與長。下車問風，從俗闡教。清政暢於所牧，廉操檢於監司。兒童恤生，螟賊避稼。績庸登顯，再命受紱，加朝散大夫。嗟乎！道亦有屯，時或无妄。慘吏程罰，陷公於章。公乃解綬歸里，懸車徇穡。□天爵以敬時，亮人事以安運。丁太夫人憂，戴白居喪，動中亡禮。俯而就則，釋緩乃常。粤開元十九年建午朔遘疾捐於家，生歷七十有二。嗚呼！尼父以七十三而終，公殆之矣。天之喪斯文也，皆在兹乎。嗣子昌構，次子昌胤。充窮稱家，永議遷窆。塗靈俑物，皆自手成。以其年仲冬二旬有一日成壙於河南府告成縣崌山鄉崌山里上白沙山之原，禮也。夫誌以昭德，銘以旌行。俾夫陵海千年，金石不泯。辭曰：

巖巖惟嶽，於天峻極。吐符降靈，寔生兹德。四方之翰，百夫之特。道將不行，命亦其忒。咬咬黄鳥，爰止於桑。百身不贖，自古皆亡。千秋萬歲，昭假其芳。

唐故左羽林将軍馬君墓誌銘并叙
君諱崇其先出扶風遠祖曰官居陝今為陝人奢自趙城遁
光我皐 祖援聚米虜在吾目中季常掞通騁之文孟起懾
手前之勇象賢無替盛德有歸 祖吳陁 皇朝初應義旗
歷監門将軍荊府長史誕河岳之精贊雲雷之業韜鈐寄重
夷夏威行 父明經擢第歷代州長史甘州刺史絕皐一經
題輿六漢竹符莅政柳谷知歸君英氣絕俗靈武冠代飛将
宜言絳侯多略首應平射舉授左執戟蹲甲超於養由（執）戟疲
於楊子俄應孫吳舉授右羽林軍郎将歷都水監使者羽林
将軍幽州都督未幾拜羽林将軍孫武吳起妙合謀猷金堤
玉階榮兼內外豈謂以高見外直道受黜貶為括州別駕俄
拜羽林将軍備翁歸之文武韞子公之策謀方輿捧日遐騫
豈期降年不永開元九年四月廿七日寢疾薨於京宣陽里
之第甲子六十三夫人東陽縣君黃氏羽林将軍 河上之
孫猗氏縣令 承恩之子吳之蓋也火艦照其長源漢之琬
焉月初光其遠系言容式備胤嗣其昌龍劍先沉鳥瑩晚合
以開元五年正月廿二日終於私第即以廿年正月廿八日
合葬于陝東硤石縣美原鄉北原舊塋禮也
武標銅柱文開紗帳弓冶代傳河山氣壯惟君之生實人之
英金壇策重玉節威行閱水不居藏山易往奄辭京國遽淪
泉壤言遵同穴來指故鄉關河挽斷風月情傷魂慕痛深充
窮摧咽貞刊式紀幽埏永閉

一一六　唐故左羽林将军馬君（崇）墓誌銘

開元二十年（七三二）正月二十八日葬。

誌文二十二行，滿行二十三字。正書。誌長、寬均五十四厘米。

唐故左羽林将军馬君墓誌銘并叙

君諱崇，其先出扶風。遠祖因官居陝，今爲陝人。奢自趙城，道光我鼻　祖。援聚米，虜在吾目中。季常掞通聘之文，孟起慴牙前之勇。象賢無替，盛德有歸。　祖吴陁，　皇朝初，應義旗，歷監門將軍，荆府長史。誕河岳之精，贊雲雷之業。韜鈐寄重，夷夏威行。　父，明經擢第，歷代州長史、甘州刺史。絶韋一經，題輿六漠。竹符蒞政，柳谷知歸。君英氣絶俗，靈武冠代。飛將寡言，絳侯多略。首應平射舉，授左執戟。蹲甲超於養由，執[一]戟疲於楊子。俄應孫吴舉，授右羽林軍郎將，歷都水監使者、羽林將軍、幽州都督。未幾，拜羽林將軍。孫武吴起妙合謀猷，金堤玉階榮兼内外。豈謂以高見外，直道受黜。貶爲括州别駕。俄拜羽林將軍，備翁歸之文武，韞子公之策謀。方冀捧日遐騫，豈期降年不永。開元九年四月廿七日寢疾薨於京宣陽里之第，甲子六十三。夫人東陽縣君黄氏，羽林將軍　河上之孫，猗氏縣令承恩之子。吴之蓋也，火艦照其長源；漢之琬焉，月初光其遠系。言容式備，胤嗣其昌。龍劍先沉，烏塋晚合。以開元五年正月廿二日終於私第。即以廿年正月廿八日合葬於陝東硤石縣美原鄉北原舊塋，禮也。

武標銅柱，文開紗帳。弓冶代傳，河山氣壯。惟君之生，實人之英。金壇策重，玉節威行。閲水不居，藏山易往。奄辭京國，遽淪泉壤。言遵同穴，來指故鄉。關河挽斷，風月情傷。孺慕痛深，充窮摧咽。貞刊式紀，幽埏永閉。

[一]「執」爲小字，刻於「由」之右下。

大唐故定遠將軍河南素和公墓誌銘并序
公諱喬字陁奴河南穀陽人也㫒之義氏和氏即其先
焉誅共工氏有功㫒以字仲代居岳牧清素自守民吏
号曰素和子孫相承因而作氏彼錫土以成姓或繼官
而受氏者不其後矣公少以雄武爲 君王所知歷
三朝効官累至如貞固以幹事主忠而敦信氷清
玉潔金聲而玉潤者不可一二談積善無徵開元廿
年七月廿日終於穀陽司徒里第春秋七十有一即以
其年九月卅日殯于洛陽西之飛鳳岗禮也嗣子令忠
等哀毀過禮攀號罔極爰刊翠琰式頌清猷使行路遲
遲識將軍之墓岗陵稟稟浮壯士之氣乃爲銘曰
顓頊茂族伊祁寶胤芳馳萬古聲高千刃爰及我公莫
名特振降神山岳秉德珪璋星精興地氣賢人生逢
聖代長作忠臣出入天仗趍馳禁闈頻攀鳳翼屢附龍
鱗朱息既久光華轉弈 勅書滿篋紱衣成積寄重
千里榮齊萬石宇宙茫茫聲華藉藉享未極泰否曰迷
坎逝川不留隙光難攬高堂夜朗泉臺晝黔鳥獸徘徊
風雲悽慘孝子號絕行人斷情日慘悲影林動悲聲地
自卜墳即官營人誰不死公實揚名
開元廿年九月卅日建

一一七　大唐故定遠將軍河南素和公（喬）墓誌銘

開元二十年（七三二）九月三十日葬。

誌文二十行，滿行二十一字。正書。誌長四十八・五厘米、寬四十七・五厘米。

原石藏鞏義馬氏一葦草堂。

大唐故定遠將軍河南素和公墓誌銘并序

公諱喬，字陁奴，河南穀陽人也。堯之羲氏和氏即其先焉。誅共工氏有功，堯以子仲代居岳牧，清素自守，民吏號曰素和，子孫相承，因而作氏。彼錫土以成姓，或縱官而受氏者，不其後矣。公少以雄武爲　君王所知，歷□三朝，效官累正。至如貞固以幹事，主忠而敦信，冰清□玉潔，金聲而玉潤者，不可一二談。積善無徵，開元廿年七月卅日終於穀陽司徒里第，春秋七十有一。即以其年九月卅日殯於洛陽西之飛鳳崗，禮也。嗣子令忠等，哀毀過禮，攀號罔極。爰刊翠琰，式頌清猷。使行路遲遲，識將軍之墓，崗陵亶亶，浮壯士之氣。乃爲銘曰：

顓頊茂族，伊祁寶胤。芳馳萬古，聲高千刃。爰及我公，英名特振。降神山岳，秉德珪瑾。星精異才，地氣賢人。生逢聖代，長作忠臣。出入天仗，趨馳禁闈。頻攀鳳翼，屢附龍鱗。承恩既久，光華赫弈。　敕書滿笥，紱衣成積。寄重千里，榮齊萬石。宇宙茫茫，聲華藉藉。亨未極泰，否因逢坎。逝川不留，隙光難攬。高堂夜朗，泉臺晝黫。鳥獸徘徊，風雲悽慘。孝子號絶，行人斷情。日懸愁影，林動悲聲。地□自卜，墳即官營。人誰不死，公實揚名。

開元廿年九月卅日建

唐故右領軍兵曹馬府君墓誌銘并序
維唐故扶風馬公光璆歲卅有九罷職於河南
私第粤開元廿一載癸酉夏六月廿五日東首
歸終其年十二月廿八日葬于河陽縣韓城鄉
之三泉里礼也惟公承累仁之令緒襲積德之
靈苗昭灼勳庸光膺圖史則我烈曾贈洺州長
史奕烈祖銀青光祿大夫安府都督九履烈考
正議大夫安府都督尭麾之世業累德三葉重
光四賢公英邁自天九重氣使以忠勇爲志用
義烈爲己任年十五以門冑任右千牛秩滿授
右領軍兵曹參軍以公事左授陵州司法十九
年改授猴府戶曹參竟不之任無何丁安州府
君艱蘗棘在容柴病弥載眼見遂成沈痼不起
所疾公以太夫人在堂痛不終養臨危淩恨哀
切賓御從不忌孝嗚呼哲人嗣子鵾礼過成人
有乏哀者銘曰
白璧明珠匪邦之珎聞義能斷吾見斯人如何
不壽早世彫淪于嗟馬氏獨不痕珎孤石旁歷
窮塵地久天長德弥新

一一八　唐故右領軍兵曹馬府君（光璆）墓誌銘

開元二十一年（七三三）十二月二十八日葬。

誌文十九行，滿行十八字。正書。誌長、寬均三十三厘米。

誌蓋篆書：大唐故馬府君墓誌銘

唐故右領軍兵曹馬府君墓誌銘并序

維唐故扶風馬公光璆，歲卅有九，罷職於河南私第。粤開元廿一載癸酉夏六月廿五日東首歸終，其年十二月廿八日兆於河陽縣韓城鄉之三泉里，禮也。惟公承累仁之令緒，襲積德之靈苗。昭灼勳庸，光映圖史。則我烈曾贈洺州長史爽，烈祖銀青光禄大夫、安府都督元慶，烈考正議大夫、安府都督克麾之世業，累德三業，重光四賢。公英邁自天，尤重氣俠。以忠勇爲志用，義烈爲己任。年十五，以門胄任右千牛。秩滿，授右領軍兵曹參軍。以公事左授陵州司法。十九年，改授雍府户曹參〔一〕，竟不之任。無何，丁安州府君艱，欒棘在容，柴病彌載。服竟遂成沉痼，不起所疾。公以太夫人在堂，痛不終養，臨危淚恨，哀切賓御，没不忘孝，嗚呼哲人。嗣子鷗，禮過成人，有足哀者。銘曰：

白璧明珠，匪邦之珍。聞義能斷，吾見斯人。如何不壽，早世彫淪。于嗟馬公，獨不辰琢。孤石兮瘗窮塵，地久天長德彌新。

〔一〕此處脱「軍」字。

一一九　大唐故通直郎行右武衛冑曹參軍事張府君（珽）墓誌銘

開元二十三年（七三五）二月二十三日葬。

誌文二十七行，滿行二十七字。正書。誌長五十一厘米、寬五十厘米。

誌蓋篆書：大唐故張府君墓誌銘

大唐故通直郎行右武衛冑曹參軍事張府君墓誌銘并序

公諱珽，字元珽，魏州昌樂人也，即漢常山景王耳之後也。昔暴秦土崩，劉項交戰，而景王有勳庸於漢焉。景王七葉孫豫州從事虞，敷奏誤旨，坐遷敦煌。爾來全盛，因□甲望。至十四葉孫執金吾渙，入居弘農。永嘉之後，委質元魏。東徙洛陽，紛紜軒鼎。至十九葉孫徹，北投鄴中仕齊，官歷尚書僕射、尚書令，封西平郡公，謚曰靖，此乃史牒詳焉。徹生東郡太守暢，生隋太子洗馬遠，遠生臨漳令崇，始家魏郡之繁陽，實昌樂。崇生昉，公之大父焉。　帝唐勃興，功業尤茂，官至太中大夫。三歷州牧，俾侯宗城。父易，開元初，官至正議大夫。再居半刺，襲據封爵。公生而多異，幼而有惠。誦軼萬言，僉號經府。迨乎弱冠，遊藝忘歸。書照千里，射踰百中。氣色醇素，神精疑然。材□器滿，代莫能測。好禮知儉，宣慈允恭。勞謙不息，利涉貞吉。故尚書吏部侍郎高陽許景先，物之明鏡也。當左拾遺與公相遇，稱之國士，遂歸妹焉。由是聲翔海内，價動京國。起家調補鄢陵主簿、益都尉，非其好也，並不拜。有司尚之，補杭州參軍事。邊吳扰越，政頗爲艱。公述職循理，參卿克濟。無何，以本官領唐山令。海郡山縣，驕豪曠日。公申明惠訓，是用還靡，鰥寡相提路左。薦於繡衣，繡衣曰：「嘻！吾晚之聞也。」旋奏　北闕，　帝思俾乂。時林胡入朝，别部猶貳。監軍源光大表公充介。公曉以威信，爲之謀主。歲餘，徵拜通直郎、行右武衛冑曹參軍事，化戎政也。咸謂鴻漸，式觀羽儀。奈何倏忽，身志俱翳。奄以開元廿二年仲春朔終於洛陽脩善里之私第，春秋六十有五。嗚呼傷哉，粤以廿三年二月己酉葬於河南縣萬安鄉萬安里之平原，蓍龜故也。夫人未亡，義踰高行，哀過崩城。痛梁木之先壞，慮泉途之暝滅。敬託幽詞，俾收於萬一。嗣子銛，純孝其性，杖而後起。猶能伐茅結廬，號奉中野。於戲傷哉，銘曰：

青墳紫泉，曷翳斯人。大夜微冥，春非我春。嗟昔遊，萬化同塵。已矣生涯，幽哀苦辛。

壬寅[一]

[一] 此二字反向刻於「春非」左側，應與墓誌内容無關。

唐故衡州攸縣令啖府君墓誌銘并序
公諱彥璡字彥璡京兆雲陽人也周秦之際門族遞興漢魏以來
氏姓多矣公望高東海而長在西秦公侯之家必復其始太叔百
代其在玆乎且禹命九官契敷五教綜核名實示人軌儀但授方
任能必擇良者公鄀州録事參軍之孫朝散大夫金州安康縣令
之子立身清粹率禮恭謙布武有章立言成訓恭勤利於家國孝
行聞乎鄉黨學優入仕門閥克昌解褐擬安西倉曹後任衡州茶
陵縣丞雪山西峙聲績已聞衡岳南垂匡贊尤美秩滿選授攸縣
令吏曹推擇委以清能而告別國門飭裝于邁遥瞻澧浦遠指㳂
陽挨馬揮鞭旋赴荆蠻之路征帆舉棹遠之洞庭之永公天命不
假遘疾彌留翌日不瘳俄成大漸開元廿一年四月廿五日終於
樓船之内春秋五十有七妻子號慟飄泊他邦幽魂返於故鄉靈
轝歸乎私第夫人司馬氏河内名家人中甲族少習家訓閑於婦
道喪儀合禮卽行過人設齋在於几筵哀聲傷於行路再是盡傾
家産創造墳塋飾以凶儀備乎靈櫬梁鴻之婦不足比其賢能桀
羊之妻或可均於志行冢子天遇次子天運等苗而不秀徒有夢
蘭之徵少而云亡空結循垓之歎嗣子天縱全志等居喪盡禮哀
毁過年擇遠日於玆辰盾明靈於此地卽以開元廿三年八月十
九日葬於河陽縣北嶺山之禮也青烏相墓白鶴臨墳移柳駕於
河壖引旒旛於汜水昊天降禍藏厥良賢望斷荒郊奄從深夜泉
門永閉隴樹空悲恐變海於桑田勒斯文於誌石其銘曰
北岳逾高南山峻極德之不朽亦如明德君子承家孰心正直孝
自天性忠為人則惟彼祭皆于今于古歸寧何仰無父怙嗟乎
嗣子凶禍斯殃痛哉鳌婦長哭多傷火然秋草樹落春霜人琴並
没書翊俱亡

一二一〇　唐故衡州攸縣令啖府君（彥璡）墓誌銘

開元二十三年（七三五）八月十九日葬。
誌文二十五行，滿行二十五字。正書。誌長、寬均四十一厘米。

唐故衡州攸縣令啖府君墓誌銘并序

公諱彦璡，字彦璡。京兆雲陽人也。周秦之際，門族遞興。漢魏以來，氏姓多矣。公望高東海，而長在西秦。公侯之家，必復其始。本枝百代，其在兹乎。且禹命九官，契敷五教。綜核名實，示人軌儀。但授方任能，必擇良者。公鄀州録事參軍之孫，朝散大夫、金州安康縣令之子。立身清粹，率禮恭謙。布武有章，立言成訓。恭勤利於家國，孝行聞乎鄉黨。學優入仕，門閥克昌。解褐擬安西倉曹，後任衡州荼〔一〕陵縣丞。雪山西峙，聲績已聞；衡岳南垂，匡贊尤美。秩滿，選授攸縣令。吏曹推擇，委以清能。而告别國門，飭裝于邁。遥瞻澧浦，遠指涔陽。挟馬揮鞭，旋赴荆蠻之路；征帆舉棹，遠泛洞庭之水。公天命不假，遘疾彌留。翌日不瘳，俄成大漸。開元廿一年四月廿五日終於樓船之内，春秋五十有七。妻子號慟，飄泊他邦。幽魂返於故鄉，靈轝歸乎私第。夫人司馬氏，河内名家，人中甲族。少習家訓，閑於婦道。喪儀合禮，節行過人。毁瘠在於几筵，哀聲傷於行路。由是盡傾家産，創造墳塋。飾以凶儀，備乎靈櫬。梁鴻之婦，不足比其賢能；樂羊之妻，或可均於志行。冢子天遇，次子天運等，苗而不秀，徒有夢蘭之徵；少而云亡，空結循垓之嘆。嗣子天縱、全志等，居喪盡禮，哀毁過年。擇遠日於兹辰，厝明靈於此地。即以開元廿三年八月十九日葬於河陽縣北嶺山之禮也。青烏相墓，白鶴臨墳。移柳駕於河壖，引旒旛於浿水。旻天降禍，殲厥良賢。望斷荒郊，奄從深夜。泉門永閉，隴樹空悲。恐變海於桑田，勒斯文於誌石。其銘曰：

北岳逾高，南山峻極。傳之不朽，亦如明德。君子承家，執心正直。孝自天性，忠爲人則。惟彼荼苦，於今於古。歸寧何仰，無父恃怙。嗟乎嗣子，凶禍斯殃。痛哉鰥婦，哀哭多傷。火然秋草，樹落春霜。人琴並没，書劍俱亡。

〔一〕「荼」當爲「茶」之訛誤。

一二一　大唐范陽盧君（源氏）夫人墓誌銘

開元二十三年（七三五）九月八日葬。

誌文十四行，滿行十五字。正書。誌長三十厘米、寬二十九・五厘米。

誌蓋篆書：大唐故源夫人墓誌銘

大唐范陽盧君夫人墓誌銘并序

夫人姓河南源氏，降德軒宮，爰興魏伐。衣冠禮樂，是爲貴宗。即故大理卿光俗之長女也。生資淑質，早修□範。爰自名家，歸於盛族。年十□，適范陽盧氏。門閥允崇，母儀克奉。降年不永，□□□徵。春秋廿有八，奄終於洛陽里之第焉。嗚呼哀哉！男尚齠齔，女猶歧嶷。永言孝思，如存舅氏。以開元廿三載九月八日權殯於城南委粟鄉之原，禮也。嗟人代之相□，用勒銘以爲紀。詞曰：

佳城路阻，巫嶺雲收。令德如在，魂兮已幽。月扃長夜，松晚悲秋。哀逝者兮不可留，徒勒石兮紀休。

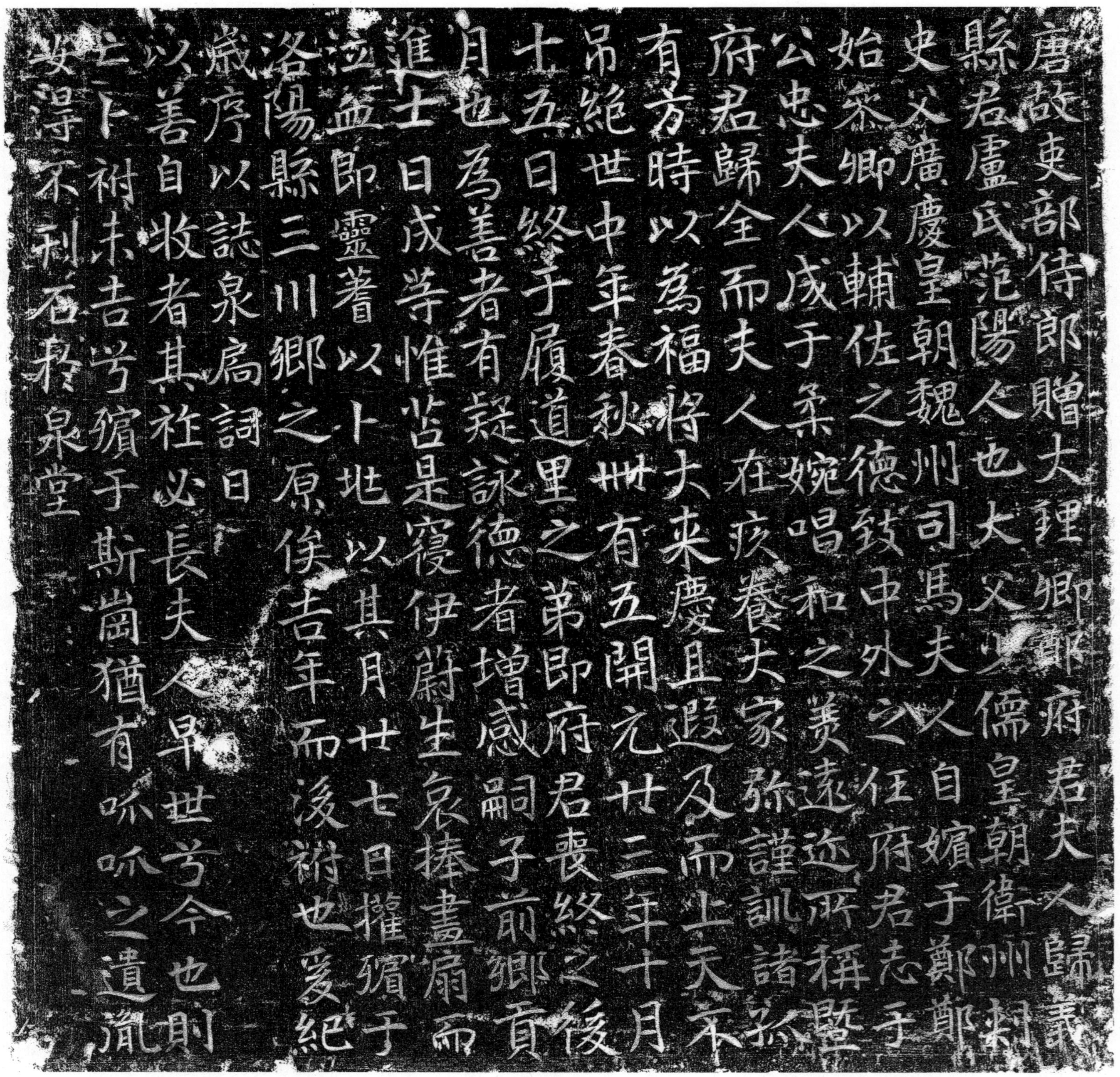

一二二　唐故吏部侍郎贈大理卿鄭府君（齊嬰）夫人歸義縣君盧氏墓誌

開元二十三年（七三五）十月二十七日葬。

誌文十七行，滿行十七字。正書。誌長、寬均四十七・五厘米。

誌蓋正書：大唐故盧夫人墓誌銘

唐故吏部侍郎、贈大理卿鄭府君〔一〕夫人歸義縣君盧氏，范陽人也。大父少儒，皇朝衛州刺史。父廣慶，皇朝魏州司馬。夫人自嬪於鄭。鄭始參卿以輔佐之德，致中外之任。府君志於公忠，夫人成於柔婉。唱和之美，遠邇所稱。曁府君歸全，而夫人在疚。養大家彌謹，訓諸孤有方。時以爲福將大來，慶且遐及。而上天不吊，絶世中年。春秋卌有五，開元廿三年十月十五日終於履道里之第，即府君喪終之後月也。爲善者有疑，詠德者增感。嗣子前鄉貢進士日成等，惟苦是寢，伊蔚生哀。捧畫扇而泣血，即靈蓍以卜兆。以其月廿七日權殯於洛陽縣三川鄉之原，俟吉年而後祔也。爰紀歲序，以誌泉扃。詞曰：

以善自牧者其祚必長，夫人早世兮今也則亡。卜祔未吉兮殯於斯崗，猶有呱呱之遺胤，安得不刊石於泉堂。

〔一〕據洛陽出土《鄭日華墓誌》載「公先君曰齊嬰，皇吏部侍郎。」另《唐代墓誌彙編》開元五三六《沈浩豐墓誌》載「鄭齊嬰聞君器能，將欲表薦，會嬰病卒，事竟不行。」則鄭齊嬰卒於開元年中。此誌鄭府君亦卒於開元年間。鄭府君嗣子鄭日成与鄭日華應爲兄弟。鄭府君即爲鄭齊嬰。

一一三　唐故朝大夫莫州司馬裴府君墓誌銘

開元二十三年（七三五）十一月十日葬。

誌文二十行，滿行二十字。正書。誌長五十二・五厘米、寬五十二厘米。

誌蓋篆書：大唐故裴府君墓

唐故朝〔一〕大夫莫州司馬裴府君墓誌銘并序

開元廿三年龍集乙亥六月十二日朔，有唐吉士莫州司馬裴君卒於小卞之別墅，其年十一月十日藁葬於洛陽北原，順也。初，公以門子解巾授飛烏尉，改江陰丞，轉黄梅、慰氏令。稍遷京兆美原令，加銀章、莫州司馬。夫其隱名吴市，不樂郡丞。政洽黔黎，績移蒲密。國有美錦，公之能製；貴有朱紱，公則斯皇。拙亦宜然，七命皆滿歲；德之嗣也，四知戒終日。公禮□上才，衣冠華地。常懿濟南之學，能誦河東之書。墨妙比其林花，月俸充其蒲牒。居貞慎獨，爰静攸處。家人不可見其馳墮，親友不可得而親疏。養正於蒙，杜機於代。罔干譽以違道，守素□而逾鮮。弱足者居，搏空中落。旋聞賜告，遽見懸車。□□裴氏之先，國史家諜詳矣。清風令德，豈一傳、二傳乎？曾祖羅，隨魏郡通守。祖公緯，皇祠部郎中。父瑾之，皇司勳員外郎。彌綸省闥，或肅式乂，剖符大邦，有典有則。明德之後，燕翼垂裕。以進則傴僂三與之縣，退無憂愠貳職於州。哀從九原，不登三壽。悲矣！有子藹、銑、葩等也弱，假詞紀終。銘曰：

九泉户兮萬鬼鄰，冠蓋去兮没窮塵。何夫子之不永兮奄青春，傷夫閱世兮如其仁，如其仁。

〔一〕「朝」之後漏刻字。

一二四　大唐特進鄧國公張君（暐）夫人封鄧國夫人故許氏（日光）墓誌

開元二十三年（七三五）十一月十日葬。

誌文共二十五行，滿行二十七字。正書。誌長、寬均六十厘米。張楚撰。

大唐特進鄧國公張君夫人封鄧國夫人故許氏墓誌并序

朝散大夫行起居郎張楚撰

夫人諱日光，著姓啓於高陽，本枝肇於太嶽。嘉寵外戚，劭推倫鑒。蕃衍必大，蟬聯至今。曾祖善，隨銀青光禄大夫、邢州刺史、譙國公。大父力士，皇朝洛州長史。烈考欽寂，歷夔府長史，贈安州都督。龍光繼美，胙土傳封。名重當代，勳書盟府。　夫人稟訓坤範，合義天倪。體物窮於謝家，纘業齊於蔡氏。則以世族歸我鄧公[一]，德有四而必弘，親有六而能睦。所謂嘉偶，而云好逑。當宜家之和樂，會所天之　恩命。竟寵石窌，聯華金章。允成伉儷之表，克大閨門之望。豈圖輔善虚語，遘疾中年。景命不融，良醫莫驗而已。今年秋九月十二日薨於河南私第，春秋六十有五，後十一月十日葬於萬安山之原，禮也。親懿盡悴，邑居蕭條。疇昔絳帳之辰，遂爲玄堂之夜。　夫人處貴能儉，御下以慈。雖列歌鍾□，娱不替蘋蘩之事。性晤輪轉，心依法空。每時收邑，必助鄧公之施；早日遊林，嘗負山妻之識。臨終遺約，不忘仁義。蓋賢達難者，而　夫人有之。子將作少匠履冰、殿中丞季良、典設郎履直等，痛結晝扇，哀深寒泉。初，　夫人寢疾，衣不解帶。及　夫人之薨背，水不入口。將孝思罔極，永錫爾類歟。特進、鄧國公，翼濟邦家，羽儀列辟。懷必誠之如昨，恨偕老之莫從。傷神在兹，顧影何及。恐陵谷遷徙，惜徽音冥昧。俾命末學，旌志斯文。銘曰：

稽古得姓，疇庸開國。允文允武，有典有則。林密條茂，川長波極。豈徒人英，亦云女德。其一。粤惟令範，作嬪君子。和如瑟琴，芬若蘭芷。動合禮則，談歸物理。秦晉得之，潘楊舊矣。其二。隙則易過，舟亦難藏。本謂偕老，翻驚悼亡。山雲晦色，霄婺沉光。曾是遺誡，如何勿傷。其三。孝哉令子，血泣號慕。痛貫彼蒼，哀纏行路。闕塞東指，伊川南度。但見松柏，已生煙霧。其四。

開元廿三年十一月十日

〔一〕「鄧公」即特進、鄧國公張君，據《舊唐書》卷一〇六《張暐傳》乃玄宗時大臣張暐。

一二五　大唐故趙郡李君（濈）墓誌銘

開元二十三年（七三五）十月二十七日葬。

誌文二十三行，滿行二十三字。正書。誌長、寬均五十・五厘米。

大唐故趙郡李君墓誌銘并序

才見於國，自可匡朝永年；天道難忱，或乃苗而不秀。有趙郡李君諱溉，字懿文。少也岐嶷，雅志宏曠；長有令問，冰顔自古。奉　親乃子道光矣，結友則吾無間然。美哉積善之門，代孕英秀。　曾祖道謙，　皇朝太府卿、戎鄯營豐團五府都督、光禄大夫、清河公。位參九棘，繡軸珠軒；職在六條，乘帷皂蓋。功宣而量闊，開國以承家。　祖璋，　皇朝散大夫、鄭州録事參軍。楶列崇班，官司糾劾。　父鋭，　皇校書郎，歷左補闕、朝散大夫、著作佐郎，贈洗馬。求善不厭，嗜學匪倦。少則業就，升聞鹿鳴；長而道弘，曜才麟閣。袞職有闕，忠讜豈慚於山甫；書法不隱，直筆何謝於董狐。寵贈春宫，光被泉室。猗夫！干木藩魏，老聃翼周，無以加也。君年纔弱冠，遽遭閔凶。經術盡通，忽焉在疚。泣血三歲，孝德旁感；追養四時，精誠上應。太夫人在堂，童稚盈室。君事　尊則盡以禮節，撫下則施於義方。堂構聿脩，期於必復。嗚呼哀哉！豈謂道存人亡，學立身謝。以開廿三年六月十五日終武陟私第，享年廿七。冬十月廿七日藏邙山之陽。玉折蘭傷，芝焚蕙嘆。今日之慟，非□爲誰。滂則君之季，陟崗思切，服事靈輀。在原情慼，歸葬以禮。二子，長曰仲卿，次叔卿。於戲！所天云亡，年在孩幼。嗚呼哀哉！松風流悲，嘆四運之將暮；薤露成詠，閉千秋之夜臺。銘曰：

哲人逝矣，影盡名傳。寶劍埋地，文星落天。雲愁迴谷，日黯長川。青烏獻兆，白鶴臨筵。一朝遘禍，千齡寂然。雖古今兮共盡，何夭枉於中年。

大唐開元廿三年歲次乙亥十月癸未朔廿七日己酉

一二六　唐故管城主簿蕭公（讓）墓誌銘

開元二十三年（七三五）葬。

誌文二十行，滿行二十一字。正書。誌長四十九厘米、寬四十八・五厘米。

誌蓋篆書：大唐故蕭府君墓誌銘

唐故管城主簿蕭公墓誌銘并序

君諱讓，字讓，蘭陵人也。其先出自有殷微子之後。四代祖梁閔皇帝淵明，淵明生高唐王盾。惟帝惟王，有問有光。盾生代郡守岱，岱生湖州司馬憬，憬生泗州司士元福。弈世載德，明允克誠。公則泗州府君之元子也。少而果行，長有嘉聞。博涉墳籍，尤工書論。弱冠宿衛，以判登科，授鄜州洛交主簿。屬羯胡干紀，西郊不開。公張攻守之勢以示之，開信順之道以諭之。浹辰之間，凶醜自解。雖公不言賞，賞遂及公。初差充關内營田判官，次補鄭州管城主簿，以勸能也。公科擿六曹，弘贊百里，且安棲□，豈嘆勞人。時論以公爲達解者也。方將登漸鴻之陸，侶翔鸞之黨。一日千里，且飛且鳴。何天與之才，不與之□。春秋卌八，即以開元廿二年終於河南正俗里之客舍。悲夫！古人所謂有大才而無貴仕，信哉！夫人王氏、温氏先公即世，偕以令德，作嬪君子。越廿三年歲在乙亥行周公之禮，合葬於北邙山北原，禮也！且公生習於禮，死不忘□。斂以時服，槨周於棺，君子是之。翩翩旌旐，載飛載翻；哀哀孤稚，如疑如慕。天乎天乎！何奪蕭侯之早乎。銘曰：

彼蒼不淑兮殲我哲人，幽泉一閉兮何時復春。

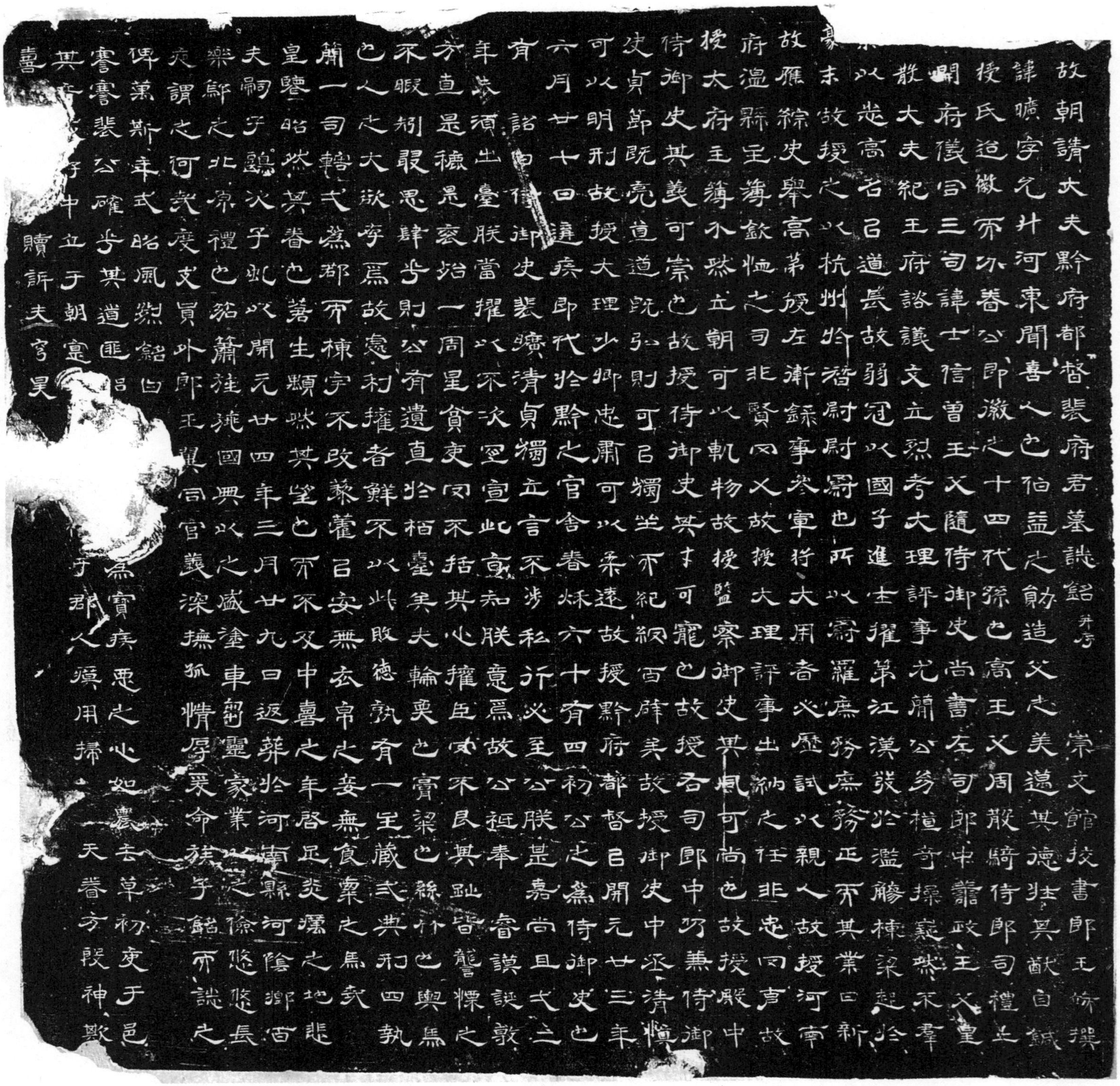

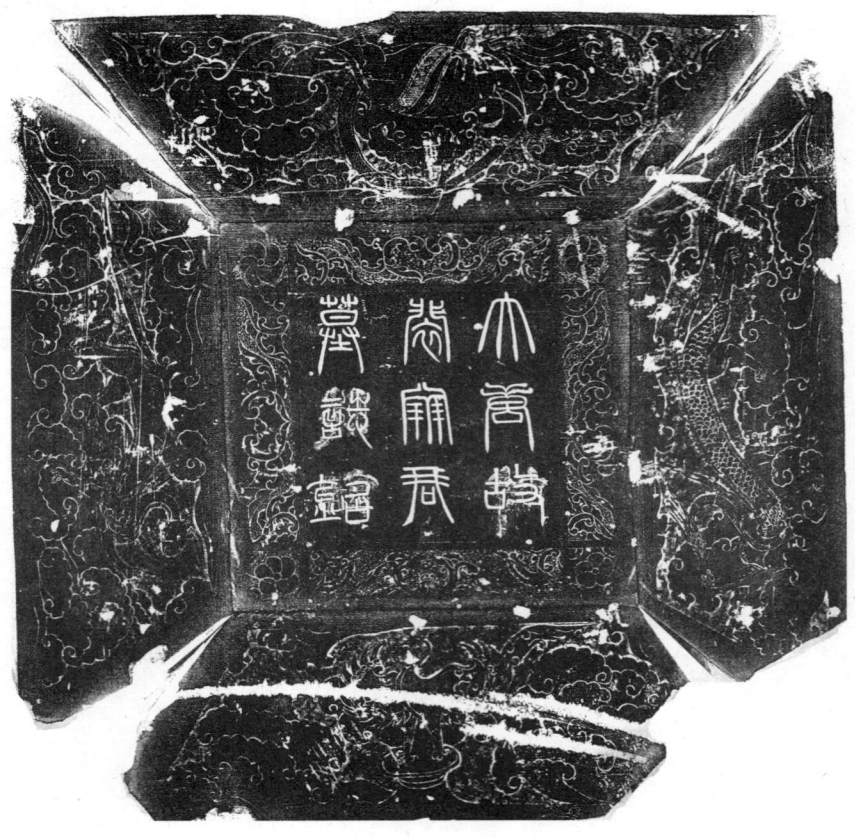

一二一七　唐故朝請大夫黔府都督裴府君（曠）墓誌銘

開元二十四年（七三六）三月二十九日葬。

誌文二十八行，滿行二十八字。隸書，個別字正書。誌長、寬均七十一・五厘米。

王端撰。

誌蓋篆書：大唐故裴府君墓誌銘

唐故朝請大夫黔府都督裴府君墓誌銘并序

崇文館校書郎王端撰

□諱曠，字允升，河東聞喜人也。伯益之勛，造父之美，邁其德，壯其猷。自鍼□授氏，迨徽而分眷。公即徽之十四代孫也。高王父周散騎侍郎、司禮上田、開府儀同三司諱士信。曾王父隨侍御史、尚書左司郎中善政。王父皇朝散大夫、紀王府諮議文立。烈考大理評事尤簡。公幼植奇操，嶷然不羣。□以志高，名以道長。故弱冠以國子進士擢第，江漢發於濫觴，棟梁起於豪末。故授之以杭州於潛尉。尉，罻也，所以罻羅庶務，庶務正而其業日新。故應綜史舉高第，授左衛録事參軍。將大用者，必歷試以親人。故授河南府温縣主簿。欽恤之司，非賢罔乂。故授大理評事。出納之任，非忠罔克。故授太府主簿。介然立朝，可以軌物。故授監察御史，其風可尚也；故授殿中侍御史，其義可崇也；故授侍御史，其才可寵也。故授右司郎中，仍兼侍御史。貞節既亮，直道既弘，則可以獨坐而紀綱百辟矣，故授御史中丞。清慎可以明刑，故授大理少卿。忠肅可以柔遠，故授黔府都督。以開元廿三年六月廿七日遘疾即代於黔之官舍，春秋六十有四。初，公之爲侍御史也。有　詔曰：「侍御史裴曠，清貞獨立，言不涉私，行必至公，朕甚嘉尚。且一二年，未須出臺，朕當擢以不次。宜宣此旨知朕意焉。」故公祇奉　睿謨，誕敷方直，是麋是衮，殆一周星。貪吏罔不括其心，權臣罔不艮其趾，皆讋慄之不暇，矧敢思肆乎。則公有遺直於柏臺矣。夫輪奂也，膏粱也，絲竹也，輿馬也，人之大欲存焉。故處利權者，鮮不以此敗德。孰有一主藏，二典刑，四執簡，一司轄，一爲郡。而棟宇不改，藜藿以安。無衣帛之妾，無食粟之馬哉。　皇鑒昭然，其眷也；蒼生顒然，其望也。而不及中壽之年，啓足炎厲之地，悲夫！嗣子鵾、次子虯，以開元廿四年三月廿九日返葬於河南縣河陰鄉百樂鄔之北原，禮也。笳簫旌旐，國典以之盛；塗車芻靈，家業以之儉。悠悠長夜，謂之何哉。度支員外郎王翼同官義深，撫孤情厚。爰命族子，銘而誌之。俾萬斯年，式昭風烈。銘曰：

謇謇裴公，確乎其道。匪□□□，□□爲寶。疾惡之心，如農去草。初吏於邑，其□□□。中立於朝，寔□□□。□□於郡，人瘼用掃。　天眷方殷，神欺壽□。□□□曠，訴夫穹昊。

一二八　大唐故劉府君（齊客）墓誌銘

開元二十四年（七三六）四月二十二日葬。

誌文二十六行，滿行二十六字。正書。誌長、寬均四十六厘米。

誌蓋篆書：大唐故劉府君墓誌銘

大唐故劉府君墓誌銘并序

君諱齊客，其先圙間郡人也。官因位遷，宅於洛矣。自高祖按劍，則白蛇之斷可知；光武復興，則赤符之運頗委。豈不上銜乾象，下壓坤靈。粵唯一家，協和萬國。　曾祖經，滑州韋城縣令。職遷三命，地方百里。亨鮮庇俗，翔鸞乃集。　祖敬，滑州匡城縣令，遷洺州司馬。運江河於襟抱，納山岳於胸懷。雄健負磊硌之名，决列壯丈夫之志。爰表萊蕪之詠，理有絃歌；昇贊貳於褰帷，方申展驥。　父處節，青州千乘縣主簿。言非詩書，不出於口；行非禮樂，不施於人。有奇可書，幹時良具。於是熊羆入夢，星岳流胎。彌挺厥生，即君者也。君興於詩，立於禮。資靈秀傑，禀氣冲和。盡雅樂以立身，備温恭而成德。釋褐許州臨潁縣主簿。凝端夕惕，勵志圜昏。虔虔檢身，夙夜匪解。承　一人之□愛，得百姓之歡□。唯躬有疵，行步不逮。所以職求簡要，欲以頤神。本非禮閣馳流，有别昌闈之類。然遷都苑南面監，撫人異術，爲政多途。皇天不憖，乃殲明德。享年從心有六，至開元廿三年二月十九日遘疾終於私第。嗚呼哀哉！夫人雁門田氏。　父暕，即定州義豐縣尉之第五女也。叙秀族則班列於兩都，述禮容則發榮於四德。杜氏之禮，周人著焉。至開元廿四年歲次景子夏四月廿二日合葬於邙山，禮也。嗣子栖嶠，洺州肥鄉縣丞。諸無伯季，孑群孤立。生盡其孝，殁盡其哀。叩擗無依，攀號絶附。色憂一飯，爰有令聞；泣血三年，未嘗見齒。恐以人移萬古，松柏爲薪；運謝千齡，桑田變海。勒誌紀德，鏤石題名。未介庸虚，敢同於作。其詞曰：

猗猰明德，臨事無惑。言爲人師，行爲人則。進退可度，終始不忒。偉哉君子，文華允塞。其一。□□言日，夫孝天常。出入有吉，左右無方。生勤定省，殁乃蒸嘗。魂兮來歸，泉路幽長。其二。君禀志兮澄廓，人實尚兮威謣。何釁積於膏肓，魂奄歸於冥漠。窆河洛之汭表，跨國門兮郊郭。敢勒誌於泉扃，實慚德兮先作。其三。

一二九　大唐故太中大夫守安州都督府別駕上柱國樂陵縣開國侯史府君（思光）墓誌銘

開元二十四年（七三六）七月四日葬。

誌文十六行，滿行十七字。正書。誌長四十四厘米、寬四十三厘米。

原石藏洛陽龍門博物館。

誌蓋篆書：大唐故史府君墓誌銘

大唐故太中大夫守安州都督府別駕上柱國樂陵縣開國侯史府君墓誌銘

公諱思光，字昭覺，河南洛陽人也。解褐太子通事舍人，累遷尚乘直長，又遷簡州陽安縣令。旋轉降州正平縣令，改授京兆府金城縣令。又遷左衛率府郎、攝杭州別駕。遷入左司禦率府副率，蒙授安州別駕。曾祖統，隨光禄大夫。祖大奈，太原元從功臣第一等、右武衛大將軍、上柱國、竇國公，贈輔國大將軍，食渠州實封五百户。父仁基，左右金吾將軍、綿華寧三州刺史、上柱國、樂陵縣開國侯。夫人南安縣君龐氏，左金吾大將軍、濮國公〔一〕第六女也。長子元一，鴻臚寺丞。嗣子孚，太子通事舍人。略以記之曰。

開元廿四年七月四日合葬於城南龍門原也

〔一〕「左金吾大將軍、濮國公」據《舊唐書》卷五七《龐卿惲傳》載，龐卿惲卒後追封濮國公。然據史思光生活之年代，此濮國公應爲龐卿惲子龐同善。

一三〇　大唐故萬州武寧縣令周府君（孝祖）墓誌銘

開元二十四年（七三六）十月三日葬。

誌文二十八行，滿行二十九字。正書。誌長五十八厘米、寬五十六·五厘米。

誌蓋篆書：大唐故周府君墓誌銘

大唐故萬州武寧縣令周府君墓誌銘并序

公諱孝祖，字孟[堅]，汝南人也。厥初命氏，奄有爲君。文揚耿光，武纘丕□。□有言於前代，垂之美於後昆。粤自卜年，洎乎兹日。家猶秉禮，世不乏賢。曾祖法嵩，梁冠□將軍、通直散騎常侍、南康内史、臨蒸侯。大父羅睺，隨右武候大將軍、義寧郡公。烈考仲隱，皇唐等五州刺史、平輿縣公。並多才多藝，允武允文。吉甫總戎，爲萬邦之憲；次翁典郡，表百城之先。或青史可徵，凜英風於霸一；或丹碑不昧，流惠政於峴南。公義篤忠貞，訓承清白。服勤廣□，學古入官。釋褐滁州録事參軍，轉舒王府記室。雄蕃糾吏，王國上賓。詞賦侍天人之遊，肅歌成太守之政。出爲萬州武寧縣令。爲政立德，用刑簡乎。吏不忍欺，人其保息，直至於今稱之。公嘗曰：「令長匪輕，子男視秩。苟爲邦之去殺，將報國之庶幾。屈志徒勞，莫言知止，非吾事也。」乃悠然長想，忽爾告休。歸平子之田，罷泉明之職。棲遲環堵，密爾圭塵。不出户庭，殆逾四紀。合氣於莫，循性在直。抽絃多山水之幽，染翰兼草隸之妙。沐羲皇淳化，誦堯舜至言。優哉遊哉，未知[老]之將至。以開元八年八月十八日，春秋八田七，遘疾終於所居之寢，其年十一月廿五日權殯於洛陽城東原。敢試論□，夫入□林而不歸，義傷拯物；懷寵禄而長往，道缺藩身。豈若公進不求榮，貞不□□。□情遠概，陳太丘之徒歟。夫人長城陳氏，陳後主之曾孫，吴王蕃之孫，□□州司法真之子。華宗淑女，盛德賢妻。雌劍早沉，椅梧先落。以延和元年四月八日終於私第，春秋七十二。長子義禮，朔州録事參軍。次子義則，汝州梁縣令。次子涣，易州易縣丞。並崇德象賢，克家幹蠱。以能從政，不幸即亡。第四子義玄，衢州盈川縣尉。有國士之風，多長者之譽。昏定晨省，嘗稱碌碌之名；追遠送終，更切欒欒之孝。以開元廿四年十月三日合祔於舊殯之次，禮也。恐桑田變海，竹帛遺芳。追琢豐珉，昭旌幽壤。其銘曰：

睿哲之後，子孫逢長。克生大賢，歷代而昌。昭昭我公，孔德之容。馴絶衆〔一〕，葆光在躬。孰謂宰輕，曷云邑小。爲政以德，惠人不少。則萬州之化，爲百城之表。密子政成，陶公歸來。閑居終焉，於洛之隈。室有虚白，門無塵埃。風春藥圃，月曙琴臺。君子所居，幽人貞吉。享年惟永，能事斯畢。青烏啓兆，素鶴銜哀。千載之下，高風邈哉。

〔一〕此處疑闕字。

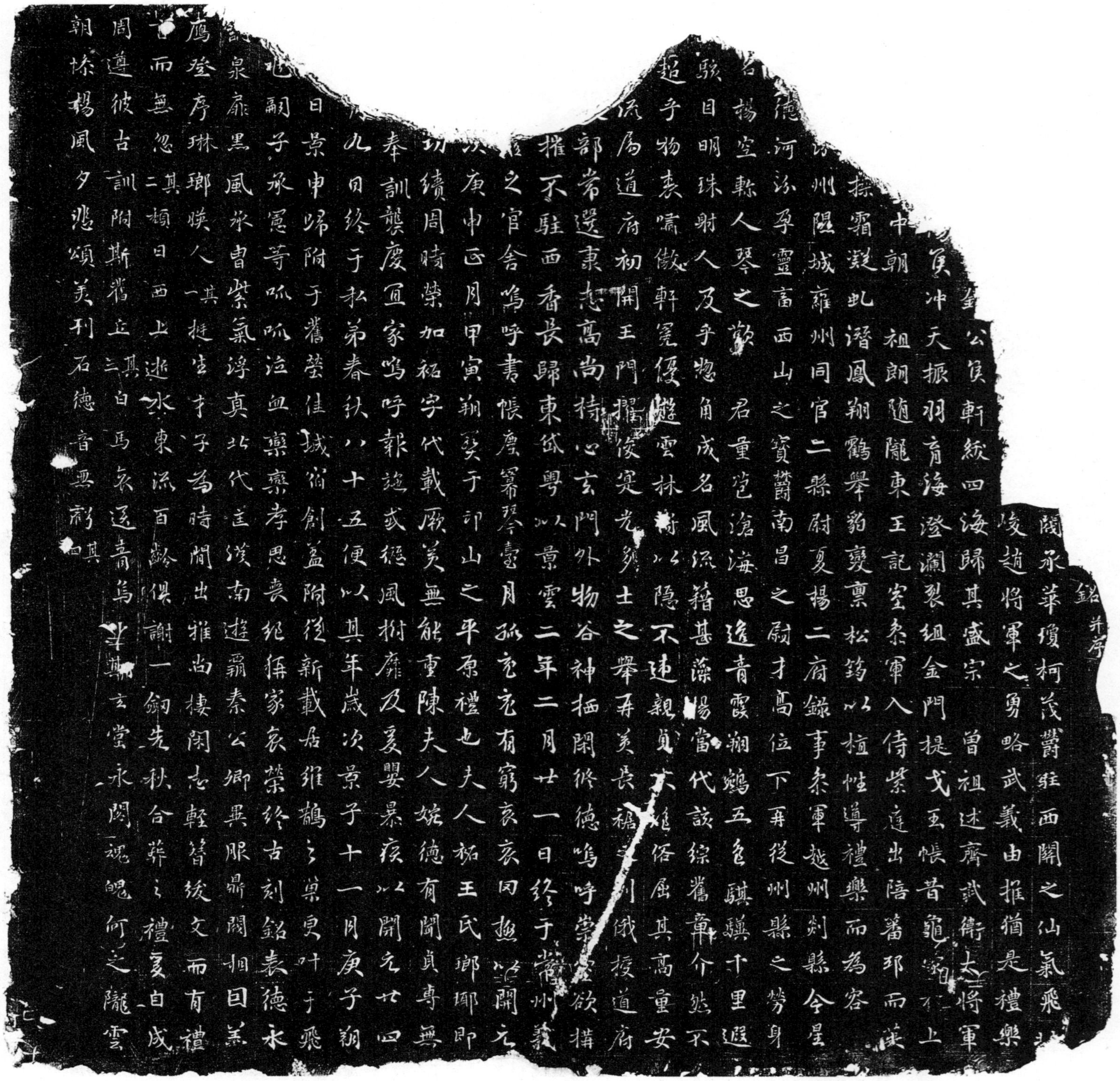

一三一　大唐故李府君墓誌銘

開元二十四年（七三六）十一月二十一日葬。

誌文二十七行，滿行二十八字。行書。誌長七十一厘米、寬七十厘米。

誌蓋篆書：大唐故李府君墓誌銘

□□□□□□□□□□□□□□銘并序

□□□□□□□□□□□□□閥承華；瓊柯茂鬱，駐西關之仙氣。飛□□□□□□□□□□□□□□峻。趙將軍之勇略：武義由推。猶是禮樂□□□□□□□。公侯軒紱，四海歸其盛宗。曾祖述，齊武衛大將軍，□□□□□侯。冲天振羽，育海澄瀾。裂組金門，提戈玉帳。昔龜□於上，□□□□□中朝。祖朗，隨隴東王記室參軍。入侍紫庭，出陪蕃邸，而英□□□，□操霜凝。虬潛鳳翔，鶴舉豹變。禀松筠以植性，導禮樂而爲容。□□□汾州隰城、雍州同官二縣尉、夏揚二府録事參軍、越州剡縣令。星□□德，河汾孕靈。畜西山之寶，鬱南昌之尉。才高位下，再從州縣之勞；身□名揚，空軫人琴之嘆。君量苞滄海，思逸青霞。翔鵷五色，騏驥千里。遐□駭目，明珠射人。及乎總角成名，風流籍甚。藻揚當代，該綜舊章。介然不□，超乎物表。嘯傲軒冕，優遊雲林。將以隱不違親，貞不絶俗。屈其高量，安□□流。屬道府初開，王門擢俊。寔光多士之舉，再美長裾之列。俄授道府□□、□部常選，秉志高尚，持心玄門。外物谷神，棲閑修德。嗚呼，崇□欲構，□□□摧。不駐西香，長歸東岱。粵以景雲二年二月廿一日終於常州義□□□之官舍。嗚呼，書帳塵冪，琴臺月孤。充充有窮，哀哀罔極。以開元□□□次庚申正月甲寅朔葬於邙山之平原，禮也。夫人祏王氏，瑯瑘即□□□功績，周時榮加祏字。代載厥美，無能重陳。夫人婉德有聞，貞專無□。□□奉訓，襲慶宜家。嗚呼，報施或愆，風拊靡及。爰嬰暴疾，以開元廿四□□月九日終於私第，春秋八十五，便以其年歲次景子十一月庚子朔□□日景申歸附於舊塋。佳城宿創，蓋附從新。載居維鵲之巢，更叶于飛□兆。嗣子承憲等呱呱泣血，欒欒孝思。喪紀稱家，哀榮終古。刻銘表德，永誌泉扉：

黑風承胄，紫氣浮真。北代匡漢，南遊霸秦。公卿異服，鼎閥相因。羔雁登序，琳瑘映人。其一。挺生才子，爲時間出。雅尚棲閑，志輕簪紱。文而有禮，言而無怨。其二。頹日西上，逝水東流。百齡俱謝，一劍先秋。合葬之禮，爰自成周。遵彼古訓，附斯舊丘。其三。白馬哀送，青烏卜期〔一〕。玄堂永閟，魂魄何之。隴雲朝慘，楊風夕悲。頌美刊石，德音無虧。其四。

〔一〕「卜」之上反向似有「夫」字，未知何故。

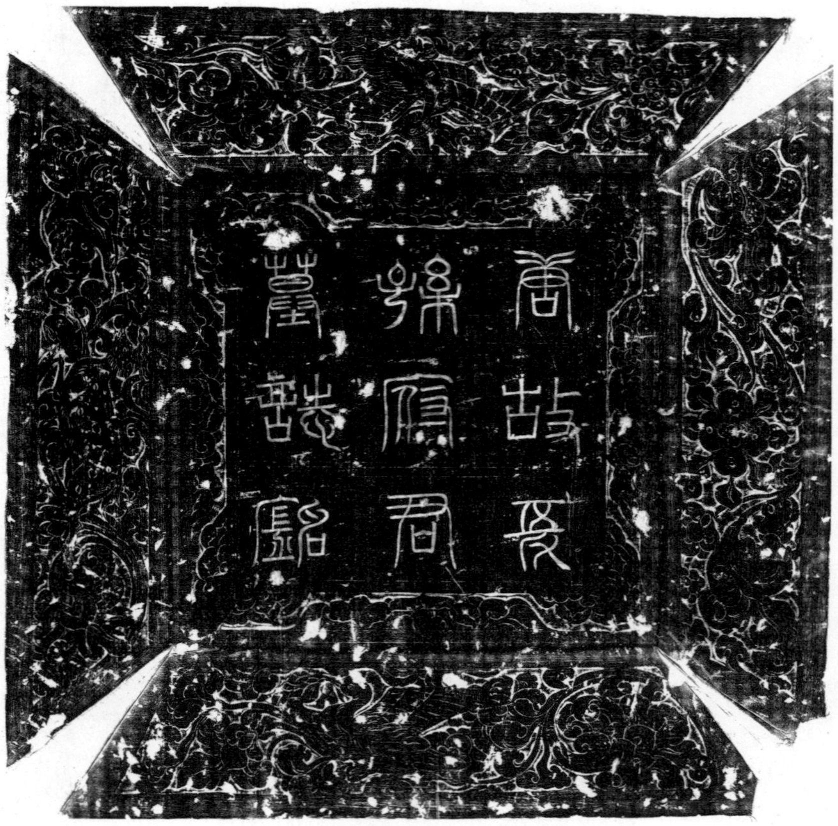

一三二 大唐故朝散大夫行眉州彭山縣令上柱國長孫府君（楚璧）墓誌銘

開元二十五年（七三七）七月十三日葬。

誌文二十七行，滿行二十七字。正書。誌長、寬均五十八厘米。

誌蓋篆書：唐故長孫府君墓誌銘

大唐故朝散大夫行眉州彭山縣令上柱國長孫府君墓誌銘并序

公諱楚璧，字珩，河南洛陽人也。英輝支派，遠自黃軒；邦國代興，平在幽朔。道高天啓，德茂人懷，卒能光輔大君，經綸中土，因宗命氏，累葉傳芳。曾祖晟，隨齊王、金紫光禄大夫、持節揚州大都督淮南道諸軍事，食邑三千户。大賢輔國，異姓封王，應龍虎之風雲，誓山河於帶礪。逮乎神光轉運，天祚興唐，家人獻虺夢之祥，　太后啓坤靈之德。祖無忌，　皇太尉、趙國公、金紫光禄大夫、中書令、司徒、司空，食邑三千户。實憲功高，馮參器重。在邦必達，寧因外戚之家；於湯有光，實用亂臣之力。父澤，左千牛衛長史、貶梓州銅山縣令。慶襲龍章，姻聯　帝戚。賢親入衛，周王重祈父之班；謗累因忠，蕭傅罷將軍之印。咸以享宗存祀，開國承家，休聲暢焉，爲代稱矣。　公即故梓州銅山縣令之第三子也。德俊天資，心靈岳秀，代鬱暐而先貴，族清華而益榮。年卅九，以諸親授益州大都督府參軍事。爰謀廣德，不嘆屈才，光爲入幕之賓，妙進喜公之智。俄而福由禍匿，累自他來。左遷巂州會川縣主簿。龍駒滯於滇池，鸞鳥棲於枳落。切思忠勸，無所怨尤，竟沐　韶恩，量還資職。授普州參軍，轉眉州司兵參軍事。背折坂而斂轡，入彭門而主諾。秩滿，調還彭山令。德鈞風雨，化潤絃歌，下車而俗樂無苛，解印而人懷遺愛。嗟乎！南州山遠，返旆途難，家本東京，寓留南鄭。臺司可據，蔣蜿之夢無徵；天使未期，賈誼之灾先集。以開元廿五年四月十二日遘疾終漢中西縣常樂里之私第，時年七十有一。夫人清河縣君張氏，家風習禮，天性知仁。陳晃之妻，始和鳴於君子；楊賜之母，早遺訓於賢才。悲夫！龍劍雙沉，靈輿千里。隨車兩泣，迎路風號。以其年七月十三日合葬於河南緱氏縣之平原，禮也。有三子，子儀、子俊、子良等，禄及榮親，色難終養。纏哀追遠，勤孝居心。草第檢身，欒棘毀性。將備物以致禮，先刻銘以飾終。庶茲玄途，永表馨德。銘曰：

英英哲人，淑德蘭新。勳榮代積，禮樂　天親。受命華省，參卿錦津。禍流福倚，少屈旋伸。德稱蠻夏，聲播梁岷。絃歌始洽，羽翟言馴。馳光及暮，灾夢臨晨。泉途藏曉，玉樹理春。孝心欒棘，思斷煙塵。千年不泯，德重如珍。

一三三　故正議大夫行巂州別駕米君（欽道）墓誌

開元二十五年（七三七）十一月十四日葬。

誌文二十行，滿行二十字。正書。誌長四十五・五厘米，寬四十三・五厘米。

原石藏洛陽龍門博物館。

誌蓋正書：故巂州別駕米君墓誌

故正議大夫行嶲州別駕米君墓誌并序

君諱欽道，燉煌人也。曾祖斌，隨驃騎將軍。祖琳，皇忠武將軍。父剛，游擊將軍、左衛中郎將。咸恪居官次，竭情無私。簪紱相承，載籍詳之矣。君智也無崖，以和爲量，注焉不滿，酌焉不竭。朝野君子，洒然異之。弱冠翊衛，拜右執戟，轉右屯衛騎曹參軍。累遷正議大夫、嶲州別駕、昆明軍副使。君文足以化人，故委佐郡政；武可以靜寇，乃兼總戎麾。君不畏危途，俄臨嶲郡。乃求人隱，肅兵權。百姓流不空之謡，三軍感分醪之惠。未幾，屬州將〔一〕見疑，遠構幕府。率境自懼，興兵聚逆。霜戈景物，風旆摇空。洶洶我人，盡成鯨鯢。君内融奇策，外製兇徒。扶 天使於至危，定封域於已叛。嗚呼！寵命未加，寢疾彌固。以開廿年秋七月卒於官。知與不知，聞皆哀悼。人吏攀慕，哭不絶聲。嗣子温，夙承教旨，遵奉遺令。遠迹荒徼，歸塋洛師。夫人潯陽郡君翟氏，質素貞柔，儀範淑睦，作配君子。而德脩垂訓，閨門以禮。度天不假善，先君而終。以開元廿五年歲次乙丑十一月十四日甲申合葬於洛城南原，禮也。神州近地，不懼湮蕪。紀德流芳，事資銘志。其詞曰：

全德君子，文武濟時。戍然永寐，銘以志之。

〔一〕據《舊唐書》卷八《玄宗紀上》，州將即嶲州都督張審素，此即开元十九年（七三一）十二月，嶲州都督張審素劫制使監察御史楊汪一事。

一三四　唐故朝散大夫兗州方與縣令封君（璠）夫人隴西李氏（譒）墓誌銘

開元二十六年（七三八）六月五日葬。

誌文二十二行，滿行二十二字。正書。誌長、寬均四十四厘米。

李誦撰，封昌構書，封昌胤讀。

原石藏北京北庵劉氏。

唐故朝散大夫兗州方與縣令封君夫人隴西李氏墓誌銘并序

季弟誦文

夫人諱譒，隴西成紀人也。曾祖亮，隨太子洗馬。祖知順，太子通事舍人。父元恭，　皇正議大夫、大理少卿，判吏[部侍郎]。夫人即侍郎嫡女也。生而天授，允有令德。目所外□，□□人師。心苟内融，作世程準。年十有九，歸於封氏。契□□□，婉孌供養。仰奉舅姑，檢誨宗族。徽音茂暢，至德誕□。□□紊莊，嚴不傷愛。以爲學者，可以誘善絀惡，雖閨門□□，□有母師。乃通六經，涉三史。揚攉其大體，精究其玄□。□□元儉，躬無服華。二姓之門，化以成則。開元十九年□□□即世。夫人動中合禮，擗標有節，除必奉時，哭不以夜。雖漢稱班母，魯重穆妻，方之夫人，曷足前仰。嗚呼！乾道運行，各正性命。必徵數賢，不獨永故。夫人以開元戊寅歲三月乙亥反真於告成縣臨潁里之别業，享曆六十有一。粤若來六月壬寅葬於其縣崛山南原，祔方與君之壙，禮也。有子昌構、昌胤，孝自天性，才因誨立。永思聖善，泣彼昊天。乃依生奉仁，紹叙先行。書之墓石，俾無滅殞。銘曰：

於穆夫人，天贊懿姿。世宗婦德，人諒母儀。功勤絲枲，業重□[詩]。志惟攻苦，躬化不訾。不訾謂何，人受其賜。德配姜姬，□□妊姒。哀哀二子，思彼劬勞。臨終之戒，亦示爾曹。爾曹□□，憯怛永思。昊天罔極，曷以報之。

開元廿六年六月一日嗣子昌構書，昌胤讀

一三五　唐故隰州司馬上柱國李府君（珣）墓誌銘

開元二十六年（七三八）八月二十四日葬。

誌文二十四行，滿行二十五字。正書。誌長五十四・五厘米、寬五十四厘米。

誌蓋篆書：大唐故李府君墓誌銘

唐故隰州司馬上柱國李府君墓誌銘并序

君諱珣，字韞玉，趙國贊皇人也。昔咎繇君謨，以官命族。廣武建策，垂裕後昆。自是道不虛行，世濟厥美。焜燿邦册，可得而詳焉。曾祖挺，領軍司馬，襲高都公。大父世緯，户部尚書，襲公。烈考崇嗣，朝散大夫、鄆州鉅野令。象賢開國，用譽登朝。不隕其聲，有皇其業。君宣慈成性，恭懿保家。幼而聰明，長遂敦閱。弱冠舉孝廉及第，調補和州司户參軍，拜成王府户曹參軍。府廢，貶越府倉曹參軍，改舒州懷寧令，授隰州司馬，加上柱國。入官齊禮，正色惟和。儼然有威，柔而能立。佐郡則岑公坐嘯，曳裾則元王改容。所莅移風，未嘗周月。因心之孝，可埒於顔丁；應物之誠，克嗣於元禮。從容揖讓之節，去就温明之度。雅譽攸宜，士林之則。而代乏知己，蹭蹬外臺。利用莫申，居常不樂。體因閑以成疾，神有息而歸冥。詩悼不能，□飛傳嘆。仁而無輔，可不謂之大悲也已。春秋七十有五，以開元廿五年正月十一日終於隰之官舍。廿六年仲秋二十四日返葬於龍門北之西原，禮也！君始以清節厲己，淑慎其身；終則以道卷舒，與時消息。義非苟合，行非有成。故名晦於當年，俾位沉於散秩。噫夫！夫人清河崔氏。亞相義玄之孫，中臺神基之女。炳秀蘭閨，流輝士族。蕙心淑質，令問嘉容。禮以繢□，且起孟姜之賦；仁豈遠矣，載聞季女之詩。窈窕好仇，宜□偕老。嘻戲淑媛，不及大年。春秋册有七，早君而逝，□□祔焉。嗣子循忠柴毁其容，曾閔之比。有懷陵谷，託是珉瑶。予匪能文，是慚善述。其詞曰：

穆穆仙宗，翏翏道風，明哲聯蹤兮。□生能者，風流儒雅，景命不假兮。道否西河，魂歸東岱，神□□昧兮。吉士云亡，佳城永閉，清芬不歇兮。

一三六　唐故朝議郎晉州襄陵縣令梁府君（愷）墓誌

開元二十七年（七三九）二月二十二日葬。

誌文二十一行，滿行二十一字。正書。誌長、寬均四十厘米。

崔明允撰。

誌蓋篆書：大唐故梁府君墓誌銘

唐故朝議郎晉州襄陵縣令梁府君墓誌

崔明允撰

君諱愷，字濟美，其先安定烏氏人也。系自少昊，封於夏陽。衣冠相承，竹帛昭嘏。隨開府儀同三司、民部侍郎師古之曾孫。皇絳州長史賓實之孫。博州盧縣丞載玄之子。君弱冠以門子遊太學，明經調右千牛率府録事參軍。會　中宗纂業，以宫臣授左金吾衛倉曹參軍。秩滿，轉揚州大都督府江都縣丞、河南府福昌主簿、懷州司倉參軍、海運使判官。馭兵在和，頒餼惟謹。終以不撓，謂之有司。江縣途遥，王畿理劇。始聞不樂，仍嘆徒勞。其如命何，僶俛從事。且山陽雄郡，儲禀其難；海裔懸宇，資糧應急。非大者遠者，疇能董之。竟以多功，集於時議。令聞不已，將昇於朝。今上啓深仁，期至化。謀及三事，式旌九流。延卓魯之才，付子男之職。君裦然在列，故宰於襄陵。感先大夫世仕於晉，是悦衣　明命矣。亦既辭止，亦既遘止。鳴琴高堂，狀薤置水。州閭請静，迄可小康。哀哉！天不憖遺，居然偶疾。開元廿五年歲在丁丑四月乙巳朔九日癸丑終於廨寢。人吏哀號，耆童啜泣。衢路靡靡，相視悲凉。有子全鎮，崩心茹荼，殆於毁滅。不敢過禮，輤綍以還。以廿七年歲次己卯二月癸亥朔廿二日甲申安厝於河南府福昌縣熊耳山之東原，禮也！明允虚昧，官聯下風。銜悲紀德，庶以永終。

唐故贈泉州司馬李公墓誌銘并序
公諱隱之字大耿其先遼東人也晉尚書令流即其枝顡
祖敬父直或孝德動天馳名於樂浪或忠勤濟物譽表於
夫餘公散海壖之風慕洛汭之化重譯納貢隨緣愛官勇
武既自於天縱果斷寧由於學得異夫子之入夢且歎山
頹殊仙客之遐齡還嗟海變嗚呼哀哉春秋五十有一以
大唐神龍元年正月廿五日寢疾終於上林里之私第朝
野痛惜親故哀傷　帝皇悼懷贈泉州司馬以成送終
之義遷殯於河南府河南縣平樂鄉之原夫人河間縣君
劉氏貞節孤高孀居莊肅在家慕克己之德訓子從擇隣
之規風樹不停隙駒難駐琴亡鶴去鏡破鸞沉嗚呼哀哉
春秋八十有六以大唐開元廿七年四月五日寢疾終于
道政里之私第粤以其年五月壬辰朔五日景申合葬於
公之舊塋西南一里半礼也前臨清洛川聲夜雜於松風
却背崇邙嵐氣曉凝於薤露嗣子初有左領軍衛翊府右
郎将仲子懷德左驍衛翊府右郎将季子懷敏代州陽武
鎮将等顡高柴之泣血哀慕充窮若顧悌之絕漿攀號崩
迫畏桑田之改易慮高岸之淪移旁求斯文以作亦誌其
詞曰
司馬令德來從異域人之云亡　天子贈職志不惑
兮夫人道終合葬順理二龍次喪兩鳳倫死情難已兮三
子盡孝七日絕漿思　親勒石地久天長不朽芳兮

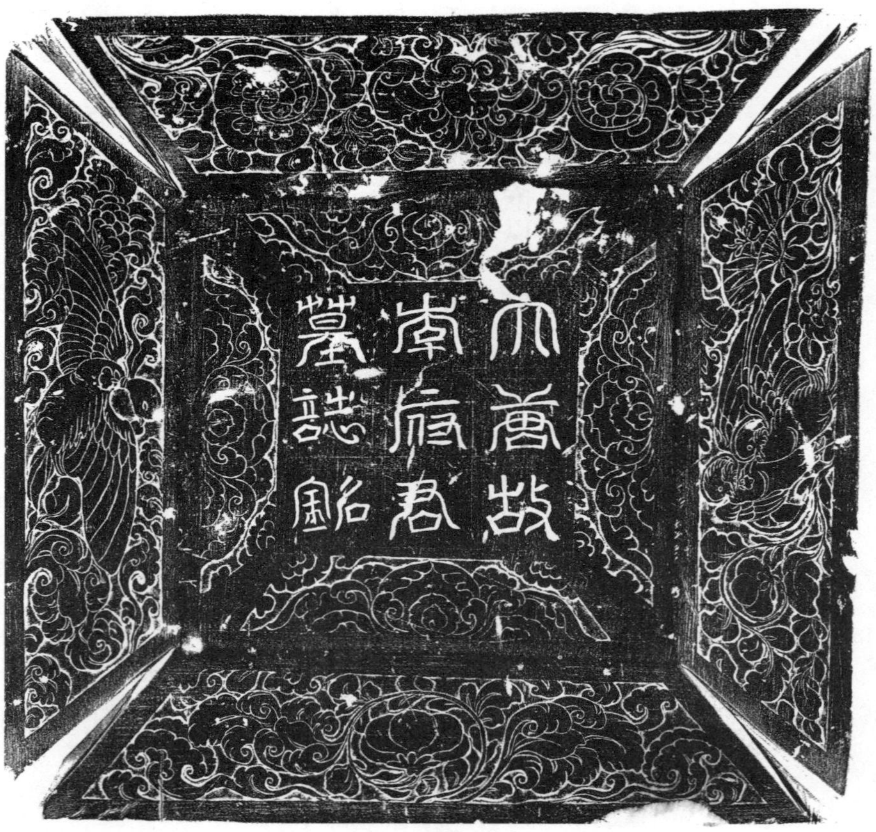

一三七　唐故贈泉州司馬李公（隱之）墓誌銘

開元二十七年（七三九）五月五日葬。

誌文二十二行，滿行二十二字。正書。誌長四十七・五厘米、寬四十七厘米。

誌蓋篆書：大唐故李府君墓誌銘

唐故贈泉州司馬李公墓誌銘并序

公諱隱之，字大取。其先遼東人也。晉尚書令胤，即其枝類。祖敬、父直，或孝德動天，馳名於樂浪；或忠勤濟物，譽表於夫餘。公厭海壖之風，慕洛汭之化。重譯納貢，隨牒受官。勇武既自於天然，果斷寧由於學得。異夫子之入夢，且嘆山頹；殊仙客之延齡，還嗟海變。嗚呼哀哉！春秋五十有一，以大唐神龍元年正月廿五日寢瘵終於上林里之私第。朝野痛惜，親故哀傷。　帝皇悼懷，贈泉州司馬，以成送終之義。遷殯於河南府河南縣平樂鄉之原。夫人河間縣君劉氏，貞節孤高，孀居荏苒。在家慕克己之德，訓子從擇鄰之規。風樹不停，隙駒難駐。琴亡鶴去，鏡破鸞沉。嗚呼哀哉！春秋八十有六，以大唐開元廿七年四月五日寢疾終於道政里之私第。粵以其年五月壬辰朔五日景申合葬於公之舊塋西南一里半，禮也。前臨清洛，川聲夜雜於松風；却背崇邙，嵐氣曉凝於薤露。嗣子初有，左領軍衛翊府右郎將。仲子懷德，左驍衛翊府右郎將。季子懷敏，代州陽武鎮將等，類高柴之泣血，哀慕充窮；若顧悌之絕奬[一]，攀號崩迫。畏桑田之改易，慮高岸之淪移。旁求斯文，以作爾誌。其詞曰：

司馬令德，來從異域，人之云亡，　天子贈職，志不惑兮。夫人道終，合葬順理，二龍次喪，兩鳳倫死，情難已兮。三子至孝，七日絕漿，思　親勒石，地久天長，不朽芳兮。

[一]「奬」應爲「漿」之誤。

一三八　故朝議大夫濟州陽穀縣令鄭府君（元彬）夫人范陽盧氏墓誌銘

開元二十七年（七三九）七月三十日葬。

誌文二十五行，滿行二十五字。正書。誌長、寬均四十九·五厘米。姚闢撰。

誌蓋篆書：大唐故盧夫人墓誌銘

故朝議大夫濟州陽穀縣令鄭府君夫人范陽盧氏墓誌銘并序

夫人諱〔一〕　，字〔二〕　，齊之苗裔也。其先食菜於盧，因而爲氏。自茲厥後，代襲冠冕。故擇功爲王，綰封燕國；選才授職，植拜九江。榮曜冠時，英名不泯。長源茂族，何其盛歟！夫人即　有唐銀青光禄大夫、工部侍郎、虢州刺史義恭之孫。秘書少監、大理卿、刑部侍郎、尚書右丞律師之女。朝議大夫、濟州陽穀縣令滎陽鄭元彬之妻。盧惟德門，鄭亦鼎胄。秦晉謂匹，西南曰朋。婦道克脩，肥家有譽。蘋藻盡於愛敬，山河象乎容德。六姻是式，九十其儀。爰遭不天，夫也即世。虛堂繐帳，煢煢未亡。童稚四人，鞠育至大。得尸鳩之均養，從石碏之義方。庄姜之賢未足多也，孟母之教期之蔑如。長子璥，位至太原府清源縣令。次子璆，位至滑州衛南縣令。政成名立，利國榮家。初，府君拜朱紱之時，夫人受縣君之號。魚軒在路，象服盈門。至開元廿三年秋七月，長子拜朝散大夫。位以德興，將襲朱輪之慶；母以子貴，再加封邑之榮。夫人又加范陽太君。内外相暉，里閭增貴。嗚呼，天不輔德，生也有涯。龜玉膏蘭，同歸於盡。享年八十，開元廿六年二月十八日遘疾終於河南府正俗里之私第，以開元廿七年七月卅日葬於河南府伊闕縣河晏鄉之原，禮也。長子以夫人終之歲十一月二日云亡，議者以爲卒毁也。蓋哀戚之情至，非禮物所能拘。次子先夫人終之二歲而喪。次二子琇、璿皆爲時彦，檢身履道。仁以接物，孝以宅心。先君權殯於鄭州滎澤縣高士鄉之原，今欲遷舉，以年月未便，恐神理不安而止。思我母氏，空傳秦伯之詩；未祔先君，實愧周公之禮。紀時□，誌德音，用刊幽石，□之泉户。銘曰：

存殁之理，古今共此。唯餘令德。傳之□已。哀哀邦援，悠悠川水。高堂曉空，松風暮起。蘭銷閟室，衣化泉笥。仿像音□，空然圖史。

左司禦胄曹參軍姚闢撰

〔一〕此處空一格，未刻字。

〔二〕此處空一格，未刻字。

一三九　河南袁夫人（狄安平妻）墓誌銘

開元二十七年（七三九）八月十二日葬。

誌文十八行，滿行十八字。正書。誌長、寬均三十八厘米。

狄安平撰。

誌蓋篆書：大唐故袁夫人墓誌銘

河南袁夫人墓誌銘并序

前懷州司法參軍狄安平撰

夫人河南著姓之女也。烈考越，　皇朝定襄縣令。以器充位，邦之譽聞。夫人特稟凝姿，炳有風範。方美而無擇，圓穠而有餘。星眸娥眉而天然，蕙心紈質而神與。淑慎資德，貞閑保容。信百行之可觀，何一朝之奄忽。春秋五十有八，以開元廿七年四月十日遘疾逝於長安平康里。八月十二日殯於東都河南原，禮也。嗚呼哀哉！冥昧難徵，容華可惜。餘香染繐，猶飃紫陌之風；溢態沉泉，已宿黃蒿之里。殁矣永矣，將如之何。有男良驥，前懷州司法參軍狄安平之嗣子。公族令望，天下固詳。思棘心之劬勞，攀靈輀以殞絶。前延府法曹元昌則其季也。瞻友于之慟，孰不增悲。其誌曰：

青松爲隧泉作臺，白日一閉無時開。玉貌金聲安在哉，寶釵鸞鏡没黃埃。可憐精□常窈窕，時逐空上雲雨來。

梁州都督府法曹參軍太原王君墓誌銘并序
君諱知言字無擇太原祁人也先世 勅賜田莊此州鄗縣因家焉
通三為王因封命氏弈世盛德克傳卒業冕爲鶴駕道契神仙氷鱗
寒筍孝通天地仁物冠冕累葉重光莫之與京有自來矣高祖僧辯
梁司徒侍中尚書令開國公經世之林班劒之寵具載梁史今不復
言曾祖頒隨齊州刺史祖徵魏州元城縣令陳州司馬朝散大夫上
柱國父溫舒兗府倉曹參軍亳州永城縣令上柱國並瓌林偉幹重
規疊矩惠城半刺効仁明於佐時郡掾邦君推政理之尤異皆能宣
美當代是故慶流後然君即永城府君之第二子也幼而岐嶷長通
經史孝廉擢第校革授官解褐儀州司法參軍累授鄜州司兵梁府
法曹參軍仁孝資身清白從政持獄務弘陰德臨財盡推儕輩惠養
孤幼懼隱幽冥因遷葬祖考同歲塋諸房絕後及無力者凡九所不
惟宗族推賢寶光風化之美望之端肅即之溫良禮以檢身義然後
動既[illegible]人林特達深為銓衡激賞未及注擬遘疾弥留以神龍元年
三月十[illegible]日終於敦化里之私第春秋六十有四夫人榮陽鄭氏父
大力左貶衛州汲縣丞續北部郎中夫人柔順恭謐德行賢和勤
遵禮訓譽流中外以開元八年十月二日終於勸善里之私第春秋
五十有七嗚呼哀哉嗣子魚金次子饒州餘干縣尉魚濟克奉仁義
躬親節儉祑纔逾孝力營遷舉爰及兩弟一新婦一子姪並早亡同
以時備禮粵以開元廿七年十月廿六日合葬於河南府河南縣萬
安鄉控鶴里萬安之原禮也不朽之義尤先今譽夔[illegible]之憂敢憑貞
石敬緣斯旨重勒銘云
君之茂族兮崇而粹[illegible]濟其光兮清二億[illegible]屢空兮而無誠莫曰
心兮錫尔類其一昊天不惠降此大戾俾我[illegible]人[illegible]振而逝我有令德克
永世子之其逸彰後裔其二夜何脩而不賜運何促而名長悠悠乎彼
蒼其三 朝散郎前冀州南宮縣令李處沖撰

一四〇　梁州都督府法曹參軍太原王君（知言）墓誌銘

開元二十七年（七三九）十月二十六日葬。

誌文二十六行，滿行二十六字。正書。誌長、寬均五十四厘米。

李處沖撰。

梁州都督府法曹參軍太原王君墓誌銘并序

君諱知言，字無擇，太原祁人也。先世　敕賜田在岐州郿縣，因家焉。通三爲王，因封命氏。弈世盛德，克傳丕業。梟舄鶴駕，道契神仙。冰鱗寒笋，孝通天地。仁物冠冕，累業重光。莫之與京，有自來矣。高祖僧辯，梁司徒、侍中、尚書令、開國公。經世之材，班劍之寵。具載梁史，今不復言。曾祖頒，隨齊州刺史。祖徵，魏州元城縣令、陳州司馬，朝散大夫、上柱國。父温舒，兖府倉曹參軍、亳州永城縣令、上柱國。並瓌材偉幹，重規疊矩。專城半刺，效仁明於佐時；郡掾邦君，推政理之尤異。皆能宣美當代，是故慶流後烈。君即永城府君之第二子也。幼而岐嶷，長通經史。孝廉擢第，拔萃授官。解褐儀州司法參軍，累授鄜州司兵、梁府法曹參軍。仁孝資身，清白從政。持獄務弘陰德，臨財盡推儕輩。惠養孤幼，惻隱幽冥。因遷葬祖考，同歲葬諸房絶後及無力者凡九所，不唯宗族推賢，實光風化之美，望之端肅，即之温良。禮以檢身，義然後動。既以人材特達，深爲銓衡激賞。未及注擬，遘疾彌留。以神龍元年三月十二日，終於敦化里之私第，春秋六十有四。夫人滎陽鄭氏。父大力，左貶衡州攸縣丞，□績，比部郎中。夫人柔順恭懿，德行賢和。動遵禮訓，譽流中外。以開元八年十月二日終於勸善里之私第，春秋五十有七。烏呼哀哉！嗣子兼金、次子饒州餘干縣尉兼濟，克奉仁義，躬親節儉。秩纔逾考，力營遷舉。爰及兩弟、一新婦、一子姪並早亡，同此時備禮。粤以開元廿七年十月廿六日合葬於河南府河南縣萬安鄉控鶴里萬安之原，禮也。不朽之義，尤先令譽。變海之憂，敢憑負石。敬緣斯旨，重勒銘云：

君之茂族兮崇而粹世，濟其光兮清而二億。□屢空兮而無誠，克因心兮錫爾類。其一。昊天不惠，降此大戾。俾我哲人旅而逝，我有令德克永世，子之其逢彰後裔。其二。夜何倏而不暘，運何促而名長，悠悠乎彼蒼。其三。

朝散郎前冀州南宫縣令李處冲撰

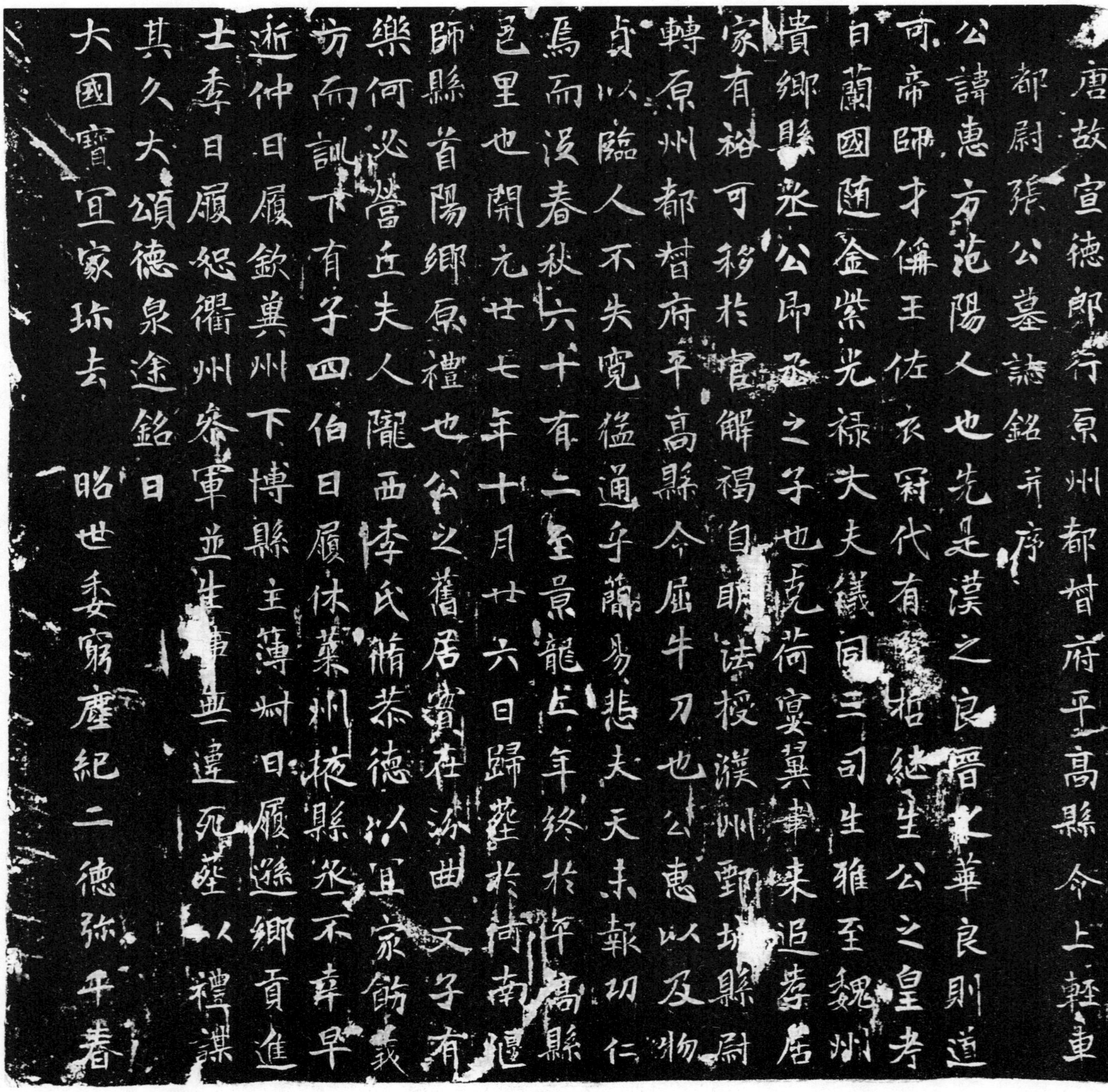

一四一　唐故宣德郎行原州都督府平高縣令上輕車都尉張公（惠方）墓誌銘

開元二十七年（七三九）十月二十六日葬。

誌文十八行，滿行十九字。正書。誌長、寬均三十七厘米。

唐故宣德郎行原州都督府平高縣令上輕車都尉張公墓誌銘并序

公諱惠方，范陽人也。先是漢之良，晉之華。良則道可帝師，才稱王佐。衣冠代有，賢哲繼生。公之皇考曰蘭國，隨金紫光禄大夫、儀同三司。生雅至，魏州貴鄉縣丞。公即丞之子也。克荷宴翼，聿來追孝。居家有裕，可移於官。解褐自明法授濮州鄄城縣尉，轉原州都督府平高縣令，屈牛刀也。公惠以及物，貞以臨人。不失寬猛，通乎簡易。悲夫！天未報功，仁焉而没。春秋六十有二，至景龍二年終於平高縣邑里也。開元廿七年十月廿六日歸葬於河南偃師縣首陽鄉原，禮也。公之舊居，實在汾曲。文子有樂，何必營丘。夫人隴西李氏，脩恭德以宜家，飾義方而訓下。有子四，伯曰履休，萊州掖縣丞，不幸早逝。仲曰履欽，冀州下博縣主簿。叔曰履遜，鄉貢進士。季曰履恕，衢州參軍。並生事無違，死葬以禮。謀其久大，頌德泉途，銘曰：

大國寶，宜家珍。去　昭世，委窮塵。紀二德，彌千春。

一四二 大唐故中州長史上柱國襲烏氏郡公安定席公（子産）誌石文

開元二十七年（七三九）十月二十六日葬。
誌文二十行，滿行二十九字。正書。誌長、寬均八十四厘米。
誌蓋篆書：大唐故席府君墓誌銘

大唐故申州長史上柱國襲烏氏郡公安定席公誌石文并序

公諱　子産，本安定烏氏人也。門多令望，代富珪組。穆則豪族著名，寶則僕射居政。備諸前史，可略言焉。祖　海，周、隨任東宮左庶子，鄜方寧六州大總管、六州刺史、六州諸軍事，封烏氏郡開國公。王商道尊於肅敬，夷吾才藴於撥煩。榮享茅土，功深帶礪。父　世文，隨朝正字郎、右臺侍御史，加朝散大夫，遷著作郎，襲烏氏郡公。述作麟史，見重班張。位列烏臺，載清風俗。可謂人之彦，國之良也。公　皇朝進士及第，解褐授鄭州榮澤縣丞、許州臨潁縣令、壽州司馬，轉申州長史、上柱國，襲烏氏郡公。利用賓王，擢郄詵之高第；毗贊從政，翊言偃之絃歌。潁川乃德表移蝗，義陽乃名高展驥。　公温龔成性，禮樂資身。臨財必廉，見義能勇。信保家之主，奉　國之臣。將皇天無親，唯德是輔。豈神奪其壽，仁遽云亡。以上元二年四月六日終於河陽之第里，春秋七十有二。夫人河南尉氏。祖　剛，開府儀同三司、尚書左僕射、六衛大將軍、平章國事，鄭大夫止之後裔也。稟柔明之質，備縏帨之儀。道穆詩人，德光内則。以開元三年十一月廿五日遘疾而終。嗚呼。珠塵未拾，玉棺已降。琴之兩亡，劍之雙没。嗚呼哀哉。子衛州共城縣令庭訓，泣血逾禮，遠日有期。將申罔極之心，式遵大過之典。雖升榮方始，乃權窆於靈關；今謀筮叶從，啓新塋於河汭。越以開元廿七年十月廿六日合葬於嶺山之南，禮也。素車發〔一〕，丹旐首途。捧紼悽斷，聞薤嗚咽。將傳茂則，紀石泉門。畏迫下才，敢題銘曰：

長河之北，嶺山之隅。悠悠荒隧，千秋永殊。云低平隰，日下西晡。人人共盡，悲哉嗚呼！

〔一〕此處空一格，未刻字。

一四三　唐故朝議大夫彭州司馬崔府君（從令）墓誌銘

開元二十七年（七三九）十一月二十六日葬。誌文二十六行，滿行二十六字。正書。誌長、寬均四十一·五厘米。劉鍠撰。

唐故朝議大夫彭州司馬崔府君墓誌銘并序

公諱從令[一]，　博陵人也。家傳儒術，代襲簪纓。居魏則遊爲相府舍人，在漢則駟爲車騎掾。豈獻書而見重，亦愛士而知名。曾祖仲讓，周太子左庶子、鴻臚卿。相彼東宮，位崇屬國。材堪致遠，非此而誰。厥祖威胐，隨桂州總管府掾。申命南中，殊及戎之遠役；奉　恩北闕，同采薇之一遺。兵戈不動，邊戎以寧。烈考鳳林，　皇刑部郎中。清畏人知，官由德進。省無留事，共許黄香；邦有能文，咸揚季智。公瓌奇獨立，卓犖不群。博覽典墳，三冬勤苦。良冶之子，十上屯邅。以經明擢第，授晉州參軍、越府兵曹。外臺之望，莫善乎參卿；越中所瞻，必先乎主器。换梓州司功、汴州司倉。城都職煩，不殊滕薛；開封事雜，不減京兆。舟車所至，人力所通。運紅粟而無稽，薦嘉魚而有等。轉蒲州司倉，加朝散大夫。河東者股肱之守，府庫者周官云重。非其才不可處其位，有其德乃可臨其人。尋宰正平縣。敷聖化，闡　皇風，五穀登，百姓足。喪祭以正，婚姻以時。盜賊奸宄，由斯而屏焉；鰥寡孤獨，由斯而配焉。然後開旗亭，納商旅。遠鄉皆至，則財不乏。此五者，公之能也。　朝廷以聲譽著稱，遷彭州司馬。名驚九隴，威躡百城。抑遏强梁，憂矜老幼。雖廉叔度無得而踰。考秩未終，春秋已謝。以聖曆元年歲戊戌六月廿九日卒於其州之公館，享年八十有五。以開元廿七年歲次己卯十一月庚申[二]　廿六日乙酉歸葬於伊闕縣新城鄉之原，以夫人薛氏合葬，禮也。且地近碧雞，榮加朱紱。國有蒙□□譽，家無擔石之儲。直哉惟清，斯之謂矣。長子無諍，終虢州司士。次子無譴，終會州司馬。季子無誕，終鄭州參軍。嗣孫宜同等，泣血前言，號述先意。勒斯銘於貞石，旌烈祖之遺聲。其詞曰：

乃祖乃父，能文能官。佐理晉越，君子稱難。晚臨蒲州，吏人獲安。寬以濟猛，猛以濟寬。嗚呼府君，爲絳之宰。風姿磊落，忠貞無改。騁足雙流，飋聲四海。其人久殁，其事如在。

行左威衛兵曹參軍劉鍠撰

[一]「從令」二字爲後刻，其後空兩格，未刻字。「令」字漫漶不清。據《新唐書》卷七二下《宰相世系表二下》博陵崔氏大房下有崔從令，子無諍。故誌主應爲崔從令。另《宰相世系表》載從令父鳳舉，而墓誌載從令父鳳林，應以墓誌爲確。

[二]此處空一格，未刻字。

一四四　唐故朝議郎行定州司士參軍韋君（望）墓誌銘

開元二十七年（七三九）十二月二十四日葬。

誌文十八行，滿行二十三字。正書。誌長、寬均三十八・五厘米。

誌蓋篆書：大唐故韋府君墓誌銘

唐故朝議郎行定州司士參軍韋君墓誌銘并序

君諱望，字濟，京兆杜陵人也。後周逍遥公之五代孫，　皇朝藍田令叔穎之孫，而任縣令文行之元子。敏而夙成，材與時適。弱冠孤藐，備更勤儉。養繼親不匱，訓諸季有法。寓居河朔，州里賢之。東軍大將奏充幕畫。以敵愾之功，拜定州司士參軍。雖爲始官，自有全用。夫其開濟之理，矜嚴之節。領攝繁興，亢綏宗黨。曾無儲積，頗號鮮明。良馬應神駿之談，盧犬觀緤末之效。舞雩遊詠，退食委蛇。遭賁父之御驚，痛韓安之墮蹇。不遇萬金之藥，旋成二豎之謀。開元廿七年五月十四日終於定州之廨宇，春秋卌有五。越十二月旅櫬歸於洛師，廿四日遷窆於龍門鄉之原，近母氏於山。龕遵遺令焉，没不忘親，孝也。子龕年甫四歲，呱呱靡知。爰有哲婦，濟家多難。杜陵南上，遍烈祖之墳塋；闕塞西浮，見孝孫之松柏。悠悠魂氣，無遠不之。前賢所用，元聖所韙。嗟爾來者，無或譏焉。銘曰：

終南巍崖，連崗鄠杜。生我俊人，欽繩祖武。克家之吉，幹譽之蠱。不永斯年，其毒太苦。闕口前斷，伊川北□。平生遺意，託此重幽。

一四五　大唐故蒲州猗氏縣尉鄭公（長）墓誌銘

開元二十八年（七四〇）正月二十二日葬。

誌文十九行，滿行十九字。正書。誌長三十七厘米、寬三十五・五厘米。

誌蓋篆書：大唐故鄭府君墓誌銘

大唐故蒲州猗氏縣尉鄭公墓誌銘并序

匠物之宗者，能碩厥後，必端有先。盛既淑而罕榮，疇岡脩而必慶。匪躬稼垂統，行葦播業，夾輔勤王，推誠薦士，則至今天下其誰曰鄭乎。所以□洪稜，鋪懿鑠。時珍鼎族，人媚國香，厥有其來矣。君諱長，字季冰，滎陽人也。本枝將聳，建木千仞。末派所分，長河九道。曾門南皮令諱師萬，殖行以業本。王父偃師簿諱依智，保清以訓能。先考登封贊諱允貞，居道以明節。及公承德，亦克用譽。未登弱冠，已擢孝廉。初作尉宛丘，後隨牒猗氏。陳侯振羽之俗，俗染風遷；漢商潤屋之風，風霑俗改。積善無應，生涯不延。春秋卌九，以開元廿七年十二月十八日終於東都思順里私第，以今年執圂歲孟陬月廿有二日權殯於上東門外。雖惑變年，纔已踰月，禮有宜也。嗚呼！弦晦不居，高深相變。幽記不勒，淑問何旌。詞曰：

彼天何天，不傭不惠。梅山巖殞，柯澤川逝。厚夜□期，中年降戾。卜宅建兮飛旌往，出青門兮下□□。□□□□□北邙山掌平生永畢規□安仰。

一四六　大唐朝散大夫前行潤州句容縣令上柱國高密縣開國公故夫人范陽盧氏（堂）墓誌銘

開元二十八年（七四〇）八月二十八日葬。

誌文二十四行，滿行二十三字。正書。誌長、寬均四十一厘米。

大唐朝散大夫前行潤州句容縣令上柱國高密縣開國公故夫人范陽盧氏墓誌銘并序

執徐歲南吕月壬午日高密公夫人禮殯於洛陽之東，距國十里，自殯遷也。夫人姓盧，字堂，范陽人之仲子也。先所出者神農炎帝，次始封者尚父少子。自以國受氏，曁分源廣派，莫不貴襲世禄，慶緜累葉。詳諸簡記，非以談愈。祖元將，　皇朝歷雍州鄠縣令。父，全貞，亦宰亳州真源縣。並爲治戴星，當還留犢。萬石謹密，二胡清高。佩服詩禮，門稱長者。出入忠孝，代積令名。而家唯温恭，則有若淑女。夫其惠乃生假，始謂孕珠；德以訓成，竟爲瑑玉。初以良家被娉，爲　皇枝子宣室，即高密公〔一〕也。龍雁禮成，梧桐性遂。則天移百兩，廟見三月。執采蘩之主，職承筐之事。葛楚之義，多負於諷什；麻紵之勤，願裨於夙夜。竟隨赴牒，宰於潤州句容縣。道適江湄，曹家有東垂之典；譽流京國，師氏有中興之教。豈圖倚伏□運，昏明遞用，疴瘵緜歷。噫！天不慭哉，以開元廿三年十月廿二日即命於廨宇之適寢，言道也。春秋卌有五，時權殯凶所。君公秩守代滿，俟歸柩也。望之不至，繐帳如疑。嗚呼！佳城已鬱，有感乎風樹；烏穴則啓，知懼於桑田。無若石存，將傳地後。乃銘曰：

世崇族望，天資累德。既謂麴遊，且言高國。誕有淑女，惟兹令則。玉美可稱，蘭芬斯得。　道喪賢明，禍飛女士。影滅鸞鵠，庭枯桃李。夫感在川，子纏陟屺。禮送空復，人生已矣。清洛南疏，磳崗北固。壠上蕭瑟，風前思慕。魄散夜臺，形歸朝露。已掩窀穸，時悲奠託。望丘隴兮躊躇，冥寞兮何如，吁嗟兮此室，歲月兮居諸。

開元廿八年八月廿八日

〔一〕據墓誌記載，高密公當爲唐朝宗室，名諱不詳。

一四七　大唐陽翟縣尉張公故夫人崔氏（媛）墓誌銘

開元二十八年（七四〇）十一月二十六日葬。

誌文二十一行，滿行二十八字。隸書。誌長、寬均四十八厘米。

誌蓋篆書：河南府偃師縣龍池鄉

大唐陽翟縣尉張公故夫人崔氏墓誌銘并序

夫至美者必有至傷，深仁者則有深咎。痛乎崔夫人，有斯德而致斯夭。豈天道不助於人，而神理要奪其善歟。夫人諱媛，本博陵人也。曾祖仁儉，　皇滑州衛南縣令。祖思古，　皇邢州鉅鹿縣令。父同暉，　皇懷州河内主簿。爰自命氏，代爲著姓。人物軒華，皆世濟其美。夫人體性柔順，容質婉淑。虔恭德禮，夙慎威儀。言成閫閾之規，長擅閨門之秀。正年獻頌，文已麗於椒花；綺歲緣情，詞優高於柳絮。至於紛帨箴管，絲枲組紃。柔色以事舅姑，甘旨以承父母。蓋出自受性，禀之天然。至乃和鳴于飛，作嬪君子。動應環珮之響，行中詩禮之則。社而賦事，烝而獻功。教婉娩以聽其詞，歌窈窕不淫其色。豈唯九族見睦，抑亦百行聿脩。以夫人韶華，配君子之令德；以夫人之懿行，輔君子之楨材。故能琴瑟克諧，中外無缺。豈獨山妻知我，而萊婦有謀而已哉。將謂宜其室家，永錫榮慶。豈圖奄先薤露，彫其蕣華〔一〕。以開元廿八年八月十三日寢疾奄終於陽翟縣官舍，春秋廿有九。即以其年十一月廿六日遷窆於偃師縣之北原，禮也。嗚呼。稚子尚孩〔二〕，諸女俱幼。荀奉倩以之神喪，潘安仁於是魂悲。鸞孤秦氏之奩，龍斷豐城之匣。庶芬芳不滅，用標節婦之墳；儻陵谷有遷，冀驗大家之狀。其銘曰：

姜氏肇宗，漢臣流祉。代爲令族，世濟其美。陰命秉靈，柔儀表德。夙備詩訓，早承禮則。譽播東方，貞流南國。關雎啓義，鳴鳳于飛。是佐君子，而擅母儀。起孝起敬，無怠無違。懿行既著，生齡何淺。桂落三春，蘭摧九畹。龜言布兆，龍輴再轉。隴月空懸，愁雲不卷。既悲夭歲，更愴泉臺。于嗟奉倩，藐爾諸孩。□□長滅，紅顔已摧。唯餘盛德，用表將來。

〔一〕「華」爲小字，刻於「蕣」之右下。

〔二〕「孩」爲小字，刻於「尚」之右下。

一四八　唐故都苑總監副監李公（道亮）墓誌銘

開元二十九年（七四一）正月十四日葬。

誌文二十七行，滿行二十七字。正書。誌長五十三・五厘米、寬五十二・五厘米。

誌蓋篆書：大唐故李府君墓誌銘

唐故都苑總監副監李公墓誌銘并序

觀夫盡節事君謂之忠，竭力事親謂之孝，研精經史謂之學，組織詞句謂之文。身有其一，名即蓋代，公包其四，人何間哉？公諱道亮，字懷德，隴西成紀人也。猶龍柱史之苗，龜文太尉之後。冠蓋赫弈，代有英賢，史册詳之備矣。祖賓，隨齊州長史。祖振，　皇朝宋州司户。父表，　皇朝陳州録事參軍。才長命短，大鵬戢翼於南溟；有志無年，良驥跼足於東道。公三歲鴻鶴，振響聞天。七年豫樟，抽條切漢。解褐太府常平監事，轉都水之河渠、光禄之太官兩令。貫朽粟紅，造舟利涉，時膳載嘉，　帝曰俞往。超授司農都苑總監副監。司農錢穀，陳平答而不知；上林禽獸，相如賦而方識。夫四時享獻，三驅有禮。千門曉闢，萬騎雷奔。戈鋋彗雲，旌旆拂日。天花五彩，雜芝蓋而翻飛；弱柳千條，映春旗而引曳。縱羽獵，滿平原，帳殿揿天，樂飲移晷。酒溢淮泗，肉積嵩衡。公部分祇供，依班合禮。　帝容有穆，皇恩浹被。尋加朝散大夫，光　寵命也。俄丁母艱，哀毀過禮，非直七日絶漿，抑乃逾年泣血。名空見於月中，遽修文於地下。以長安四年九月八日終於洛陽敦厚里之第，春秋五十有三。夫人襄邑縣君廣平宋氏，楚大夫玉之後，心也慈順，質也閑華。非禮不言，非禮不動。洎松蔦靡依，柏舟結誓。孀居積稔，星紀屢移。撫養孤幼，逮乎成立。歸依釋教，想像玄宗。以爲東海之銀臺，瑶闕翹足；可昇西方之寳樹，金沙迴心。即至聊因竊藥，向兔輪而不歸；率爾登樓，隨鳳簫而遂遠。以開元廿八年十一月六日終於河南清化里之私第，享年七十有八。粤以廿九年正月十四日會葬於河南縣河陰鄉之原，就新壙安厝，禮也。昔年單處，傷鳳兆而暫分；今日雙沉，契龍劍而長合。有子四人，三子早逝。第四子承嗣，泣蓼莪以崩心，恐桑田之或變。訴昊天而罔極，誌幽穸以鐫芳。銘曰：

英英哲人，皎皎淑女。濛汜淪光，陽臺霽雨。一沉一浮，幾春幾秋。天長共盡，地久同休。常年車騎，平生綺羅。别歸山足，留恨如何。川長月迴，樹密風哀。痛人生兮到此，掩千秋兮夜臺。

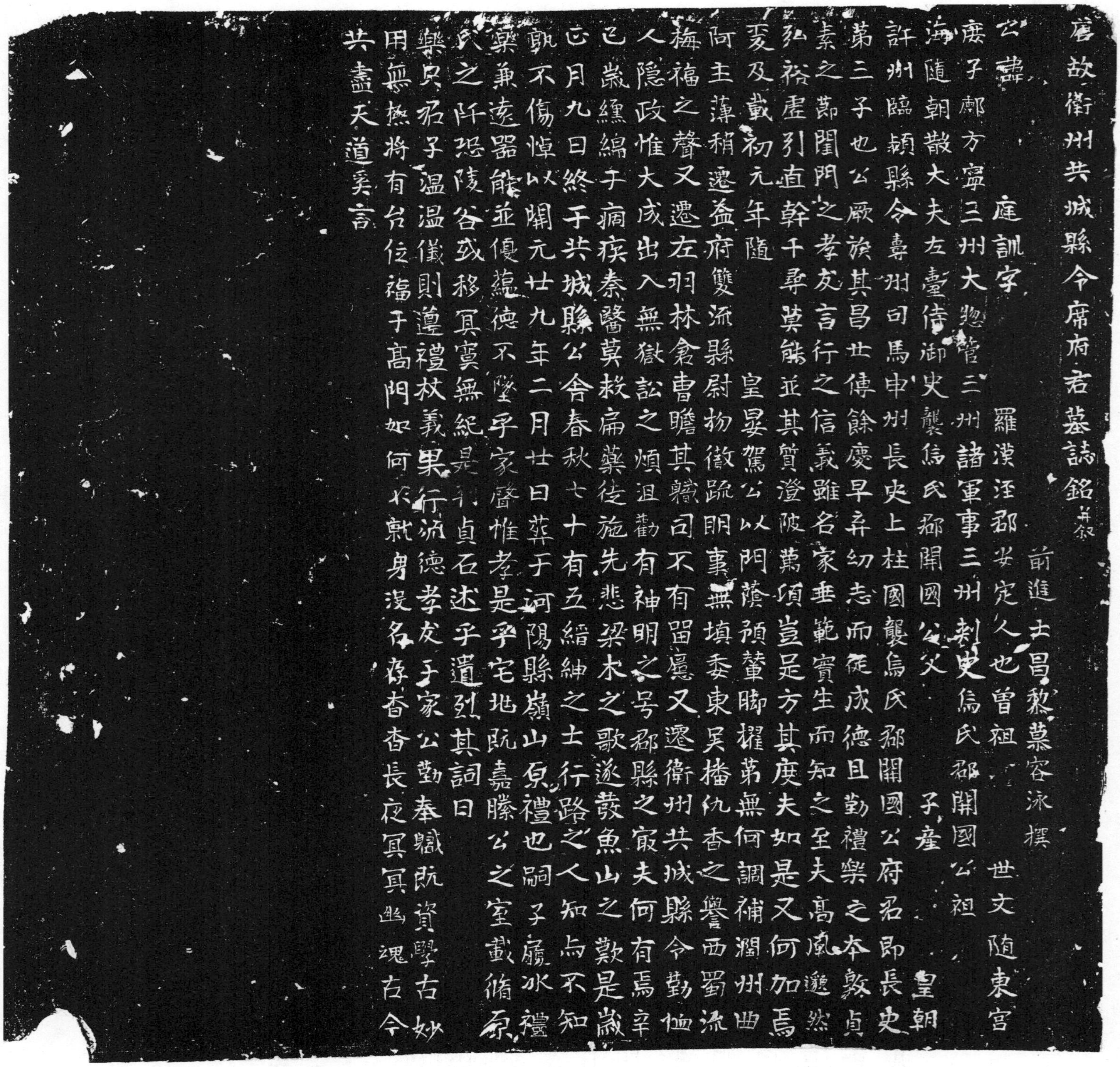

一四九　唐故衛州共城縣令席府君（庭訓）墓誌銘

開元二十九年（七四一）二月二十日葬。

誌文二十一行，滿行二十九字。正書。誌長六十九厘米、寬七十二厘米。

慕容泳撰。

誌蓋篆書：大唐故席府君墓誌銘

唐故衛州共城縣令席府君墓誌銘并叙

前進士昌黎慕容泳撰

公諱　庭訓，字　羅漢，涇郡安定人也。曾祖　世文，隨東宮庶子、鄜方寧三州大總管、三州諸軍事、三州刺史、烏氏郡開國公。祖　海，隨朝散大夫、左臺侍御史、襲烏氏郡開國公。父　子產，皇朝許州臨潁縣令、壽州司馬、申州長史，上柱國，襲烏氏郡開國公。府君即長史第三子也。公厥族其昌，世傳餘慶。早弃幼志，而從成德。且勤禮樂之本，敦貞素之節。閨門之孝友，言行之信義。雖名家垂範，實生而知之。至夫高風邈然，弘裕虛引。直幹千尋，莫能並其質；澄陂萬頃，豈足方其度。夫如是，又何加焉。爰及載初元年，隨　皇晏駕。公以門蔭預輦腳擢第。無何，調補潤州曲阿主簿，稍遷益府雙流縣尉。物徹疏明，事無填委。東吴播仇香之譽，西蜀流梅福之聲。又遷左羽林倉曹。瞻其職司，不有留懸。又遷衛州共城縣令。勤恤人隱，政惟大成。出入無獄訟之煩，沮勸有神明之號。郡縣之最，夫何有焉。辛巳歲，纏綿於痼疾。秦醫莫救，扁藥徒施。先悲梁木之歌，遂發魚山之嘆。是歲正月九日終於共城縣公舍，春秋七十有五。縉紳之士，行路之人，知與不知，孰不傷悼。以開元廿九年二月廿日葬於河陽縣嶺山原，禮也。嗣子履冰，禮樂兼遠，器能並優。蘊德不墜乎家聲，惟孝是乎宅兆。〔一〕既嘉滕公之室，載脩原氏之阡。恐陵谷或移，冥寞無紀。是刊貞石，述乎遺烈。其詞曰：

樂只君子，温温儀則。遵禮杖義，果行流德。孝友於家，公勤奉職。既資學古，妙用無極。將有台位，福於高門。如何不就，身没名存。杳杳長夜，冥冥幽魂。古今共盡，天道奚言。

〔一〕此處疑有脱字。

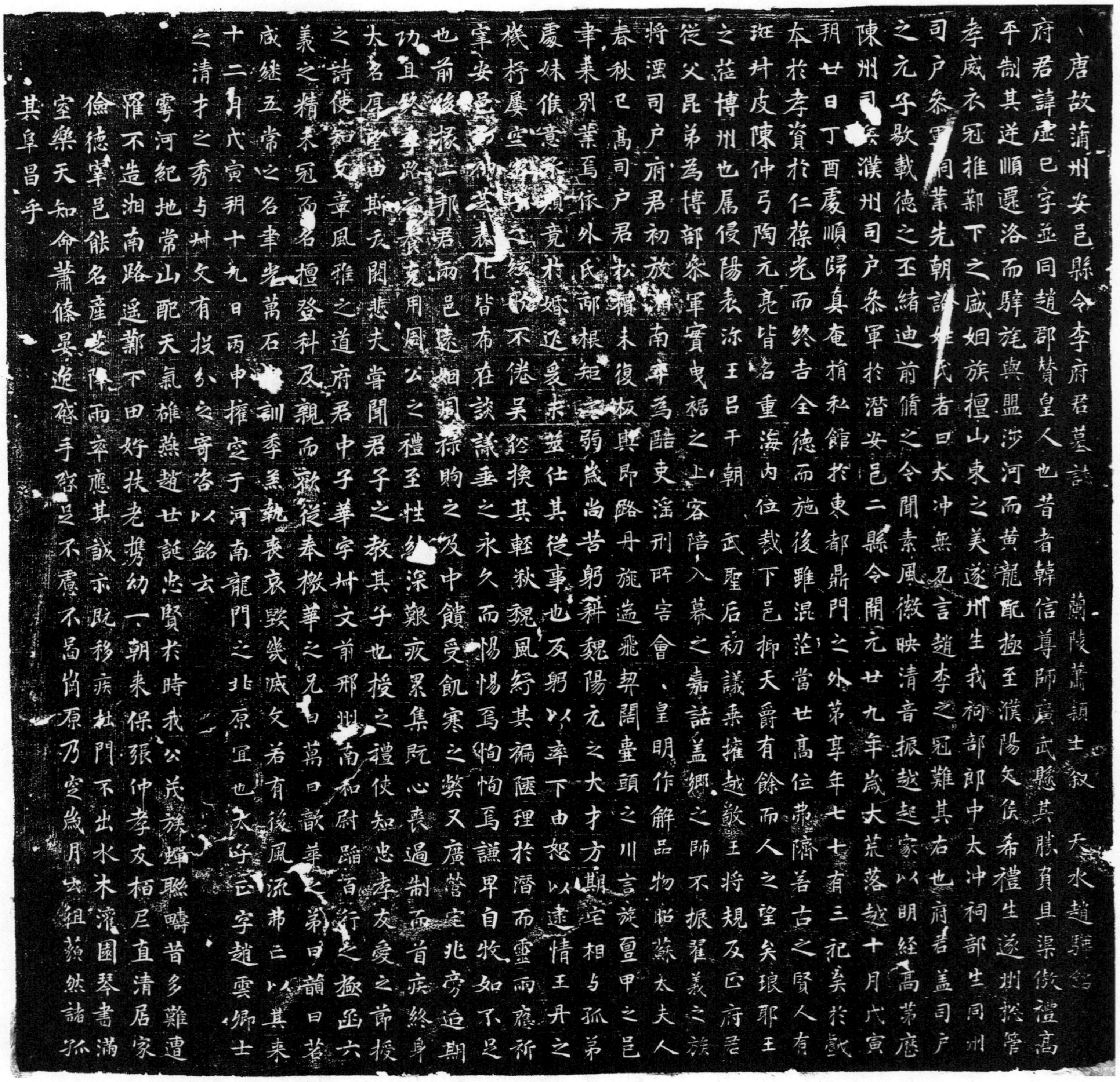

一五〇　唐故蒲州安邑縣令李府君（虚己）墓誌

開元二十九年（七四一）十二月十九日葬。

誌文三十一行，滿行三十一字。正書。誌長六十二・五厘米、寬六十二厘米。

蕭穎士叙，趙驊銘。

唐故蒲州安邑縣令李府君墓誌

蘭陵蕭穎士叙

天水趙驊銘

府君諱虚己，字並同，趙郡贊皇人也。昔者韓信尊師廣武，懸其勝負；且渠傲禮高平，制其逆順。遷洛而騂旄與盟，涉河而黄龍配極。至濮陽文侯希禮生遂州總管孝威。衣冠推鄴下之盛，姻族擅山東之美。遂州生我祠部郎中太冲，祠部生同州司户參軍□業[一]。先朝論姻氏者曰太冲無兄，言趙李之冠，難其右也。府君蓋司户之元子。揚載德之丕緒，迪前脩之令聞。素風徽映，清音振越。起家以明經高第，歷陳州司兵、濮州司户參軍、於潛安邑二縣令。開元廿九年歲大荒落越十月戊寅朔廿日丁酉處順歸真，奄捐私館於東都鼎門之外第，享年七十有三祀矣。於戲！本於孝，資於仁。葆光而終吉，全德而施後。雖混茫當世，高位弗躋。若古之賢人，有班叔皮、陳仲弓、陶元亮，皆名重海内，位裁下邑。抑天爵有餘，而人之望矣。琅耶王[二]之莅博州也，屬侵陽表沴，王吕干朝。武聖后初議乘權，越敬王[三]將規反正。府君從父昆弟爲博部參軍，實曳裾之上客，陪入幕之嘉話。蓋鄉之師不振，翟義之族將湮。司户府君初放湘南，卒爲酷吏淫刑所害。會　皇明作解，品物昭蘇。太夫人春秋已高，司户君松櫝未復。板輿即路，丹旐遄飛。契闊壺頭之川，言旋亶甲之邑。聿來別業，焉依外氏邴根；矩之弱歲，尚苦躬耕魏陽。元之大才，方期宅相。與孤弟處妹，候意承顔，竟於婚匹，爰未筮仕。其從事也，反躬以率下，由恕以逮情。王丹之機杼屢空，密子之絃歌不倦。吴俗換其輕秋，魏風紓其褊陿。理於潛而靈雨應祈，宰安邑而神芝表化，皆布在談議，垂之永久。而惕惕焉，恂恂焉。謙卑自牧，如不足也。前後掾一邦，君兩邑。遠姻周禄賙之及，中饋受飢寒之弊。又廣營宅兆，旁迨期功。且終季路之養，克用周公之禮。至性純深，艱疢累集。既心喪過制，而首疾終身。大名厚望，由斯夭閼。悲夫！嘗聞君子之教其子也，授之禮，使知忠孝友愛之節；授之詩，使知文章風雅之道。府君中子華，字叔文，前邢州南和尉。蹈百行之極，函六義之精。未冠而名擅登科，及親而歡從奉檄。華之兄曰萬、曰歆，華之弟曰韻、曰若，咸繼五常之名，聿光萬石之訓。季羔執喪，哀毁幾滅；文若有後，風流弗亡。以其来十二月戊寅朔十九日丙申權窆於河南龍門之北原，宜也。太子正字趙雲卿，士之清，才之秀，與叔文有投分之寄，咨以銘云：

雩河紀地，常山配天。氣雄燕趙，世誕忠賢。於時我公，茂族蟬聯。疇昔多難，遭罹不造。湘南路遥，鄴下田好。扶老攜幼，一朝來保。張仲孝友，柏尼直清。居家儉德，宰邑能名。産芝降雨，率應其誠。亦既移疾，杜門不出。水木灌園，琴書滿室。樂天知命，蕭條晏逸。啓手啓足，不慮不圖。崗原乃窆，歲月云徂。藐然諸孤，其阜昌乎。

[一] 原字有損。據洛陽出土李虚己子李萬、李若墓誌記載，李虚己父名嗣業。

[二] 「琅耶王」據《舊唐書》卷七六《琅邪王冲傳》，即李冲。

[三] 「越敬王」據《舊唐書》卷七六《越王貞傳》，即李貞，謚號曰敬。

大唐故杭州錢唐縣丞沈府君墓誌銘并序
前右羽林軍兵曹韓瓚撰
君諱易從字慎言吳興人也得姓夏氏發源平輿當春秋之時
為列國之子十九代祖海昏侯戎[illegible]末避地江表子孫派
衍衣冠人物莫之与京高祖翽仕[illegible]為安陸太守周武帝
娶女為后舉族歸周以貴戚拜尚書左僕射賜田鄴社由
是宅鄴鎬焉曾祖琳皇水部郎中大理卿祖士衡陝州司
馬父介福尚書司封員外郎試長安令並聲冠區宇名標
史冊盛德百代光輝一門公即司封之元子也幼而樂道
不以名宦關懷晚始從事實謂州縣勞也至於剖[illegible]疑滯
探賾幽微洞若神言必合道其為虛襟待士倒屣迎賓
同鄭莊之敬愛得季布之然諾故天下慷慨之士拭目歸
心焉解褐岐州郿縣主簿再授錢唐縣丞其能事心迹有
如此者方將鼓翼霄漢以繼勳賢何期降年不永奄然物
化春秋七十有一卒于官以開元廿九年十二月十九日
歸窆於洛陽城東原禮也有子損隨等痛深欒棘哀此風
枝泣血蒼穹飲恨黃壤卜其宅兆于以送終謀有述於斯
文庶傳芳於不朽乃為銘曰
人倫之傑衣冠之秀仙香薄位始以安卑梁棟之勞未為
榮授守職惟貞理人有聲將陟遐而自述何夏葉而秋零
洛陽之東轘轅之北逝川萬里悲風四塞嗚[illegible]哀哉痛彼
夜臺黃泉白日一閉無開

一五一 大唐故杭州錢唐縣丞沈府君（易從）墓誌銘

開元二十九年（七四一）十二月十九日葬。誌文二十二行，滿行二十二字。正書。誌長、寬均四十三・五厘米。韓瓚撰。

大唐故杭州錢唐縣丞沈府君墓誌銘并序

前右羽林軍兵曹韓瓚撰

君諱易從，字慎言，吴興人也。得姓夏氏，發源平輿。當春秋之時，爲列國之子。十九代祖海昏侯戎，漢末避地江表，子孫流衍，衣冠人物，莫之與京。高祖勰，仕□爲安陸太守。周武帝娶女爲后，舉族歸周。以貴戚拜尚書左僕射，賜田鄠杜，由是宅鄠鎬焉。曾祖琳，皇水部郎中、大理卿。祖士衡，陝州司馬。父介福，尚書司封員外郎、試長安令。並聲冠區宇，名標史册。盛德百代，光輝一門。公即司封之元子也。幼而樂道，不以名宦關懷，晚始從事，實謂州縣勞止。至於剖□疑滯，探賾幽微。洞若有神，言必合道。其爲虚襟待士，倒屣迎賓。同鄭莊之敬愛，得季布之然諾。故天下慷慨之士，拭目歸心焉。解褐岐州郿縣主簿，再授錢唐縣丞。其能事心迹有如此者，方將鼓翼霄漢，以繼勳賢。何期降年不永，奄然物化。春秋七十有一，卒於官。以開元廿九年十二月十九日歸窆於洛陽城東原，禮也。有子損、隨等，痛深欒棘，哀此風枝。泣血蒼穹，飲恨黄壤。卜其宅兆，於以送終。謬有述於斯文，庶傳芳於不朽，乃爲銘曰：

人倫之傑，衣冠之秀。仇香薄位，始以安卑。梁竦之勞，未爲榮授。守職惟貞，理人有聲。將陟遐而自邇，何夏葉而秋零。洛陽之東，轘轅之北。逝川萬里，悲風四塞。嗚呼哀哉，痛彼夜臺。黄泉白日，一閉無開。